国家出版基金项目
NATIONAL PUBLICATION FOUNDATION

欧亚历史文化文库

总策划 张余胜

兰州大学出版社

欧亚大陆语言及其研究说略

丛书主编　余太山

涂文堪　著

图书在版编目(CIP)数据

欧亚大陆语言及其研究说略 / 徐文堪著. —兰州：
兰州大学出版社,2013.11
(欧亚历史文化文库/余太山主编)
ISBN 978-7-311-04295-0

Ⅰ.①欧… Ⅱ.①徐… Ⅲ.①语言—研究—欧洲 ②语
言—研究—亚洲 Ⅳ.①H

中国版本图书馆 CIP 数据核字(2013)第 270837 号

总 策 划　张余胜

书　　　名　欧亚大陆语言及其研究说略
丛书主编　余太山
作　　者　徐文堪　著
出版发行　兰州大学出版社　（地址:兰州市天水南路 222 号　730000）
电　　话　0931-8912613(总编办公室)　　0931-8617156(营销中心)
　　　　　　0931-8914298(读者服务部)
网　　址　http://www.onbook.com.cn
电子信箱　press@lzu.edu.cn
印　　刷　兰州人民印刷厂
开　　本　700 mm×1000 mm　1/16
印　　张　16.25(插5)
字　　数　219 千
版　　次　2013 年 12 月第 1 版
印　　次　2013 年 12 月第 1 次印刷
书　　号　ISBN 978-7-311-04295-0
定　　价　54.00 元

图3-1 古藏文

图3-4 藏文风水经

图3-2 西夏文碑铭

图3-5 布依族古籍

1

图3-6 纳西族东巴纸牌画

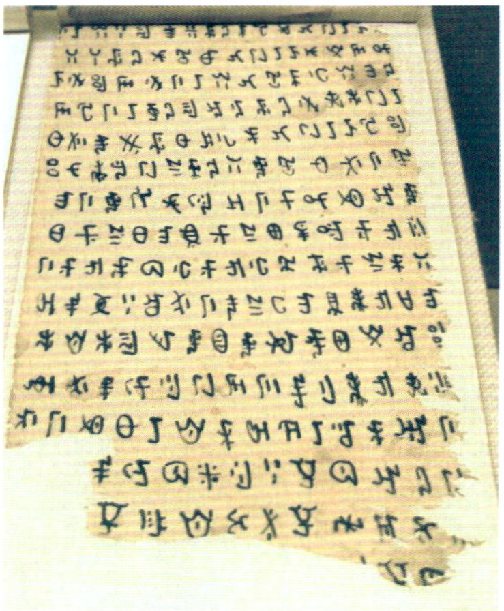

图3-9 四川彝文经

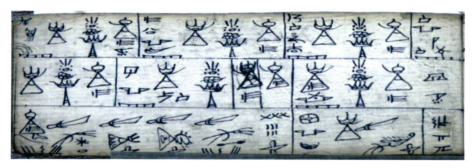

图3-7 东巴文

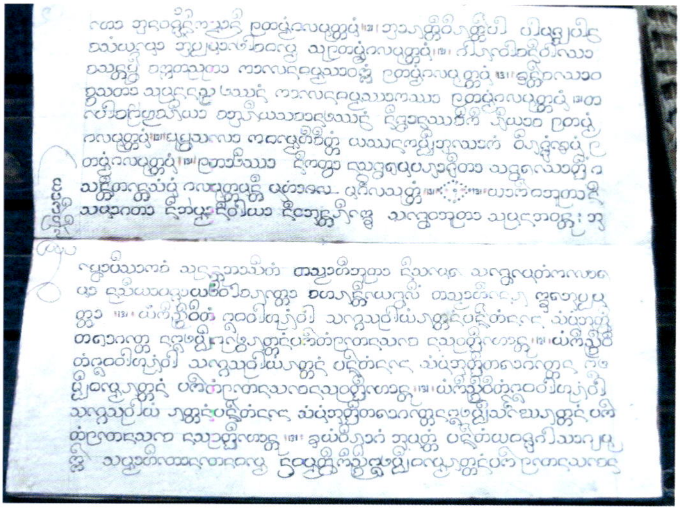

图3-9 傣仂文写本

图3-10 傣文天文历法典籍

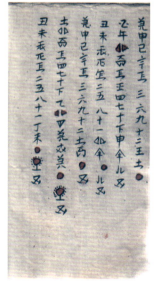

图3-11 水书

图3-12 壮族坡芽歌书

图3-13 英国传教士伯格里(Samuel Pollard, 1864-1915)创制的苗文

图5-2 印欧语谱系树形图

图5-3 吠陀梵语

图5-11 古代新疆佛教僧侣（壁画）

图5-12 切木尔切克文化遗址（1）

图5-13 切木尔切克文化遗址（2）

图5-14 埃尔米塔什博物馆收藏的雅姆那文化器物（1）

图5-15 埃尔米塔什博物馆收藏的雅姆那文化器物（2）

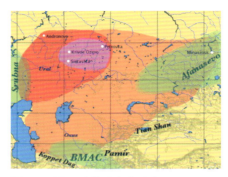

图5-16 阿凡纳羡沃文化分布图

图5-21 金布塔斯（Marija Gimbutas，1921—1994）

图5-22 金布塔斯纪念碑

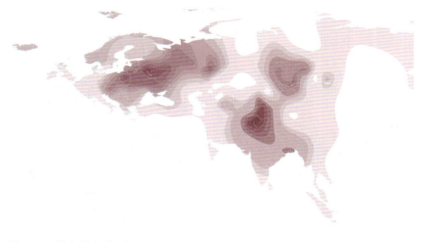

图5-23 Y染色体单倍型R1a分布图

图7-1 摩尼文古突厥语《摩尼大颂》

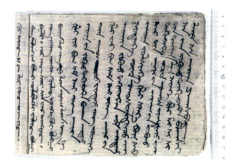

图7-2 回鹘文拼写汉语

图7-3 印度波罗（Pāla）字体书写梵语

图7-4 婆罗谜字书写粟特语

图7-5 婆罗谜字书写吐火罗语B木简

图7-6 草体希腊文书写大夏语(Bactrian)

（图7-1 ▋7-6均采自柏林勃兰登堡科学院吐鲁番研究网站，http://www.bbaw.de/bbaw/
Forschung/Forschungsprojekte/turfanforschung/Startseite）

出版说明

　　随着 20 世纪以来联系地、整体地看待世界和事物的系统科学理念的深入人心，人文社会学科也出现了整合的趋势，熔东北亚、北亚、中亚和中、东欧历史文化研究于一炉的内陆欧亚学于是应运而生。时至今日，内陆欧亚学研究取得的成果已成为人类不可多得的宝贵财富。

　　当下，日益高涨的全球化和区域化呼声，既要求世界范围内的广泛合作，也强调区域内的协调发展。我国作为内陆欧亚的大国之一，加之 20 世纪末欧亚大陆桥再度开通，深入开展内陆欧亚历史文化的研究已是责无旁贷；而为改革开放的深入和中国特色社会主义建设创造有利周边环境的需要，亦使得内陆欧亚历史文化研究的现实意义更为突出和迫切。因此，将针对古代活动于内陆欧亚这一广泛区域的诸民族的历史文化研究成果呈现给广大的读者，不仅是实现当今该地区各国共赢的历史基础，也是这一地区各族人民共同进步与发展的需求。

　　甘肃作为古代西北丝绸之路的必经之地与重要组

1

成部分,历史上曾经是草原文明与农耕文明交汇的锋面,是多民族历史文化交融的历史舞台,世界几大文明(希腊—罗马文明、阿拉伯—波斯文明、印度文明和中华文明)在此交汇、碰撞,域内多民族文化在此融合。同时,甘肃也是现代欧亚大陆桥的必经之地与重要组成部分,是现代内陆欧亚商贸流通、文化交流的主要通道。

基于上述考虑,甘肃省新闻出版局将这套《欧亚历史文化文库》确定为2009—2012年重点出版项目,依此展开甘版图书的品牌建设,确实是既有眼光,亦有气魄的。

丛书主编余太山先生出于对自己耕耘了大半辈子的学科的热爱与执著,联络、组织这个领域国内外的知名专家和学者,把他们的研究成果呈现给了各位读者,其兢兢业业、如临如履的工作态度,令人感动。谨在此表示我们的谢意。

出版《欧亚历史文化文库》这样一套书,对于我们这样一个立足学术与教育出版的出版社来说,既是机遇,也是挑战。我们本着重点图书重点做的原则,严格于每一个环节和过程,力争不负作者、对得起读者。

我们更希望通过这套丛书的出版,使我们的学术出版在这个领域里与学界的发展相偕相伴,这是我们的理想,是我们的不懈追求。当然,我们最根本的目的,是向读者提交一份出色的答卷。

我们期待着读者的回声。

总　序

　　本文库所称"欧亚"(Eurasia)是指内陆欧亚,这是一个地理概念。其范围大致东起黑龙江、松花江流域,西抵多瑙河、伏尔加河流域,具体而言除中欧和东欧外,主要包括我国东三省、内蒙古自治区、新疆维吾尔自治区,以及蒙古高原、西伯利亚、哈萨克斯坦、乌兹别克斯坦、吉尔吉斯斯坦、土库曼斯坦、塔吉克斯坦、阿富汗斯坦、巴基斯坦和西北印度。其核心地带即所谓欧亚草原(Eurasian Steppes)。

　　内陆欧亚历史文化研究的对象主要是历史上活动于欧亚草原及其周邻地区(我国甘肃、宁夏、青海、西藏,以及小亚、伊朗、阿拉伯、印度、日本、朝鲜乃至西欧、北非等地)的诸民族本身,及其与世界其他地区在经济、政治、文化各方面的交流和交涉。由于内陆欧亚自然地理环境的特殊性,其历史文化呈现出鲜明的特色。

　　内陆欧亚历史文化研究是世界历史文化研究中不可或缺的组成部分,东亚、西亚、南亚以及欧洲、美洲历史文化上的许多疑难问题,都必须通过加强内陆欧亚历史文化的研究,特别是将内陆欧亚历史文化视做一个整

1

体加以研究,才能获得确解。

中国作为内陆欧亚的大国,其历史进程从一开始就和内陆欧亚有千丝万缕的联系。我们只要注意到历代王朝的创建者中有一半以上有内陆欧亚渊源就不难理解这一点了。可以说,今后中国史研究要有大的突破,在很大程度上有待于内陆欧亚史研究的进展。

古代内陆欧亚对于古代中外关系史的发展具有不同寻常的意义。古代中国与位于它东北、西北和北方,乃至西北次大陆的国家和地区的关系,无疑是古代中外关系史最主要的篇章,而只有通过研究内陆欧亚史,才能真正把握之。

内陆欧亚历史文化研究既饶有学术趣味,也是加深睦邻关系,为改革开放和建设有中国特色的社会主义创造有利周边环境的需要,因而亦具有重要的现实政治意义。由此可见,我国深入开展内陆欧亚历史文化的研究责无旁贷。

为了联合全国内陆欧亚学的研究力量,更好地建设和发展内陆欧亚学这一新学科,繁荣社会主义文化,适应打造学术精品的战略要求,在深思熟虑和广泛征求意见后,我们决定编辑出版这套《欧亚历史文化文库》。

本文库所收大别为三类:一,研究专著;二,译著;三,知识性丛书。其中,研究专著旨在收辑有关诸课题的各种研究成果;译著旨在介绍国外学术界高质量的研究专著;知识性丛书收辑有关的通俗读物。不言而喻,这三类著作对于一个学科的发展都是不可或缺的。

构建和发展中国的内陆欧亚学,任重道远。衷心希望全国各族学者共同努力,一起推进内陆欧亚研究的发展。愿本文库有蓬勃的生命力,拥有越来越多的作者和读者。

最后,甘肃省新闻出版局支持这一文库编辑出版,确实需要眼光和魄力,特此致敬、致谢。

余太山

2010 年 6 月 30 日

目 录

1 绪言

全世界现存(包括处于濒危状态)的语言约有 7000 种。为了观察各种语言相互间的关系和异同,有必要对世界语言进行分类。语言学上常用的分类法是类型分类法和谱系分类法。语言的类型分类,或称语言的形态分类,是根据语言中词和句子的构造、词与词之间的关系来进行分类,例如 19 世纪开始的语言类型学,主要根据单词结构,把语言划分为孤立语、黏着语、屈折语和多式综合语等几类。这种分类法着重呈现不同语言在结构上的异同,往往不涉及语言的历史发展。语言的谱系分类,或称语言的发生学分类,主要依据语言语音、词汇、语法规则之间的某些对应关系,把具有相似性的语言归入同一类,称为"语族";按语族之间的某些对应关系,又归在一起,称为"语系"。同一语系的语言具有共同来源,这种同出一源的语言称为"亲属语言"。确定语言之间的亲属关系,主要运用历史比较语言学的方法。历史比较法的主要内容是从比较中找出语言之间词汇和语法的对应,又从词汇和语法的对应中找出语音对应规律,并且构拟古型。

我们现在讨论的欧亚大陆,主要指内陆欧亚,这是一个地理概念。其范围大致东起黑龙江、松花江流域,西抵多瑙河、伏尔加河流域,具体而言除中欧和东欧外,主要包括我国东北三省、内蒙古自治区、新疆维吾尔自治区、西藏自治区、宁夏回族自治区和甘肃省、青海省以及蒙古高原、西伯利亚、哈萨克斯坦、乌兹别克斯坦、吉尔吉斯斯坦、土库曼斯坦、塔吉克斯坦、阿富汗、巴基斯坦和西北印度等,其核心地带即所谓的"欧亚草原(Eurasian Steppes)"。在这个广大地区使用的语言,主要属汉藏语系、阿尔泰语系(有争议)、乌拉尔语系、亚非语系(旧称闪含语系)、印欧语系、南亚语系、达罗毗荼语系。此外,位于西伯利亚偏远地区还有一些孤立语言和小语系语言,过去总称"古亚细亚语"或"古西

·欧·亚·历·史·文·化·文·库·

伯利亚语"。还有一些位于内陆欧亚的语言则至今系属不明。下面将对这些不同语言分章做简要说明,重点放在近现代之前的状况。对于有文献传统的语言,亦拟对其使用的文字和历史上形成的重要文献略做介绍。国内外对这些语言进行研究的历史和现状,我们将对已经得出的重要结论和尚待进一步探讨的问题分别谈一些不成熟的看法,供读者参考。限于我们目前掌握的材料,对汉藏语系、阿尔泰语系、印欧语系等讲得比较多,其他则只能简略叙述或涉及。其中一定有许多不当和疏漏之处,敬请读者指正。

2 汉藏语系的语言

2.1 引言
——"汉藏语系"的命名

汉藏语系是语言学家依据语言的谱系分类法划分出的一群语言。这个语系至少包含汉语族和藏缅语族,共计有 400 种以上语言,主要分布在中国大陆和香港、澳门、台湾,越南,老挝,柬埔寨,缅甸,泰国,印度,尼泊尔,不丹,孟加拉等东亚、东南亚和南亚地区。如果按使用人数计算,是仅次于印欧语系的世界上第二大语系。

对汉藏语言的比较研究,至今也有 200 年的历史。早在 1808 年,苏格兰学者赖登(John Casper Leyden)就发表《论印支那的语言和文学》,指出汉语、藏语、缅甸语、泰语等语言有类似之处(其手稿写于 1806 年,与发表的论文有些不同,手稿现藏大英图书馆)。德国学者克拉普洛特(Julius Heinrich von Klaproth)在 1823 年最早提出汉藏语同源的观点,认为藏语、汉语和缅甸语之间存在亲属关系,并指出日语、越南语、泰语和高棉语等跟这三种语言没有同源关系。但在 19 世纪,西方最流行的理论还是所谓"印度支那语系",按照这种理论,除了印度的雅利安语族之外,亚洲的各种语言,如汉语、日语、突厥语、马来语甚至泰米尔语等都有同源关系。也有学者把"印度支那语系"改称"突兰语系(Turanian)",这是古代波斯人对一些亚洲民族的称呼,与"伊兰(Iranian)"相对。德国学者孔好古(August Conrady)在 1896 年把泰米尔语、突厥语、日语、南岛语从"印度支那语系"中划出去,认为该语系包括两个语族即"汉泰语族"和"藏缅语族"。属"汉泰语族"的语言有汉语、越南语、泰语等,属"藏缅语族"的语言有藏语、缅甸语等。1924 年法国学者普祖鲁斯基(Jean Przyluski)为梅耶(Antoine Meillet)和柯恩(Marcel Cohen)合编的《世界语言》写了"汉藏语"一文,他的分类是把"汉藏语"分为"藏缅语"和"汉台语",而这里的台语不仅指现在所说的侗台语,还把苗瑶语也包括在内。至于英文文献中出现 Sino-Tibetan,则首见于普祖鲁斯基和卢斯(G. H. Luce)合写、刊载于《伦敦大学东方学院学报》(BSOS)的论文,时为 1931 年。

2.2　汉藏语系的谱系树模型和分类

如上所述,所谓"汉藏语系"究竟包括哪些语言,自 19 世纪初以来一直存在争论。被称为中国少数民族语言研究之父的李方桂,受孔好古、普祖鲁斯基等对汉藏语系分类观点的启发,于 1937 年发表《中国的语言和方言》,提出汉藏语系分汉语、侗台语族、苗瑶语族、藏缅语族的论点[1]。该文认为汉藏语系语言的共同特征有:(1)单音节趋向;(2)形成声调系统的趋向;(3)浊音声母的清化;(4)有许多共同的词汇;(5)除藏缅语外,语序基本上都是主—动—宾。罗常培和傅懋勣在1954 年发表《国内少数民族语言文字的概况》,其分类表与李氏的分类法大致相同。自 20 世纪 50 年代至今,中国内地学者大都采用罗、傅的分类法[2]。有的学者如邢公畹[3]等还结合历史学、考古学和体质人类学的研究成果,对汉族和其他汉藏系语族人群的史前关系进行了论述。美国学者沙弗尔(R. Shafer)的汉藏语分类法(1966—1974)和李氏比较接近[4]。

与李氏的分类法不同,国外学者提出了其他的分类法。早在 1942年,白保罗(Paul K. Benedict)就发表了《台语、加岱语和印尼语:东南亚的一个新联盟》一文,提出台语与印尼语之间有亲属关系。后来他

---

〔1〕马学良主编:《汉藏语概论》,北京:北京大学出版社 1991 年,1 – 42 页。

〔2〕孙宏开、胡增益、黄行主编:《中国的语言》,北京:商务印书馆 2007 年,95 – 1610 页。

〔3〕邢公畹:《汉藏系语言及其民族史前情况试析》,收入周庆生主编:《中国语言人类学百年文选》,北京:知识产权出版社 2009 年,69 – 91 页。

〔4〕Robert Shafer, *Introduction to Sino-Tibetan*, Wiesbaden:Harrassowitz,1966 – 1974.

的观点进一步发展,把壮侗语族与苗瑶语族和南岛语系组成澳泰语系[1]。在1972年出版的《汉藏语概要》中,白氏把汉藏语系分为汉语和藏—克伦语两大类,又在藏—克伦语下分出藏缅语和克伦语两类。至于汉藏语与苗瑶语、壮侗语的相同或相似之处则来自相互借用,或来自类型学上的一致。

法国学者沙加尔(Laurent Sagart)在1990年举行的第23届国际汉藏语会议上提交论文《汉语南岛语同一起源论》,认为南岛语和汉语之间有众多的同源词,而且对应关系规整。这一理论后来有进一步发展。他原先认为汉语与南岛语的关系较之与藏缅语的关系更为密切,到了2001年,沙氏则把汉—南岛语系分为两支,即汉藏语和南岛语。为了反映这一变化,他把这一语系的名称改为汉—藏—南岛语系(Sino-Tibetan-Austronesian)。至于侗台语,他认为是南岛语的一支,而不是单独的语族。这样,汉—藏—南岛语系就成了把汉藏语、南岛语和侗台语联结在一起的超级语系。

沙加尔最近提出[2],汉—藏—南岛语的发源地是河南省仰韶文化中期八里岗、南交口等遗址,时间为公元前4500年至前4000年左右。他认为其时已有农业,既有谷子,也有粳稻。谷子对于猪的驯化起了重要作用。除农业外,汉藏—南岛语居民也会用网捕鱼,所以获取食物的方法多样化,从而人口得以增长,语言也随之扩散,并且分成东西两组。其中说东组语言的人群到达海边,形成大汶口文化。大汶口文化可以看成早期南岛社会的前身。这时渔业变得更加重要,航行技术也有了发展,这些人的一部分在公元前3500年至前3000年左右到达台湾,形成了大岔坑文化。他们的语言为原始南岛语。与大汶口文化发展到南岛文化同时,留在河南地区的仰韶文化居民在当地发展出原始汉藏文化及语言。原始汉藏文化向西扩展,创造出距今5000年左右的马家窑

---

〔1〕Paul K. Benedict, *Austro-Thai Language and Culture, with a Glossary of Roots*, New Haven: HRAF Press, 1975.

〔2〕沙加尔:《华澳语系发源于何时何地》,载于《现代人类学通讯》2011年第5卷,143–147页。

文化,汉藏文化随之分成东西两部分;语言也随之分化:东部为汉语的前身,西部为藏缅语的前身。种植谷子和稻子,距今 5000 年左右的甘肃西山坪遗址可以代表早期藏缅文化。

东亚和欧亚大陆南部的语言分别归属于六大语系:(1)汉藏,(2)南岛,(3)苗瑶(Hmong-Mien),(4)侗台(Kra-Dai,Tai-Kadai),(5)南亚(Austroasiatic),(6)达罗毗荼。此外还有一些系属不明的孤立语言,如布鲁沙斯基(Burushaski)语、库逊达(Kusunda)语、尼哈里(Nihali)语等。这些不同系的语言之间的相互关系错综复杂,是否存在亲缘关系,一直引起关注和争论。如对于上述沙加尔的观点,美国学者白乐思(R.Blust)和澳大利亚学者罗斯(M.D.Ross)都认为南岛语是一个独立的语系,与汉藏语没有发生学的联系。泰国学者许家平(Werra Ostapirat)则认为南岛语与侗台语有联系,但两者与汉藏语并不存在发生学关系。

但是,也有不少学者对东亚、东南亚和欧亚大陆南方的语言进行跨语系的宏观研究和远端构拟,并且日渐与考古学、分子人类学和遗传学相结合,成为和汉藏语研究有关的一个热点。如有的语言学家提出"扬子语系(Yangtzean)"的设想,这一设想可以追溯到戴维斯(H.R.Davies,1909)、好德里古尔(G.Haudricourt,1966),近年的主张者则有帅德乐(Stanley Starosta)等。他们认为这一语系形成于长江中下游地区,主要包括南亚语和苗瑶语。早在一个多世纪之前,奥地利学者施密特(P.W.Schmidt)就提出了 Austric 理论,认为南亚语和南岛语之间存在亲属关系,这个理论得到了不少语言学家和考古学家的支持。上述白保罗提出的澳泰语系理论后来又把苗瑶语和日语加入(1990)。儒伦(Merrit Ruhlen)的 Austric 说把澳泰语和南亚语以及苗瑶语都包括在内(1991),与此相似的佩若斯(Ilya Pejros)的 Austric 说则包含了苗瑶—南亚语和澳泰语(1998)。希勒尔(E.Schiller)在 1987 年提出了范围更广的 Austric 说,把南岛语、南亚语、汉藏语、苗瑶语、侗台语合并成一个超级语系。与此有些类似的是我国的郑张尚芳(1993,1995)

和潘悟云(1995)两位先生提出的华澳语系说[1]。帅德乐在 2001 年提出"东亚语群"说,这一语群涵盖了汉藏—扬子和南岛两大系,侗台语被归入南岛语。其他还有一些说法,如以研究中近东古代语言著称的俄罗斯学者贾可诺夫(Igor M. Diakonoff)曾认为属南亚语的扣达(Munda)语与两河流域的苏美尔语有联系,但这类假说没有获得历史比较语言学界的认同。

除上述诸说外,俄罗斯学者斯塔罗斯金(S. Starostin)在 20 世纪 80 年代提出了"汉—高加索语系"的概念,把汉藏语、北高加索语和叶尼塞语(Ket 语)包括在内。1989 年和 1991 年,尼古拉耶夫(S. L. Niko-layev)追随萨丕尔(Edward Sapir)的观点,把北美的纳得内(Na-Dene)语群增加到汉—藏—高加索语群中,形成规模更大的"得内—汉藏—高加索超级语系"。本特森(D. Bengtson)更是把巴斯克语、布鲁沙斯基语和古代的苏美尔语、埃特鲁斯坎语(Etruscan)等语言的材料加入进去,从而为汉藏语具有更远古的语源关系提供了进一步的线索。对于"得内—汉藏—高加索超级语系",我国学者至今未做深入研究,但诚如白乐思所说[2],像萨丕尔(1925)、斯瓦迪士(Morris Swadesh, 1952)和沙弗尔(1952,1957)等都对这一假说早有预言,这些学者都分别在语言学的不同领域做出重要贡献并闻名于世,因此我们对这类假设应当采取开放态度。

沙弗尔在 20 世纪 60 年代企图在汉藏语系和印欧语系等之上建立一个上位语系,他称之为 Eurasial。乌伦布鲁克(J. Ulenbrook)在 1967 年比较了汉语和印欧语有关的 57 个词,稍后乌尔文(T. Ulving)就此做了评论,并列举了 238 个可以在印欧语和汉语之间进行类比的词。加拿大汉学家蒲立本(E. G. Pulleyblank)在相当长的时间里也一直注

---

〔1〕郑张尚芳:《汉藏语系与南亚、南岛语系的同源关系》,载于《现代人类学通讯》2011 年第 5 卷,194 – 195 页。

〔2〕王士元主编、李葆嘉主译:《汉语的祖先》,北京:中华书局 2005 年,477 页。最近俄罗斯学者卡西安(A. Kassian, 2010)认为古代哈梯语(Hattic)也属汉—高加索语系。

意汉藏语和印欧语特别是与吐火罗语的关系[1],并从类型学角度将汉语和印欧语做了一些对比。他从 20 世纪 60 年代以来的论文里对此做了系统论述。华裔学者张聪东在 20 世纪 80—90 年代的论文中把汉语词汇与印欧语词根进行系统比较,举出大量例证以说明两者的一致性。最近国内学者周及徐等也认为:上古汉语和古代印欧语之间存在着有规律的语音对应和大量的词汇对应,甚至还存在相似的形态因素。

现在伯尔尼大学的藏缅语学者无我(George van Driem)对 1823 年以来的汉藏语和藏缅语研究史做了系统回顾,论证了汉语的系属关系,把汉语归入藏缅语,与 Bodic(藏语支)同属一组。他强调了藏缅语族语言的多样性,并将在对语言现象的观察中发现的问题,与考古学、史前学和遗传学结合起来进行研究,认为汉藏语的故乡在今四川。他还提出汉藏语系应该称为"泛喜马拉雅语系(The Trans-Himalayan Phylum)"。

总的来说,李方桂接受了孔好古、普祖鲁斯基等对汉藏语系分类的观点,后来被中国学者视为定论。但闻宥(1957)和白保罗等早已指出:汉藏语系不包括壮侗语族和苗瑶语族。至 20 世纪后期,多数西方学者从汉藏语中排除了侗台语和苗瑶语,但保留了汉语和藏缅语的二分法,如马提索夫(James A. Matisoff)、布拉德利(D. Bradley)和杜冠明(G. Thurgood)[2]的分类。按沙加尔的看法,侗台语属于汉南岛语系,所以与汉藏语也有间接的关系,但两者之间的同源词很少。还有少数国外学者如米勒(Roy Andrew Miller)、白桂思(Christopher Beckwith)[3]否认藏缅语和汉语有发生学关系,但这不是主流观点。

现在争论较大的是藏缅语族的地位。按照一些语言学家的观点,不存在与汉语族并立的藏缅语族,因为藏缅语的情况非常复杂,归入这

[1]E. G. Pulleyblank, "Central Asia at the Dawn of History: A Review Article", *Journal of Chinese Linguistics*, 1999, 27(2), 146 - 174.

[2]Graham Thurgood, Randy J. LaPolla(罗仁地)ed, *The Sino-Tibetan languages*, London: Routledge, 2003.

[3]Christopher Beckwith, "The Sino-Tibetan Problem", *Medieval Tibetan-Burman Languages*, Leiden: Brill, 2002, 113 - 158.

个语族的语言并没有共同的创新演变。法国学者向伯霖（Gillaume Jacques）认为,汉藏语系可以分为 27 个基本独立的语支,汉语是其中的一支:

(1)汉语

(2)藏语支:藏语、Tamang-gurung-thakali(尼泊尔)、错那门巴语、墨托门巴语(西藏自治区,不丹)

(3)缅彝语支:缅甸语、彝语、哈尼语、拉祜语、基诺语(贵州、四川、云南,缅甸,泰国)

(4)羌语支(四川、云南)

(5)SAL 语支:景颇语(云南,缅甸)、博多—戛罗诸语、北部那尕语(印度东北)——这个语支是美国语言学家柏龄(Robbins Burling)提出的假设

(6)仓洛门巴语(西藏自治区,不丹)

(7)独龙语支(云南,缅甸)

(8)纳西语(云南)

(9)土家语(湖南、湖北、贵州、重庆)

(10)白语(云南)

(11)达尼语支(Tani, Abor-miri-dafla——西藏自治区珞巴族,印度东北)

(12)苏龙语(西藏自治区珞巴族,印度东北)

(13)登语支(格曼语、达让语、Taraon-digaru——西藏自治区,印度东北)

(14)曼尼普尔语(Manipuri, Meithei——印度东北)

(15)尼瓦尔语(Newar, Nepalbhasa——尼泊尔)

(16)克伦语(Karen——缅甸,泰国)

(17)Mizo-kuki-chin(印度东北,缅甸)

(18)喜马拉雅西部语支(Almora, Manchad, Byangsi, Kinnauri——印度喜马恰尔邦)

(19)基兰提语支(Kiranti——尼泊尔)

（20）提马尔语（Dhimal-toto——印度东北）

（21）米基尔语（Mikir——印度东北）

（22）阿沃—那尕语（Ao Naga——印度东北,缅甸）

（23）昂戛米—那尕语（Angami Naga——印度东北,缅甸）

（24）塞良戎—那尕语（Zelianrong Naga——印度东北,缅甸）

（25）唐库尔—那尕语（Tangkhul Naga——印度东北,缅甸）

（26）列普查语［Lepcha——不丹（含锡金）］

（27）贡独语（Gongduk——不丹）

如果再分得细一些,汉藏语可以包括 30 多个语支。无论是在汉语中,还是在藏缅语族中,民族迁徙和语言接触在其语言发展过程中都起了重要的作用。为了了解汉藏语系的发展,以及为什么谱系树模型有时在汉藏语系中很难适用,必须把语言接触纳入考虑范围,而且应该把其视为语言形成的基本要素[1]。

苗瑶语群体在远古时期可能居住在后来的江淮荆州地带。传说在黄帝时,三苗的首领蚩尤曾经北上与黄帝进行战争,战败后退回原地。至"五帝"中的帝喾高辛氏时,盘瓠帮助高辛氏杀敌有功,与高辛氏的女儿结婚,共同进入南方山区,其后代子孙自成一个部落群体。到春秋时期,原三苗部落集团内部发生分化,其中的一部分形成楚族,并与中原的华夏族迅速融为一体;另一部分则集中居住在今湘西、黔东连接地带的山区,成为苗族和瑶族的祖先群体。原始苗瑶语并非来源于南亚语和南岛语等南方语群,而是有自己独立的来源。但是苗瑶语早期跟汉藏语系和澳泰语系的诸语言都有接触和融合关系,特别是与汉语和汉藏语系的其他一些语言的接触融合,从上古到近现代一脉相承,因此从表面上看苗瑶语颇似汉藏语系的语言[2]。根据对长江中游的大溪文化遗址的人类残骸的古 DNA 进行的研究,发现了少见的单倍体群

〔1〕罗仁地、沈瑞清译:《民族迁徙和语言接触在汉藏语系发展过程中的作用》,载于《东方语言学》第 9 辑,上海:上海教育出版社 2011 年,84－107 页。

〔2〕胡晓东:《苗瑶语的早期来源及其系属》,载于戴昭铭、马提索夫主编:《汉藏语研究四十年》,哈尔滨:黑龙江大学出版社 2011 年,72－80 页。

O3d,说明大溪文化的人群可能是只有少量 O3d 的现代苗瑶群体的祖先。

如果把侗台语视为南岛语的一支,则说这些语言的群体当与我国古代的百越有关。侗台是中国南方最重要的民族系统,对东亚和东南亚各个族群的遗传结构产生过重大影响。根据对中国境内所有侗台语群体和部分大陆东南亚群体进行的线粒体单倍群的分型,发现侗台群具有较高频率的南方类型比例,是典型的中国南方群体。最近对长江口附近的良渚文化遗址中发现的古人类遗骸进行了古 DNA 检测,发现了高频的 O1 单倍群,可能与现代的侗台群体相关。

南亚语系人群主要分布在东南亚的中南半岛和印度,中国境内也有。他们可能是蒙古人种中最古老的族群,体质特征非常多样,遗传背景也较为复杂。印度学者库马尔(V. Kumar)等在 2007 年的论文中比较了属南亚语系的扪达、卡西—克木和孟高棉 3 个族群的 Y 染色体多样性,发现 O – M95 是整个南亚语系人群中最重要的单倍群。其中印度的扪达语人群的 STR 多样性最高,从而得出 O – M95 起源于扪达语人群的结论。通过比较 3 个语族人群 Y 染色体和 mtDNA 成分的不同,可以得出东南亚的南亚语人群是从扪达语人群地区经由印度东北走廊迁徙而来。一些知名的印度学家如普祖鲁斯基、布洛赫(J. Bloch)、列维(Sylvain Lévi)、查特吉(S. K. Chatterji)、高柏尔(Frans Kuiper)和维泽尔(M. Witzel)等都认为吠陀梵语中存在南亚语的底层。但通过对苗瑶语和孟高棉语 47 个族群的 1652 个个体的 Y 染色体的调查[1],结果显示:Y 染色体单倍群 O2a – M95 在多个群体中都存在高频现象,而单倍群 O3a4 – M7 为孟高棉和苗瑶语族族群所特有,暗示着两个族群有较近的遗传关系。据推算,单倍群 O3a4 – M7 整体年龄约为 2.7 万年。孟高棉族群和苗瑶语族群在语言和文化方面都有明显差异,这可能是因为他们的分化发生在很久之前,以后由于不同的生活环境和不

---

[1]陆艳、蔡晓云、李辉:《苗瑶与孟高棉人群的遗传同源》,载于《现代人类学通讯》2011 年第 5 卷,214 – 223 页。

同的文化使得两者向不同的方向发展。南亚语的起源地应为中国南方和东南亚一带。

关于越南语的系属,过去有人认为属汉藏语系壮侗语族,经过近数十年研究,基本可以肯定属南亚语系孟高棉语族。越南自我国秦汉时代甚至更早,就有汉字文化传入。在使用汉语汉字约 1000 年之后,越南利用汉字书写本民族语言,形成喃字(字喃),如永富省安浪县塔庙村发现 1210 年的《报恩寺碑记》,其中有 22 个喃字。可见越南在陈朝(1225—1400)之前已有喃字。越南南方在公元 192 年建国,初称林邑,7 世纪称环王,9 世纪称占婆(占城,Champa)。占城语属南岛语系。2—3 世纪采用南印度的格兰他字母,8 世纪形成占城字母。越南南方属于印度字母文化圈[1]。占城最古老的佛教碑铭是佛坎(Vo-Canh)梵文石刻。现存最古的占城语碑铭是 9 世纪初广南省东应州的石刻,这是记载南岛语的古老文献。

2.3　结语

从 1998 年起,褚嘉佑、宿兵、金力、柯越海、肖春杰等在国内外学术刊物上发表了一系列分子生物学论文,通过线粒体、常染色体和 Y 染色体、微卫星标记等多种遗传标记对东亚群体进行了广泛研究,有力地证明了东亚现代人具有共同的非洲起源[2]。关于汉藏语群体的起源问题,依据近年报道的遗传学研究,表明其祖先最初来源于东亚南部。在约 1 万年前,由于粟谷农业的出现、新石器文化的发展,导致人口的增长,使这个群体在 5000 ~ 6000 年前分化为亚群。其中一个亚群(藏缅语族群体)沿着"藏缅走廊"向西及向南迁徙,然后在喜马拉雅山脉南北居住下来。这个亚群说景颇语的一支又向南穿过喜马拉雅山脉到达今天的缅甸、不丹、尼泊尔、印度东北部及中国云南省的北部。而说

---

〔1〕周有光:《世界文字发展史》(第三版),上海:上海教育出版社 2011 年,85 - 88 页。

〔2〕Zhang F, Su B, Zhang Y P, Jin L, "Genetic studies of human diversity in East Asia", *Philos Trans R Soc Lond B Biol Sci*, 2007, 362 (1482), 987 - 995.

原始藏语的一支,与来自中亚或南西伯利亚带有 YAP 突变的群体发生大范围混合,向喜马拉雅进发并扩散到整个西藏地区。说缅彝语及克伦语的一支向南到达云南西北部,然后到达今越南、老挝及泰国、缅甸。另一个亚群(汉语族群体)主要向东向南扩散,最后在中国大陆各个地区居住下来。

结合分子人类学的新进展,我们可以从新的角度来认识汉藏语各族的渊源与流变。东亚和东南亚的各种语言如汉藏语、侗台语、苗瑶语、南亚语和南岛语等从远古以来就存在一种特定的关系,即由类型、地域相近的语言逐渐形成一个大的语群。巴拉德(William L. Ballard)曾指出[1],现代汉语反映的是各种不同要素的会聚和趋同。如吴、粤、楚(老湘语)和闽语不能仅仅看作只是从高本汉所谓中上古汉语分岔变异而来,而应看作是混合了许多汉语要素的独立语言传承体系。尽管这些地区汉语化时期久远,但这些方言最深层之处仍然反映出台语、苗瑶语或南亚语的底层。更加复杂的是,东亚、东南亚说各种语言的各族人群不仅相互之间,而且也与周边的其他人群集团保持活跃的联系,例如与北方的阿尔泰语各族、古亚细亚语各族,甚至和西北的印欧语各族都有互动。因此,他们的语言成分有时渗透到十分遥远的地区,而且从史前时期以来,这种相互渗透从未间断,从而我们可以从上述诸族的语言中发现很有价值的共同成分。这些共同成分也有助于研究东亚乃至亚欧和太平洋及美洲各族语言的起源、流变和相互关系。至于上文中提到的种种假设,正如法国学者贝罗贝所提出[2],还没有一个可以完全肯定,但都值得重新予以充分讨论。

〔1〕W. L. Ballard, "Aspects of the Linguistic History of South China", *Asian Perspective*, 1981, 24(2), 163 – 185.

〔2〕Alain Peyraube, "Languages and Genes in China and in East Asia", *Bulletin of Chinese Linguistics*, 2007, 2(1), 1 – 17.

3　对汉藏语系语言和
文献的研究

　　对汉藏语系诸语言的研究,国内外学者都已做了大量工作,成绩斐然,在此不可能一一介绍。在中文著作方面,应当提到马学良主编的《汉藏语概论》和孙宏开等主编的《中国的语言》;外文著作方面,有代表性的是杜冠明和罗仁地合编的 The Sino-Tibetan Languages(书目信息均见前文注释)。《龚煌城汉藏语比较研究论文集》(Sino-Tibetan Comparative Linguistics:Collection of Papers by Professor Hwang-cherng Gong)是一部重要论著,尤可参考(《语言暨语言学》专刊丙种之二[下],"中央研究院"语言学研究所[筹备处]2002 年出版;北京大学出版社重印,《语言学前沿丛书》第 5 种,2004 年)。有关的专业刊物,有中央民族大学戴庆厦主编的《汉藏语学报》(商务印书馆出版,2012 年出版至第 6 期),国外有《藏缅区域语言学》(Linguistics of the Tibeto-Burman Area)和《喜马拉雅语言学》(Himalayan Linguistics)、《尼泊尔语言学》(Nepalese Linguistics)、《东南亚语言学会会志》(Journal of the Southeast Asian Linguistics Society)等。

　　下面就我们相对比较熟悉的藏、西夏、缅、彝、纳西语言及其文献研究做一些简略的说明。

3.1　对藏族语言文字和文献的研究

　　藏语是汉藏语系中重要的语言之一,在我国分布在西藏自治区和四川、云南、青海、甘肃等省的部分地区。关于藏语的方言,我国境内有卫藏、康和安多 3 种,国境以外的拉达克为西部方言,不丹为南部方言。在一个方言内部,还有若干个方言和土语。根据藏文史书记载,在松赞干布(约 617—650)统一西藏高原各部之后,派遣以吞弥桑布扎为首的一行人到印度学习天竺文字,参照藏语实际,以梵文的某一字体创造了藏文。藏文是拼音文字,历史上曾进行过 2 至 3 次较大规模的文字改革。藏文有 30 个辅音字母、4 个元音符号和 5 个书写外来词的反写字母。每个音节末尾右上角加一点表示音节分界。字体分楷书体(字头有横线,又称"有头字")和草书体(又称"无头字")两种。拼法最早符合语音实际,后来语音变化而拼法不变,脱离口语,使藏文成为超方言文字。用藏文书写的历史文献极其丰富。吐蕃时期遗留下来的就有金石铭刻、竹木简牍和藏文写卷 3 大类。佛教传入和立足后,进行了大规模的翻译工作,形成巨著藏文大藏经。根据现有语言资料,参照藏族历史分期,王尧把藏语文献划分为以下 5 个历史时期[1]:

(1)上古时期(6 世纪以前)

(2)中古时期(7 世纪到 9、10 世纪)

(3)近古时期(11 世纪到 12 世纪)

(4)近代时期(13 世纪到 19 世纪)

(5)现代时期(20 世纪至今)

在藏文和古藏语研究方面,前辈学者如李方桂、于道泉、闻宥、金鹏、王森等均有贡献,近 30 年来成果更多,如江荻的《藏语语音史研究》(北京:民族出版社,2002 年)等。工具书方面,有 9 世纪的《翻译名义大集》,还有与此同时或稍后的《两卷本词语集》。晚近著名且影响大的词典当推法尊、张克强(建木)翻译的《格西曲扎藏文辞典》(作者拉然巴·格西曲扎是布里亚特蒙古人,至拉萨色拉寺出家学佛,精通佛典,擅长语言文字之学。该词典译本于 1957 年由民族出版社出版)。还有集中全国 30 多位专家参与编写的《藏汉大词典》(张怡荪主编,北京:民族出版社,1985 年),收词达 53000 多条。2001 年,中国藏学出版社出版了安世兴主编的《古藏文词典》。

藏学是当今世界范围的显学。我国自 20 世纪以来,特别是自改革

---

〔1〕王尧:《藏学概论》,太原:山西教育出版社 2004 年,29 页。

开放以来,取得了丰硕成果,除语言文字外,涉及历史、地理、经济、政治、文学艺术、宗教、医药、考古学等诸多领域。如陈寅恪、任乃强之于历史,吕澂之于佛学,法尊之于佛学和藏汉翻译,于道泉之于语言、文学,张建木之于语言学、佛学,王森之于佛学、梵学,李安宅之于文化、社会人类学,黄明信之于天文历算、目录学,李永年、罗秉芬之于藏医药学,王沂暖之于文学,陈庆英、黄颢之于史籍研究,童恩正、霍巍之于考古,等等。其中与内陆欧亚语文有关的,可以举出王尧的《吐蕃金石录》(北京:文物出版社,1982 年)、王尧和陈践的《吐蕃简牍综录》(北京:文物出版社,1986 年)、《敦煌本吐蕃历史文书》(增订本,北京:民族出版社,1992 年)、《敦煌吐蕃文书论文集》(成都:四川民族出版社,1988 年),黄布凡、马德的《敦煌藏文吐蕃史文献译注》(兰州:甘肃教育出版社,2000 年),王尧和褚俊杰、王维强、熊文彬的《法藏敦煌藏文文献解题目录》(北京:民族出版社,1999 年)等。李方桂和柯蔚南(W. South Coblin)合著《古代西藏碑文研究》(英文本 *A Study of the Old Tibetan Inscription* 出版于 1987 年),亦已译成中文,收入《李方桂全集》,于 2007 年由清华大学出版社出版。

国外的古藏语和古代西藏文献研究,较为重要的西方学者有乔玛(Alexander Csoma de Ksama, 1784—1842)、弗朗克(A. H. Francke)、陶慕士(F. W. Thomas)、瓦雷布散(Vallée Poussin)、劳弗尔(Berthold Laufer)、巴科(Jacques Bacot)、拉露(Marcelle Lalou)、毕达克(Luciano Petech)、黎吉生(Hugh E. Richardson)、石泰安(Rolf Alfred Stein)、图齐(Giuseppe Tucci)、乌瑞(Géza Uray)、罗那 – 塔什(A. Róna-Tas)、罗列赫(George de Roerich)、波戈斯洛夫斯基(V. A. Bogoslovskij)、塔库尔(Laxman Thakur)、斯内尔格罗夫(D. Snellgrove)、于伯赫(Helga Ueback)、希尔(Nathan Hill)、沙伊克(Sam van Schaik)等,日本学者则有佐藤长、山口瑞凤、壬生台舜、森安孝夫、高琦正芳、高田时雄、今枝由郎、武内绍人、大原良通、石川岩、岩尾一史等。还有美国的华裔学者张琨,在法国的华裔学者吴其昱、藏裔学者卡尔梅(Samten G. Karmay)等。

敦煌藏经洞曾发现象雄语文献。象雄大致在今天的阿里一带,一般认为是汉文史籍中的"羊同",为苯教发源地。首先对象雄语进行研究的是英国学者陶慕士,此后国外学者如哈尔(Erik Haarh)、霍夫曼(Hoffmann)、恒慕尔(Seigbeit Hummel)、丹马丁(Dan Martin,以色列耶路撒冷希伯来大学)、武内绍人等都从不同角度对象雄语做过探索,一些藏缅语学者也注意及此。多数人认为这种语言是一种西部藏缅语,但也有学者认为其中有羌语支语言如嘉戎语的因素。贝雷扎(John Vincent Bellezza)曾对象雄的悠久文化传统进行过探讨[1]。日本学者最近整理、刊布了陶慕士关于象雄语的未刊稿。国内学者罗秉芬[2]等曾研究过象雄语的医学文献。陶慕士还发表过被称为南语(Nam)的藏缅语文献(亦出自敦煌),也引起国内外学者的关注[3]。

3.2 对西夏语文和文献的研究

西夏是 11 世纪初在西北地区建立的王朝,主体民族是党项羌,首都兴庆府(今宁夏回族自治区首府银川市)。1038 年元昊正式建国称帝,国号大夏,世称西夏,辖今宁夏、甘肃大部,陕西北部,内蒙古西部和青海东部地区,享国 190 年。西夏王朝文化发达,立国前夕创立了自己的文字,即后世所称的西夏文。西夏积极吸收汉族文化和藏族文化,境内汉文、西夏文、藏文并行。西夏统治者既提倡儒学,又弘扬佛教,逐渐形成独具民族特色的西夏文化[4]。

19 世纪初,中国学者张澍首先在武威清应寺发现西夏文、汉文合璧的凉州感通塔碑。19 世纪末,有种种神秘传说的黑水城(蒙语称为

〔1〕J. V. Bellezza, "gShen-rab Myi-bo. His life and times according to Tibet's earliest literary sources." *Revue d'Etudes Tibétaines*, 2010,19, 31 – 118.

〔2〕罗秉芬主编,强巴赤列、黄福开审订:《敦煌本吐蕃医学文献精要(译注及研究文集)》,北京:民族出版社 2002 年。

〔3〕F. W. Thoms 著,李有义、王青山译:《东北藏古代民间文学》,成都:四川民族出版社 1986 年。

〔4〕史金波:《西夏文献探秘》,载于国家图书馆善本特藏部敦煌吐鲁番学资料研究中心编:《敦煌与丝路文化学术讲座》(第 2 辑),北京:北京图书馆出版社 2005 年,63 – 69 页。

哈拉浩特,位于干涸的额济纳河下游北岸荒漠上,是西夏十二监军司之一黑山威福司治所)引起外国探险家的注意。1909 年,俄国科兹洛夫探险队在一座佛塔中发现了大量西夏文物和文献,捆载而归。文献资料存放在当时圣彼得堡亚洲民族博物馆,即今俄罗斯科学院东方文献研究所。1914 年斯坦因也来到黑水城,所获不少。1927 年斯文赫定等率中瑞西北科学考察团途经黑城时,黄文弼发掘出了一批文书。新中国成立后,文物考古工作者在宁夏各地和内蒙古额济纳旗黑水城也发掘出不少西夏文文献。

西夏文文献内容丰富,包括:(1)语言文字类,如西夏文、汉文双解词语集《番汉合时掌中珠》,注释西夏文字形、音、义的韵书《文海》,西夏文字书《音同》等。(2)历史法律类,如著名的法典《天盛改旧新定律令》。(3)文学类,如西夏文诗歌的写本和刻本、西夏文谚语集《新集锦合辞》等。(4)古籍译文类,如汉文典籍《论语》《孟子》《孙子兵法》《孝经》等的西夏语译本,还有失传已久的类书《类林》的西夏文翻译本。(5)佛教经典类,其中有的译自汉文,有的译自藏文,也有西夏人自己编撰的文献,特别是一批以前未知的密宗经典,弥足珍贵。

1909 年俄国学者伊凤阁(A. I. Ivanov)撰文介绍《番汉合时掌中珠》残页。西夏文材料引起劳弗尔的很大兴趣,于 1916 年在《通报》上发表长文,认为西夏语属彝语支。1914 年,旅居日本的罗福苌刊行《西夏国书略说》,是研究西夏语言文字开创之作,代表当时的研究水平。罗氏三兄弟(罗福成、罗福苌、罗福颐)都对西夏语文的研究做出了重要贡献。1930 年,《北平图书馆馆刊》第 4 卷第 3 号"西夏文专号"出版。1932—1933 年,王静如完成《西夏研究》1~3 辑,这是当时西夏研究的一个里程碑。苏联聂历山(N. A. Nevsky, 1892—1937)的论文和手稿集《西夏语文学》也写于 20 世纪 30 年代,但 1960 年才得以出版。《西夏研究》和《西夏语文学》被誉为西夏语言文字研究史上的"双璧"。

中国、俄罗斯、日本三国是在西夏语文学研究方面领先的国家。继王静如之后,史金波、李范文、白滨、黄振华、陈炳应、聂鸿音和一批中青年学者如韩小忙、孙伯君、杜建录的工作使西夏学研究在我国有了长足进展。中国台湾学者龚煌城(1934—2010)[1]、林英津也在研究中有重大成就,此外还有张佩琪。俄罗斯主要的西夏学家有克恰诺夫(E. I. Kychanov)、苏敏(M. V. Sofronov)、克平(K. B. Kepping)、索罗宁(K. J. Solonin)等。日本学者石滨纯太郎、西田龙雄、荒川慎太郎、池田巧、松泽博等也在国际西夏学界占有重要地位。法国学者向伯霖从汉藏语言学角度对西夏语文进行了独到的研究。

图 3 - 3 西夏学家聂历山(1892—1937)夫妇

〔1〕龚煌城:《西夏语言文字研究论集》,北京:民族出版社 2005 年。

近年来,我国陆续出版了《俄藏黑水城文献》《英藏黑水城文献》《法藏敦煌西夏文献》和《中国藏西夏文献》等大型图书,大批新的西夏语文资料使人目不暇接,实在是西夏学研究者的福音。一些专业的西夏学刊物也相继面世。宁夏大学还成立了西夏学研究院[1],并于2010—2011年与俄罗斯科学院东方文献研究所成立西夏学联合研究所,以便开展合作研究、举办国际学术论坛、互派留学生和访问学者等。2012年是克恰诺夫诞辰80周年,俄罗斯科学院东方文献研究所特编辑出版纪念论文集,收入中国(包括台湾)、日本、俄罗斯、芬兰等各国学者撰写的论文,以为纪念。但他不久即因病去世(1932—2013)。

关于西夏语的系属,我国学者积累多年实地调查所得与西夏语有关的第一手资料(如孙宏开、黄布凡、戴庆厦、孙天心等的工作),运用大量语料进行比较,提出西夏语属羌语支的语言[2]。国外学者如马提索夫也表示赞同。虽然还不能下定论,但无疑有继往开来的意义。

3.3 缅彝语支语文及其研究

缅彝语支是汉藏语系的一个支系,分布在我国云南、四川、贵州、广西以及缅甸、泰国、老挝、越南等国,是藏缅语族中使用人口最多的语支。缅彝语支的多数语言元音有松紧对立,而且和声调有一定的制约关系,语序一般为主宾谓。

缅彝语支又可分为缅和彝两个分支,缅语支语言有缅语、阿昌语、载瓦语、浪莪语、勒期语等。彝语支语言按地域可划分如下:

北部:彝语北部方言、彝语南部方言、彝语东部方言

中部:拉祜语、傈僳语、彝语西部方言、彝语中部方言、彝语东南部方言、基诺语

南部:哈尼语、毕苏语

东南部:仆拉语、姆基语

---

〔1〕杜建录主编:《西夏学论集》,上海:上海古籍出版社2012年。

〔2〕李范文主编:《西夏语比较研究》,银川:宁夏人民出版社1999年。

澳大利亚学者布拉德利(David Bradley)认为乌贡语(Ugong)是缅彝语的一个独立分支。至于纳西语,它和缅彝语支有近缘关系是无疑的,但有人认为它是缅彝语支中的一种语言,还有人则主张把纳西语与缅彝语支组成一个新的分支。

对缅甸的早期历史,我们所知甚少。藏缅人向南移民进入缅甸大约是公元1世纪。公元4世纪的汉文史料记载了可能与今景颇族有关的缅甸最北部的一个部族和控制缅甸中部与北部的骠国。骠国的居民是沿伊洛瓦底河谷进入缅甸的藏缅人,他们接受了属孟高棉语系的孟语民族所信仰的小乘佛教和文字,其时为7世纪。9世纪前,另一支藏缅语民族钦人也进入缅甸。8—9世纪,南诏国控制了缅甸北部和大部分南部地区。南诏是说藏缅语的彝族统治的国家,但人口也包括白族、其他藏缅语族群及说壮侗语的民族[1]。8世纪前,克伦人也向缅甸移民,导致骠国的衰弱。832年,南诏灭骠国。

11—12世纪,巴利语系统的佛教又从斯里兰卡传入。原以孟文字母为基础的缅文,又吸取了巴利文的特点。约公元1000年时,缅甸人征服了南面的孟人,第一个缅甸王国即蒲甘(Pagan)王国于公元1044年建立。13世纪孟人获得自由,重建王国,但1540年又被缅人征服,在蒲甘的民嘉宝(Myinkaba),发现秒色地(Myazedi)塔旁的石柱,刻着孟文、骠文、缅文和巴利文4种对照文字[2],这是1113年的遗物。

公元9世纪,南诏国被汉人征服后,和今白族有关的大理国在同一地区建立。13世纪时大理国被蒙元征服。一般认为白族也是藏缅语民族[3],但近年郑张尚芳等认为白语属汉藏语系汉语族[4]。从南诏

〔1〕Charles Backus 著、林超民译:《南诏国与唐代的西南边疆》,昆明:云南人民出版社1988年。

〔2〕西田龙雄,"Studies in the Later Ancient Burmese Language through Myazedi Inscription",《古代学》(Palaeologia),1955,4(1),17–31 and 5(1),22–40.

〔3〕白鸟芳郎,"On the tribes of Nan-chao and Tali and the descent of the languages of their descendents, the Min-Chia",Japanese Journal of Ethnology,1950,15,52–63.

〔4〕郑张尚芳:《汉语最亲的兄弟语是白语》,《新浪名博访谈录》35(http://www.sina.com.cn 2006年12月6日16:36);汪锋:《语言接触与语言比较——以白语为例》,北京:商务印书馆2012年。

时代起,白族一方面通用汉语文,一方面自造汉字式的方块白字。1938—1940年,吴金鼎等在点苍山下南诏故都遗址中发现1300年前的有字残瓦200多片,共54个字符。1942—1943年,石钟健在大理发现明清时期的5块白文碑刻,并撰写《大理喜州访碑记》等文进行考证。现在碑刻中以明代杨黼《词记山花·咏苍洱境》(《山花碑》)最为著名。新中国成立后,费孝通、李家瑞等在大理凤仪北汤天村董氏宗祠法藏寺大殿中,发现两批南诏大理国写本佛经3000多册,其中有的经卷夹杂着方块白文。如《仁王护国般若波罗蜜多经·嘱果品》,正文汉字有1800多个,白文旁注约1700个,白文疏记多达4300字(对这些文字的性质,目前尚有争议)。约成书于元明之际的《白古通记》是白族的重要史籍[1]。徐琳、赵衍荪等对白语和白文有深入研究,著有《白语简志》(北京:民族出版社,1984年)、《白汉词典》(成都:四川民族出版社,1996年)等。

关于彝族的起源,现在有些学者认为是古羌人从中国西北南下,在长期发展过程中,与西南土著不断融合形成的民族。彝族主要分布在中国云南、四川、贵州、广西等省区和境外的缅甸、泰国、越南和老挝。

彝语分为6个方言和若干次方言,主要表现在语音方面,不同方言之间很难相互通话。彝族拥有记录自己民族语言的老彝文(在汉文史书上称为"爨文""韪书"等)。根据史书记载和金石铭文,彝文大致创始于唐而发展于明。也可能在这之前已有文字,到唐代进行了整理。那时的韪书大约有1800字,而到20世纪70年代,贵州毕节地区彝文编译组编辑的《彝文字集》收字5000左右,四川凉山编辑的《凉山彝文字集》收字近万。传世彝文文献有金石铭文和书籍。著名的碑刻如明万历二十年(1592)造大方《水西大渡河建石桥碑记》,彝汉文石碑各一,彝文石碑记述水西土司安氏世代历史,长1192字。彝文书籍内容以有关宗教祭祀的居多,也有部分历史、哲学、文学、医药内容的作品。

---

〔1〕侯冲:《白族白文新论》,载于《中央民族大学学报》(哲学社会科学版)2000年27卷4期,117-121页。

著名的如长诗《阿诗玛》(路南)、《西南彝志》(贵州)和《梣杌》、《孝经》、《妈妈的女儿》(四川凉山)等。各地彝文分歧较大,目前四川和云南已经制定了规范彝文,贵州和广西还没有。

对彝语和彝文文献进行研究的学者有丁文江(1936年出版《爨文丛刻》)、闻宥、罗常培、马学良、杨成志、袁家骅、高华年、戴庆厦、陈士林、陈康、丁椿寿、李民、马明等。进入21世纪,这些方面的工作做得更加深入,已经取得显著成绩[1]。如朱文旭著《彝语方言学》,2005年由中央民族大学出版社出版。

中国纳西族主要居住在滇西北和川西南的金沙江、无量河和雅砻江流域,西藏芒康县等地也有少量分布,以云南丽江玉龙纳西族自治县为聚居中心。纳西族原来有民族特色显著的文字,主要用于书写民族宗教东巴教的经书,故称"东巴文"。东巴文的创制年代在12—13世纪。东巴经书内容丰富,包含宗教祭祀、神话传说、历史、文学、风俗习惯等许多方面。纳西语文献在国内北京、云南各地和南京都有收藏,国外如美国、英国、法国、德国、荷兰、西班牙、意大利、奥地利、澳大利亚、加拿大、俄罗斯等也有藏品。国外现存东巴文写本约2万册。

纳西族文字有4种:(1)东巴文,(2)音节东巴文(又称阮可文,以使用者为纳西族阮可人而得名),(3)哥巴文,(4)玛丽玛萨文(流传于维西县拉普等地)。

对纳西语和纳西文献的研究开始较早。1867年法国传教士德斯古丁(Pere Desgodins)已将东巴经摹本从云南寄回法国。我国学者方国喻、李霖灿、张琨、和才[2]、董作宾、和志武、和即仁、王元鹿等都有著作,傅懋勣贡献尤多,如《纳西麽些语研究》(1940)、《丽江麽些象形文字古事记研究》(1948)、《纳西族图画文字白蝙蝠取经记研究》(1981—1984)、《纳西族祭风经迎请洛神研究》(1993)。美籍学者洛克(Joseph

---

〔1〕国外对彝语、彝文的研究,载于巴莫阿依、黄建明编:《国外学者彝学研究文集》,昆明:云南教育出版社2000年。早在20世纪初,巴黎外方传教会的邓明德(Paul Vial, 1855—1917)就编著了《撒尼法保字典》,在香港出版。

〔2〕李霖灿、张琨、和才:《麽些象形文字字典》,香港:说文社1953年;新版《纳西象形标音文字字典》,昆明:云南民族出版社2001年。

F. Rock，1884—1962）在华数十年，著有《纳西语—英语百科辞典》（1963—1972）等。近年欧洲以及美国都有学者积极从事对纳西语的调查和研究。在材料方面，《纳西东巴古籍译注》1—3 册，由云南民族出版社于 1986—1989 年出版。1999—2000 年由同一出版社出版了《纳西东巴古籍译注》100 册，采用东巴经原文、国际音标记音、汉译、注释四对照的形式刊布[1]。王元鹿著有《汉古文字与纳西东巴文字比较研究》[2]，不仅对两种文字的书写符号系统进行了比较研究，而且试图通过两种文字形态，探讨早期人类造字所反映的认知心理，拓宽了对东巴文的研究视野。

3.4　结语

近 20 年来，国内外的汉藏语研究都取得了长足的进展。我国学者出版了一批学术论著，其中较有代表性的有：

（1）丁邦新、孙宏开主编：《汉藏语同源词研究》（1—3），南宁：广西民族出版社，2000—2004 年。

（2）戴昭铭、马提索夫主编：《汉藏语研究四十年》，哈尔滨：黑龙江大学出版社，2010 年。

（3）江荻：《汉藏语言演化的历史音变模型——历史语言学的理论和方法探索》，北京：民族出版社，2002 年。

（4）黄布凡：《藏语藏缅语论集》，北京：中国藏学出版社，2007 年。

（5）胡坦：《藏语研究文论》，北京：中国藏学出版社，2002 年。

（6）瞿霭堂、劲松：《汉藏语系语言研究的理论和方法》，北京：中国藏学出版社，2000 年。

（7）张军：《汉藏语言判断句研究》，北京：中央民族大学出版社，2007 年。

---

〔1〕喻遂生：《东巴文研究材料问题建言三则》，载于商务印书馆编辑部编：《21 世纪的中国语言学（二）》，北京：商务印书馆 2006 年，426 - 434 页。
〔2〕上海：华东师范大学出版社，1988 年。

（8）李锦芳主编：《汉藏语系量词研究》，北京：中央民族大学出版社，2005年。

（9）蒋颖：《汉藏语系语言名量词比较研究》，北京：民族出版社，2009年。

（10）李洁：《汉藏语系语言被动句研究》，北京：民族出版社，2008年。

（11）吴安其：《汉藏语同源词研究》，北京：中央民族大学出版社，2002年。

（12）汪大年：《缅甸语与汉藏语系比较研究》，北京：昆仑出版社，2008年。

（13）薛才德：《汉藏语同源字研究——语义比较法的证明》，上海：上海大学出版社，2001年。

（14）薛才德：《汉藏语言研究》，上海：复旦大学出版社，2007年。

（15）周季文、谢后芳：《敦煌吐蕃汉藏对音字汇》，北京：中央民族大学出版社，2006年。

除这些专书外，汉藏语同源词研究数据库的建设及其检索软件的开发、研制和投入使用，是汉藏语比较研究的创新发展[1]。由江荻主持设计的这一数据库，包括汉语古音构拟和汉语方言、藏缅语族语言、侗台语族语言、苗瑶语族语言、南岛语和南亚语等近400种语言和方言的词汇、语音数据和数十种主要语言的词典库，为进一步开展汉藏语和其他相关语言的研究起到了积极的作用。由于该数据库的建成，得以实现对于汉藏语言关系的计量研究，这也是具有重要学术意义的。

最后要指出的是，根据格林堡（Greenberg）、德累耶尔（Dryer）和国内学者如刘丹青等的研究[2]，汉语是一种非典型的 SVO 型语言，而藏缅语族的语言多为 SOV 型，这就在语言的亲缘关系和类型特征之间产

<hr>

〔1〕严蔚彬：《近十年来我国藏语比较研究的特点及意义》，载于《中国藏学》2012年第2期（总第101期），239–244页。

〔2〕刘丹青：《语序类型学与介词理论》，北京：商务印书馆2003年。M. S. Dryer, "Word order in Sino-Tibetan languages from a typological and geographical perspective". In G. Thurgood & R. J. LaPolla (eds.), *The Sino-Tibetan Languages*, London/New York: Routledge, 2003, 43–55.

生了矛盾。与此相反,多数国外学者认为不属汉藏语系的苗瑶语、侗台语和东南亚大陆的南亚语系语言(如越南语)却具有与汉语大致相同的类型特征。对这种现象如何做出合理的解释,是个难题。现在有不少学者认为:在汉藏语系起源和形成时期,存在复杂的族群迁徙和语言替代。汉藏语系诸语与南方南亚语系的语言、北方阿尔泰语系的语言都有频繁的语言接触。所谓汉语,实际上可能是一个混合体(克里奥尔语)[1],是由古代进入"中国"的各种族群的共同体所使用的语言融合而成的,其中包含了不同族群语言的成分,同时又在数千年的历史长河中,对周边其他族群的语言产生了深刻影响。东亚语言的发展历史不同于印欧语,用单纯的谱系关系进行解释恐怕是不完全适合的[2]。

〔1〕Umberto Ansaldo, "Surpass comparatives in Sinitic and beyond: typology and grammaticalization", *Linguistics*, 2012,48(4), 919 – 950; Scott DeLancey, "Language Replacement and the Spread of Tibeto-Burman", *Journal of the Southeast Asian Linguistics Society*,2010,3(1),40 – 55.

〔2〕桥本万太郎著、余志鸿译:《语言地理类型学》,北京:北京大学出版社 1985 年,80 页。

4 阿尔泰语系语言文字及其文献

4.1 引言
——从乌拉尔—阿尔泰语系到阿尔泰语系

阿尔泰语作为一个语言学共同体,对它的研究,至今还有很大争议。

早在18世纪,瑞典军人菲利普·约翰·冯·斯特拉伦伯格(Phillip Johann von Strahlenberg)在西伯利亚居住期间,收集了大量突厥语、蒙古语、芬兰—乌戈尔语和其他语言的材料,于1830年在斯德哥尔摩发表文章,把这些语言统称为"鞑靼诸语"。1844年芬兰学者卡斯特伦(Alexander Castrén,1813—1852)在其著作中把芬兰—乌戈尔语、萨莫耶德语、突厥语、蒙古语、满—通古斯语等语言归为一个语群,称之为阿尔泰语言(altaischen sprachen)。还有不少语言学家把乌拉尔语和阿尔泰语联系在一起,称为"乌拉尔—阿尔泰语系[1]"。这是因为乌拉尔语系和阿尔泰语系诸语言在类型上相当一致,在词汇、语音和语法方面也有一些共性。因此,乌拉尔—阿尔泰共同体的问题在现代语言科学中依然存在;但是,当今多数学者已经认识到乌拉尔语和阿尔泰语之间并不存在亲属关系。而关于"阿尔泰语系"的理论,则归纳了突厥、蒙古、通古斯诸语族的共同特征,认为它们具有共同的起源。

在我国,当时任教于清华大学的俄国学者史禄国(S. M. Shirokogoroff)在1931年发表英文专著 *Ethnological and Linguistical Aspects*

---

〔1〕这一假设最早是由德国学者勺兑(W. Scott)在1936年提出的。

·欧·亚·历·史·文·化·文·库·

of the Ural-Altaic Hypothesis（最初刊于《清华学报》6 卷 3 期，199 – 396），对有关乌拉尔—阿尔泰假设的民族学和语言学问题进行了比较全面的讨论，虽然中国国内反响不大，但引起国际学术界的关注，至今还有人征引。

除史禄国外，从事乌拉尔—阿尔泰语比较研究的学者还有法国的索瓦捷奥（A. Sauvageot）、德国的温克勒（H. Winkler）、芬兰的拉塞农（M. Räsänen）、瑞典的科林德（B. Collinder）、美国的塞诺（D. Sinor）等。苏联学者和匈牙利学者合作集体编撰了《芬兰—乌戈尔语言学基础》3 卷（1974—1976）。俄国学者岱波（Anna V. Dybo）、穆德拉克（Oleg A. Mudrak）和斯塔罗斯金（S. Starostin）在他们编著的《阿尔泰语语源词典》（*Etymological Dictionary of the Altaic Languages*）[1]中指出：乌拉尔—阿尔泰假设现今已被大多数语言学家完全抛弃，但是他们代之以称为"Borean"的上位超级语系，而乌拉尔语和阿尔泰语均属于这一语系。他们还把达罗毗荼语、古亚细亚语、爱斯基摩—阿留申语等语言归入其中，并将这一语系存在的时间追溯到约 9000 年之前。近年来参与关于乌拉尔—阿尔泰语言关系讨论的还有意大利学者马卡托尼奥[2]等。

乌拉尔语系分布于波罗的海和中欧至俄罗斯东部和西伯利亚西部以及西伯利亚中部叶尼塞河流域，包括芬兰—乌戈尔诸语言和萨莫耶德诸语言。芬兰—乌戈尔语群之下有芬兰诸语和乌戈尔诸语。芬兰语群之下有萨阿米诸语、芬兰—卡雷利阿语（包括芬兰语、爱沙尼亚语、卡雷利阿语、威普斯语、伊若尔语、利夫语、沃德语等）、莫尔多瓦—马里语、乌德摩尔梯—科米—贝尔米茨语群（或称乌拉尔语群）。乌戈尔语群之下有汉提—曼西语和匈牙利语及其方言。萨莫耶德语群之下有涅涅茨语和谢利库普语（或称鄂毕—叶尼塞语）。在这许多语言中，芬兰语、爱沙尼亚语、匈牙利语都有悠久的文学语言传统。匈牙利语和突

---

〔1〕Leiden：Brill Academic Publishers, 2003.

〔2〕A. Marcantonio, *The Uralic Language Family：Facts, Myths, and Statistics*, Publications of the Philological Society, 35, Oxford-Boston：Blackwell, 2002.

厥语之间在历史上有比较密切的关系。

有些学者认为乌拉尔诸语言与尤卡吉尔—爱斯基摩—阿留申语之间有亲缘关系,但因论据尚不够充分,所以现在还无法得出肯定的结论。一般把尤卡吉尔语、爱斯基摩语和阿留申语归入古亚细亚语(或称古西伯利亚语)。还有学者主张乌拉尔语与印欧语有亲属关系,虽然也没有完全证实,但这种可能性是存在的。

苏俄突厥学家巴斯卡可夫指出:乌拉尔—阿尔泰语都是黏着语类型的语言,两者在语音、词法、句法方面有共同性,这些共同性并非出于偶然。但现在多数学者认为这种共同性是由彼此间的相互接触和相互影响而产生的,不一定可以作为有共同起源的证据。当今对乌拉尔诸语的研究开展得比较充分的国家是芬兰、匈牙利、俄罗斯、爱沙尼亚和瑞典等。关于乌拉尔语的起源,近年有芬兰学者杨虎嫩(Juha Jan-hunen)的论文(2009 年)[1]。20 世纪 90 年代时,有些语言学家如维克(Kalevi Wiik)和几位历史学家把原始芬兰语的年代上推到公元前 1 万年之前,但这样的努力并不能被认为是成功的。

一般公认的阿尔泰语历史比较语言学的创建者是芬兰学者兰司铁(G. J. Ramstedt, 1873—1950)。他最初是一个研究芬兰—乌戈尔学的学者,1898 年受唐纳尔(Otto Donner)的影响,到外蒙搜集蒙古口语方言资料。作为一个可以流利地说 9 种语言(芬语——这是他的母语、瑞典语、匈牙利语、德语、法语、俄语、英语、喀尔喀蒙古语和日语)的天才语言学家,受过良好的普通语言学和历史比较语言学的训练,对日耳曼语、梵语、希腊语和拉丁语都有深刻认识,故能超越前人,在学术上取得巨大成就。他为阿尔泰系诸语言建立了一系列语音对应和演变规律,如"兰司铁—伯希和定律""Z 音化和 S 音化问题""突厥语和蒙古语词首辅音对应规律"等。除语音对应外,他还研究了词法上的许多问题。他在阿尔泰语言学方面最重要的著作是《阿尔泰语言学引

---

[1]Juha Janhunen, "Proto-Uralic—what, where, and when?" *The quasiquicentennial of Finno-Ugrian Society*, Helsinki: Societe finno-ougrienne, 2009, 57－78.

论》(*Einführung in die altaische Sprachwissenschaft*),由其学生阿尔托(P. Aalto)整理,于1952—1957年出版。

兰司铁的比较语法包括蒙古语、满—通古斯语、朝鲜语和突厥语。他认为共同阿尔泰语至少包括以上4种方言。他把阿尔泰语的发源地放在中国东北兴安岭及其附近地区。共同阿尔泰语分裂为共同蒙古突厥语和共同通古斯语。前者又分裂为共同突厥语和共同蒙古语。至于朝鲜语,也起源于阿尔泰语。兴安岭可以作为两个族群的分界线:岭西是蒙古人的祖先和突厥人的祖先的居住地,岭东则是满—通古斯人的祖先和朝鲜人的祖先的居住地。但在阿尔泰共同语和这4种分支语言之间,是否存在一个中间的过渡阶段,他的看法似乎前后并非完全一致。

赞同兰司铁的理论并予以发展的学者中有波兰蒙古学家科特维茨(W. Kotwicz),苏俄蒙古学家弗拉基米尔佐夫(B. Vladimirtsov),匈牙利突厥学家冈伯茨(Z. Gombocz)、纳默特(Gy. Nemeth),美籍学者鲍培(N. N. Poppe),出生于德国的突厥学和阿尔泰学学者孟格斯(K. H. Menges),兰司铁的学生阿尔托,乌克兰裔学者普里查克(P. Pritsak),俄罗斯学者巴斯卡可夫(N. Baskakov)等。韩国的一些语言学家也主张朝鲜语是一种阿尔泰语,如李基文。当前最强烈支持把突厥、蒙古、满—通古斯、朝鲜、日本语都归入阿尔泰语的学者,可以举出现在美因茨大学任教和从事研究的罗比茨(Martine Robbeets)[1]。此前,以研究日本语著称的美国学者米勒(Roy Andrew Miller, 1924—　　)也主张把日语和朝鲜语归入阿尔泰语系[2]。土耳其学者特肯(Talat Tekin)也是阿尔泰语系说的支持者。

关于日语的亲属关系和史前史,虽然日本国内外都有大量论述,但至今没有令人信服的结论。朝鲜语中有很多汉语借词,而且对古汉语

---

〔1〕M. Robbeets, *Is Japanese Related to Korean*, *Tungusic*, *Mongolic and Turkic*? (Turcologica 64), Wiesbaden: Harrassowitz, 2005.

〔2〕R. A. Miller, *Languages and History*: *Japanese*, *Korean and Altaic*, Oslo: Institute for Comparative Research in Human Culture, 1996.

来说是一种重要的研究材料,因为其中保存了很多古汉语读音,但其系属关系则依然不明。自 19 世纪以来,就有学者主张朝鲜语和日语有亲属关系,并进而与阿尔泰语联系起来,如上述美国学者米勒和马丁(S. E. Martin)、斯垂特(J. Street)等。一些卓越的语言学家如波利瓦诺夫(Y. D. Polivanov, 1891—1938)、拉赫德尔(Johannes Rahder)等对此亦有论述。限于篇幅,这里不再展开。笔者感到,朝鲜语和日语之所以显得系属模糊难以确定,可能与这两种语言都属混合语有关,其中既有北方的阿尔泰语、古亚细亚语等语言成分,也有南方的原始南岛语成分,而且受到以西的汉藏语的深刻影响。

不赞同阿尔泰语系说的主要学者有克劳森(Gerard Clauson)、多尔弗(Gerhard Doerfer)、乔治(Stefan Georg)、索尼希(Claus Schönig)、谢尔巴克(Alexander Scherbak)和伏文(Alexander Vovin)等。如克劳森把阿尔泰语中的共同成分解释为语言接触的结果,认为突厥语、蒙古语词汇中的共同古语都是从突厥语借入蒙古语的。多尔弗也坚定地否认阿尔泰语系的存在,他把蒙古语和突厥语的共同词汇都视为借词,认为蒙古语是借入语言,突厥语是贷出语言。

还有一些学者不否认阿尔泰诸语的亲缘关系,但认为现有证据还不能充分证明这一理论,因此,他们以为目前还不能下结论,其中包括格伦贝赫(K. Grønbech)、克茹格(J. R. Kruger)、本青(J. Benzing)、李盖提(L. Ligeti)等。

阿尔泰语分布甚广,但对其起源地和起源时间,虽然也有学者进行了探索,但尚无得到学界普遍认同的结论。根据近十年来的 DNA(包括古 DNA)研究[1],说阿尔泰语的各个族群随其居住地域的不同,有的属东亚类型,有的具有较多欧亚大陆西部的成分,也有两者的混合。还有学者从欧亚大陆北部的阿尔泰、乌拉尔和叶尼塞 3 个族系的 Y 染色体追溯其远古祖先的历史,发现北欧和东欧的乌拉尔语系人群最常

---

〔1〕B. Martínez-Cruz, E. Heyer et al., "In the heartland of Eurasia: the multilocus genetic landscape of Central Asian populations", *European Journal of Human Genetics*, 2011, 19, 216 – 223.

见的类型是单倍群 N,起源于东亚西南部,叶尼塞语(如说 Ket 语的人群)族群最常见的类型是单倍型 Q,而 R 型在突厥语人群中很常见。Q 型和 R 型共同的上游类型是 P 型,单倍群 P 亦经由东亚北上。由此推测欧亚大陆的阿尔泰、乌拉尔、叶尼塞族系的 Y 染色体类型可能都起源于东亚。但这也只是一种假设,目前亦尚未能证实。

当前研究阿尔泰系语文学和书面文献的最新最好的概论性著作,是由澳大利亚著名蒙古学家罗依果(Igor de Rachwiltz)和芬兰学者芮跋辞(Yolker Rybatzki)合著的《阿尔泰语文学导论》(*Introduction to Altaic Philology*:*Turkic*,*Mongolian*,*Manchu*),台湾学者洪金富[1]亦对此书编写提供了帮助。该书由莱顿博睿(Brill)出版社于 2010 年出版,共534 页。全书除"导言"外,共 5 章,分别介绍和论述楚瓦什—突厥语、蒙语、满—通古斯语文献和阿尔泰假设,并附详备的书目、图版和索引,极便读者阅读参考。

中国学者撰写的阿尔泰语系比较研究论著,近年出版的主要有:哈斯巴特尔《蒙古语和满语研究》(呼和浩特:内蒙古大学出版社,1991年)、《阿尔泰语系语言文化比较研究》(北京:民族出版社,2006 年),力提甫·托乎提《阿尔泰语言学导论》(太原:山西教育出版社,2004年)、《从短语结构到最简方案——阿尔泰语言的句法结构》(北京:中央民族大学出版社,2004 年),照日格图《蒙古语族与突厥语族语言词汇比较研究》(呼和浩特:内蒙古教育出版社,2000 年,2005 年再版),孟达来《北方民族的历史接触与阿尔泰诸语言共同性的形成》(北京:中国社会科学出版社,2001 年),高娃《满语蒙古语比较研究》(北京:中央民族大学出版社,2005 年)等。2005 年 2 月在内蒙古大学蒙古学学院举行了由 10 本专著组成的第一批"阿尔泰学丛书"(呼格吉勒图和双龙主编)首发式,这套书于 2004 年由内蒙古教育出版社出版。

---

〔1〕洪金富(1946—),美国哈佛大学博士,现为台湾"中研院"历史语言研究所研究员。著有《元代蒙古语文的教与学》(1990)、《元代台宪文书汇编》(2003)、《辽宋夏金元五朝日历》(2004)等。

4.2　突厥语族诸语和文献及其研究

最早注意搜集和研究突厥语族语言和方言的,是 11 世纪的伟大学者麻赫默德·喀什噶里。他在巨著《突厥语大词典》中对突厥语诸方言做了翔实、系统的比较研究,这种研究是以长期深入的调查为依据的[1]。

从 18 世纪开始,俄国和欧洲各国学者就对突厥语族诸语及其历史进行了广泛的调查和研究。如生于圣彼得堡、有日耳曼血统的大学者伯特灵格(Otto Böhtlingk,1815—1904)不但是著名的《梵—德词典》的编者,而且受俄国科学院委托,撰写了一部《雅库特语语法》,这是突厥语文学的奠基之作。在他之后以研究突厥语著称的学者,除我们在前面论述阿尔泰语系的假设时已经提到的以外,还有阿什马林(N. Ashmarin,俄苏,主要研究楚瓦什语)、班－考普(Willy Bang-Kaup,比利时)、巴赞(L. Bazin,法国)、包格勒吉茨基(V. A. Bogoroditskij,俄苏)、波洛甫科夫(A. K. Borovkov,俄苏)、布鲁克曼(Carl Brockelmann,德国)、德尼(J. Deny,法国)、德米特里耶夫(N. K. Dmitrijev,俄苏)、蒂仁科娃(N. P. Dyrenkova,俄苏)、葛玛丽(Annamari von Gabain,德国)、哥尔德列夫斯基(V. A. Gordljevskij,俄苏)、哈密尔顿(J. R. Hamilton,法国)、哈泽木别克(Kazym-Bek,阿塞拜疆)、伊利敏斯基(N. I. Il'minskij,俄罗斯)、伊玛额(Guy Imart,法国)、雅林(G. V. Jarring,瑞典)、尤达欣(K. K. Jodahin,俄苏)、卡塔诺夫(N. F. Katanov,俄罗斯哈卡斯)、克里亚什托尔内(S. G. Klyashtorniy,俄罗斯)、柯诺诺夫(A. N. Kononov,俄苏)、劳德－塞尔陶塔斯(Ilse Laude-Cirtautas,美国)、勒柯克(Albert von Le Coq,德国)、马洛夫(S. E. Malov,俄苏)、梅里奥兰斯基(P. M. Melioranskiǐ,俄罗斯)、护雅夫(日本)、缪勒(Friedrich Wilhelm Karl Müller,德国)、皮卡尔斯基(E. Piekarski,波兰)、拉德洛夫

---

[1]麻赫默德·喀什噶里著、校仲彝等译:《突厥语大词典》1—3 卷(汉文版),北京:民族出版社 2002 年。参阅赵明鸣:《〈突厥语词典〉语言研究》,北京:中央民族大学出版社 2001 年。

（W. W. Radloff,俄罗斯）、罗那－塔什（A. Róna-Tas,匈牙利）、哈扎依（G. Hazai）、萨莫依洛维奇（A. N. Samoilovich,俄苏）、捷尼舍夫（E. R. Tenishov,苏俄）、乌布里亚托娃（E. I. Ubriatove,苏联）、汤姆生（V. Thomsen,丹麦）、提兹（A. Tietze,奥地利—美国）、羽田亨（日本）、山田信夫（日本）、百济康义（日本）、小田寿典（日本）、庄垣内正弘（日本）、茨默（P. Zieme,德国）、柴田武（日本）、服部四郎（日本）、梅村坦（日本）、森安孝夫（日本）等。近数十年来,土耳其对突厥语研究非常重视,人才辈出,发表了许多著作,现在每两年召开一次"国际突厥学大会"。

在我国,也有一批语言学家和语文学家从事突厥语及其文献研究,如李森、哈米提·铁木尔、冯家昇、耿世民、依布拉音·穆铁依、米尔苏里唐、胡振华、陈宗振、魏萃一等,取得显著成绩。李增祥所著《突厥语言学基础》（原《突厥语概论》的修订本,北京:中央民族大学出版社,2011 年）是一部内容丰富、充分吸收国内外研究成果、富有特色的教材。程适良主编的《突厥比较语言学》于 1997 年出版（乌鲁木齐:新疆人民出版社）,王远新著有《突厥历史语言学研究》（北京:中央民族大学出版社,1995 年）。1990 年由民族出版社出版的《中国突厥语族语言词汇集》,包括 8 种突厥语和 4000 个常用词,是从事语言比较研究的基本资料。

关于突厥语的分类,依据历时分类法和共时分类法的差异,许多学者都提出了各自的方案,如拉德洛夫、萨莫依洛维奇、马洛夫、本青、孟格斯、特肯、巴斯卡可夫、约翰逊（L. Johanson）等。下面参照塞诺著作中的分类,稍作调整,突厥诸语可以大致分为:

（1）南方或西南语组,或称乌古斯语支,包括土耳其语、尕尕乌孜语（Gagauz）、阿塞拜疆语、伊朗和土库曼的突厥语。

（2）西部或奇普恰克（钦察）语组:西方语群有哈拉依姆语、哈拉恰依—巴勒卡尔语、克里米亚塔塔尔语、库慕克语;北方语群有塔塔尔语、巴什基尔语、米沙尔语（Mishär）、西西伯利亚的一些塔塔尔方言。

（3）中部语组:哈萨克语、卡拉卡尔帕克语、诺盖语、奇普恰克—奥兹别克语、吉尔吉斯(柯尔克孜)语。

(4)东部语组:乌兹别克语、现代维吾尔语。

(5)北部语组:雅库特语(萨哈语)、图瓦语和阿尔泰地区的几种小语言。

(6)楚瓦什语。

(7)哈拉吉语(Khalaj)。

(8)甘肃—青海地区的突厥语:撒拉语、西部裕固语。

我国少数民族中有 7 个民族说 9 种突厥语,即维吾尔语、哈萨克语、柯尔克孜语、乌兹别克语、塔塔尔语、撒拉语、裕固语、阿尔泰地区一部分蒙古族说的图瓦语、黑龙江柯尔克孜族说的哈卡斯语,在世界各国说突厥语的种数上居于第二位,仅次于俄罗斯。对这些语言的研究也有较大的进展,如赵相如之于维吾尔语,耿世民、李增祥、张定京之于哈萨克语,胡振华之于柯尔克孜语,程适良之于乌兹别克语,陈宗振、毅里千之于塔塔尔语,林莲云之于撒拉语,陈宗振、雷选春之于西部裕固语,耿世民、吴宏伟之于图瓦语,胡振华之于东北柯尔克孜族语言。一批少数民族学者也出版了许多重要论著。此外,散居在新疆北部伊犁草原的土尔克(türk)人,人数仅 200 多人,但他们说的土尔克语在突厥语中占有重要位置,赵相如和美国学者哈恩(Reinhard F. Hahn)曾合作进行研究[1]。天山南麓的和田、洛浦、墨玉、莎车、英吉沙和疏勒等县一部分居民自称"艾努人",其他民族称他们为"阿卜达尔人",他们所说的艾努语语法近似维吾尔语等突厥语,但主要词语来自伊朗语。赵相如、阿西木[2]和一些外国学者曾进行研究。

关于境外突厥语和突厥学史的概况,有以下著作可供参考:K. H. Menges, *The Turkic Languages and Peoples. An Introduction to Turkic Studies*, Wiesbaden:O. Harrassowitz, 1968(其中有些内容稍嫌过时);J.

〔1〕Zhao Xiangru,Reinhard F. Hahn, "The Ili Turk People and Their Language", *Central Asiatic Journal*, 1999,33(3/4), 261 – 285; R. F. Hahn, "An Annotated Sample of Ili Turki", *Acta Orientalia Academiae Scientiorum Hungaricae*, 1991, 45(1), 31 – 53.

〔2〕赵相如、阿西木:《新疆艾努人的语言》,载于《语言研究》1982 年第 1 期, 259 – 279 页。

Deny，et al.（eds）*Philologiae Turcicae Fundamenta*. 2 vols. Wiesbaden：Steiner，1959 – 1964；A. Róna-Tas，*An Introduction to Turkology*，Studia Uralo-Altaica 33，Szeged，1991；L. Johanson and É. Á. Csató（eds）*The Turkic Languages*，London/New York：Routledge，1998. 约翰逊等编的《突厥语》一书出版于1998年，2006年再版，由各国专家分章执笔撰写，共27章：（1）说突厥语的各族，（2）突厥语各族历史概要，（3）突厥语的结构，（4）原始突厥语的构拟及其一般问题，（5）突厥语史，（6）突厥语书写系统，（7）古突厥语，（8）中古奇普恰克突厥语，（9）察合台语，（10）奥托曼突厥语，（11）土耳其语，（12）土耳其语方言，（13）土耳其文字改革，（14）阿塞拜疆语，（15）土库曼语，（16）伊朗的突厥语，（17）塔塔尔语，（18）西奇普恰克诸语，（19）哈萨克语和卡拉卡尔帕克语，（20）诺盖语，（21）吉尔吉斯（柯尔克孜）语，（22）乌兹别克语，（23）维吾尔语，（24）裕固语和撒拉语，（25）南西伯利亚突厥语，（26）雅库特语，（27）楚瓦什语。全书内容全面而又简明扼要。此外，在德国工作的以色列学者埃尔达尔（M. Erdal）和俄国学者内芙斯卡雅（I. Nevskaja）合编的 *Exploring the Eastern Frontiers of Turkic*（Turcologica 60，Wiesbaden 2006），和俄国学者捷尼舍夫等编的 *Tyurkskie yazyki*（Moscow 1997），质量都很高。有关突厥语各族的历史文化，较新的参考书如：P. B. Golden，*An Introduction to the History of the Turkic Peoples*，Torcologica 9，Wiesbaden，1992；H. R. Roemer，*Philologiae et Historiae Turcicae Fundamenta I. History of the Turkic Peoples of the Pre-Islamic Period*，Berlin：Klaus Schwarz Verlag，2000. 等，均可参考。近年耿世民的《新疆文史论集》（北京：中央民族大学出版社，2001年）、《新疆历史与文化概论》（北京：中央民族大学出版社，2006年）等论著多种，都是值得推荐的佳作。

在语言结构上，突厥诸语言有一些共同的特征。语音方面有元音、辅音和谐律，按发音部位分成相对的两套元音和辅音，相互和谐。语法方面，具有典型的黏着语特征，通过先后顺序添加各种附加成分表示构词和语法变化；基本语序为SOV型，修饰语在中心语之前。词汇方面，除同源词外，有一批阿尔泰语系的"关系词"和突厥—蒙古语"并行词"；较古老的借词多借自汉语、印欧语（如古代的伊朗语、吐火罗语）、乌戈尔语，伊斯兰文化传入后，波斯语、阿拉伯语借词占有相当比例。

突厥语的确切起源地不很清楚，可能在南西伯利亚从叶尼塞河流域至太平洋沿岸的某地，特别是外贝加尔的阿尔泰地区，或者里海沿岸一带。常有学者将突厥与公元前 3 世纪建立强大北亚游牧民族国家的匈奴联系起来，但匈奴究竟说什么语言，是伊朗语，还是某种古西伯利亚语，抑或某种阿尔泰语（突厥语或蒙古语），现在也不能确定。到了公元 1 世纪结束时，鲜卑人取代了称霸数世纪的匈奴。但鲜卑人说什么语言，现在学界也存在突厥语和原始蒙古语两种意见的争论。"突厥"这个名称最早出现在《周书》卷 27《宇文测传》，可能是 *Türküt 的音译，源于粟特语 twrk（Türk），指公元 6 至 8 世纪在蒙古高原上说突厥语及其各种方言的族群建立的突厥汗国。汉文史籍记载的丁零、铁勒、高车等部族也应该是说突厥语的。现在分布在俄罗斯中部的楚瓦什人所说的楚瓦什语是一种与其他突厥语有显著区别的语言，在历史上与西迁的突厥语部族如可萨人、保加尔人有关，也可能与见诸欧洲的西迁匈人（不能与匈奴完全等同）存在联系[1]，并且受到乌拉尔语的影响和干扰，使其原本的突厥语性质被掩盖起来，因此在各种突厥语的分类方案中，都将其归为独特的一支。根据最近的遗传分析，楚瓦什人母系为芬兰—乌戈尔起源；检测出的单倍群标记为 H（占 31%）、U（占 22%）、K（占 11%），三者在北欧和西欧群体中均为高频，而未见于蒙古或阿尔泰语群。

关于古代突厥语的断代分期，依约翰逊的看法[2]，大致如下：由于早期突厥语的分裂，出现了共同突厥语（Common Turkic）和乌古尔突厥

---

〔1〕俄裔美国汉学家卜弼德（P. Boodberg）认为见于《周书》卷 49 等的匈奴别部"步落稽"可以与伏尔加河流域的保加尔部勘同。孟格斯曾征引其说。近年陈三平就此详加考证，并进而阐明汉地文化与阿尔泰文化、伊朗系文化三者间的联系，见 Sanping Chen, *Multicultural China in the Early Middle Ages*, Philadelphia: University of Pennsylvania Press, 2012, 83 – 98.

〔2〕拉尔斯·约翰逊：《古代突厥语的区域分布·断代分期·变体功能及与其他语言的接触》，载于张定京等主编：《突厥语文学研究》，北京：中央民族大学出版社 2009 年，136 – 145 页。

语(Oghur Turkic)两支;前者后来发展为乌古斯语支和奇普恰克语支,后者保存至今的只有一种楚瓦什语。至公元5—6世纪,古突厥语(Old Turkic)时期开始。其中东部古突厥语在8世纪初产生文献,用卢尼文记录。回鹘人于9世纪定居于天山、塔里木一带之后,这一阶段的回鹘语是用回鹘文、摩尼文、婆罗谜文、藏文等多种文字记录的。从11世纪或更早开始,东部古突厥语出现方言差别,东部方言区从米兰、吐鲁番至今甘肃武威,后来发展为古代维吾尔语。西部方言区包括喀什、叶尔羌和七河流域,还包括兴起于11世纪的喀喇汗王朝的语言(受到伊斯兰教的影响,也有学者将其归入中古突厥语)。至13世纪,东部中古突厥语阶段开始。至于西部古突厥语,指从5世纪至蒙古入侵时期在东欧的黑海和里海大草原上使用的各种突厥语,如可萨语、十姓乌古尔语、多瑙保加尔语、伏尔加保加尔语(一种乌古尔语)以及稍后的佩彻尼克(Pecheneg)语和库蛮语等。这些语言大多通过希腊语、拉丁语、古斯拉夫语、阿拉伯语、波斯语、亚美尼亚语、格鲁吉亚语等语言记录下来的官名、部族名、人名和地名等才为人所知,还有少数用希腊文刻写的碑文发现于多瑙河流域和喀尔巴阡盆地。所谓用东欧卢尼文刻写的碑铭至今未得到解读。至13世纪,西部中古突厥语时期开始,留下的文献有可以反映伏尔加保加尔语的一些碑铭(始于1281年)和13—14世纪编写的《库蛮语典》。

学术界对记录古突厥语的文字有几种称谓。一是据其字母外形与古代日耳曼人所用的卢尼文相似而称之为"古突厥卢尼文"。二是根据碑铭发现地区在今蒙古国鄂尔浑河流域而称之为"鄂尔浑突厥文"。三是这种文字的碑文首先在叶尼塞河流域发现,故亦称"叶尼塞文"。这是一种音素、音节混合型文字,约有40个符号,每个符号表示一个元音或一个带有元音的辅音,其创制可能受到阿拉美文字母的影响,但也有突厥人自己的发明。古突厥文碑铭的发现地点为蒙古高原,叶尼塞河流域,东西伯利亚的勒那河—贝加尔湖地区,阿尔泰地区,新疆和甘肃敦煌,中亚七河流域、费尔干纳盆地和东欧。著名的碑铭有《阙特勤碑》《暾欲谷碑》《毗伽可汗碑》《翁金碑》《九姓回鹘可汗碑》《苏吉碑》

《布古特碑》《铁尔痕碑》《铁兹碑》(亦称《牟羽可汗碑》)等。古代突厥文写本中重要的有敦煌发现的《占卜书》(*irq bitig*)[1]和新疆米兰出土的军事文书等。

图4-1　敦煌所出9—10世纪回鹘文书

────────────────

〔1〕芮跋辞、胡鸿:《古突厥文写本〈占卜书〉新探——以写本形态与文书关系为中心》,载于《唐研究》2010年第十六卷,359-386页。

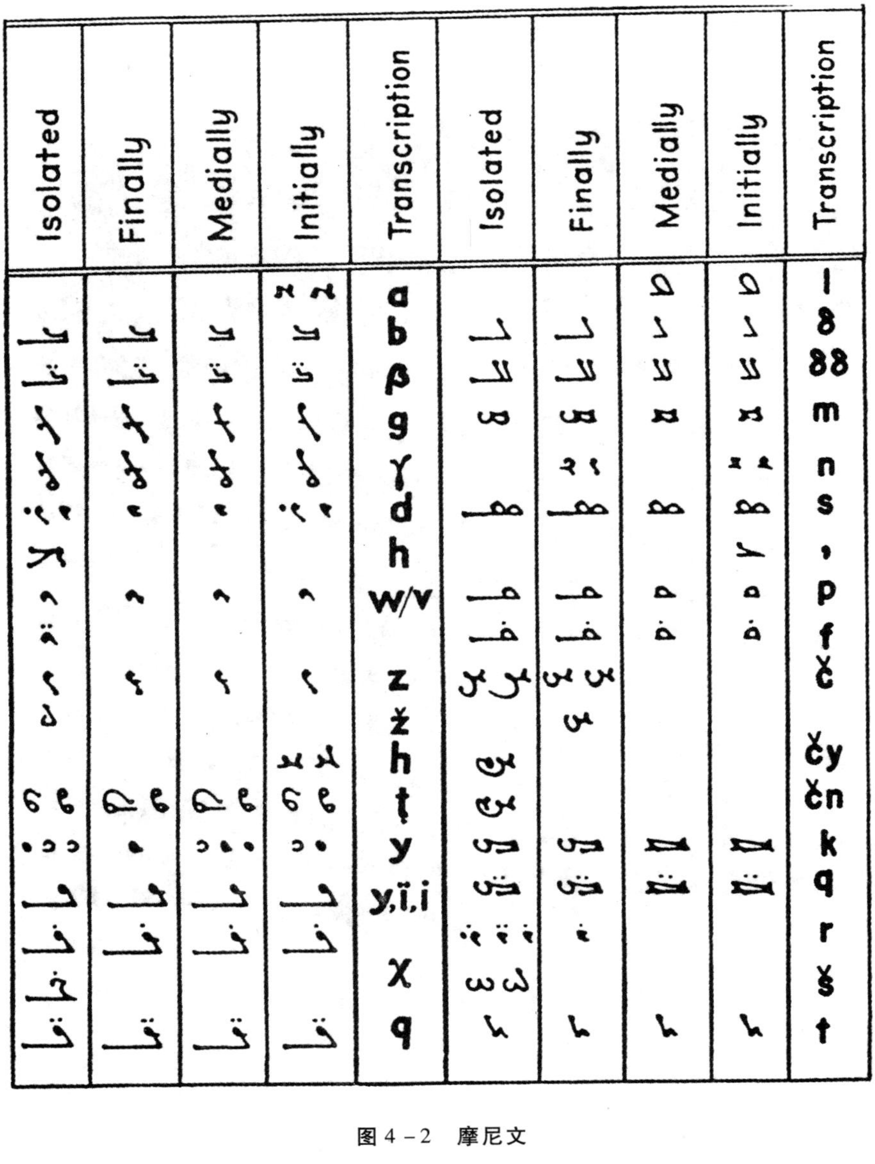

Isolated	Finally	Medially	Initially	Transcription	Isolated	Finally	Medially	Initially	Transcription
				a b β g γ d h w/v z ž ḥ ṭ y,ï,i x q					l ẓ m n s · p f č čy čn k q r š t

图 4－2　摩尼文

a　$\bar{a}$　$(aya=)\ddot{a}$　$i=i$　u　$\bar{u}$　$(uyu=)\ddot{u}$

e　$(eya=)\dot{e}$　ai　o　$(oya=)\ddot{o}$　$(oyo=)\delta$

ka	kha	(ga)	(gha)	$\dot{n}a$
ca	cha	ja		$\tilde{n}a$
				na
ta	tha	da	dha	na
pa	pha	ba	bha	ma
ya	ra	la	va	
$\acute{s}a$	sa	sa	ha	
$\cdot k$	$\cdot p$	$\cdot m$	$\cdot \tau$	
$\cdot l$	$\cdot \dot{s}$	$\cdot \dot{m}$	$\cdot \dot{s}$	
qa	ga	ba	$\left\{\begin{matrix}dza\\wa\end{matrix}\right\}(?)$	wa
za	$(\acute{z}a)$			

$\tilde{n}\bar{a}$	$n\bar{a}$	$y\bar{a}$	$l\bar{a}$	$n\bar{a}$	$q\bar{a}$	$m\bar{a}$
$l\bar{a}$	$c\bar{a}$	$k\bar{a}$	li	gi	$l\bar{\imath}$	ni
nu	yu	lu	qu	tu	$r\bar{u}$	$l\bar{u}$
$t\bar{u}$	$y\bar{u}$	$r\bar{u}$	$l\bar{a}$	$r\bar{a}$	pro	la
le	le	lai	hai	to	lo	$l\bar{o}$
$k\bar{o}$	$\acute{s}au$					

$k\bar{s}i$	$kr\bar{a}m$	$\tilde{n}ti$	$\tilde{n}ri$	$j\tilde{n}\bar{a}$	$\tilde{n}c\mathit{a}$
$tk\bar{u}$	tti	tra	tru	$tr\bar{u}$	$lg\bar{u}$
ntu	nda	nya	$\cdot nt$	plu	$ym\bar{a}$
$r\eta i$	$rt\bar{a}$	$rdh\bar{a}$	rri	$rl\bar{a}$	$ln\nu$
lso	lqu	$\acute{s}r\bar{a}$	$\acute{s}ru$	$\acute{s}l\bar{a}$	$h\acute{s}\mathit{a}$
$\cdot hk$	$lr\mathit{a}$	qli	gsi	zwa	

iki	$i\acute{s}i$	umu	uya	ula	$l\tau$

图 4 - 3　婆罗谜字母

·欧·亚·历·史·文·化·文·库·

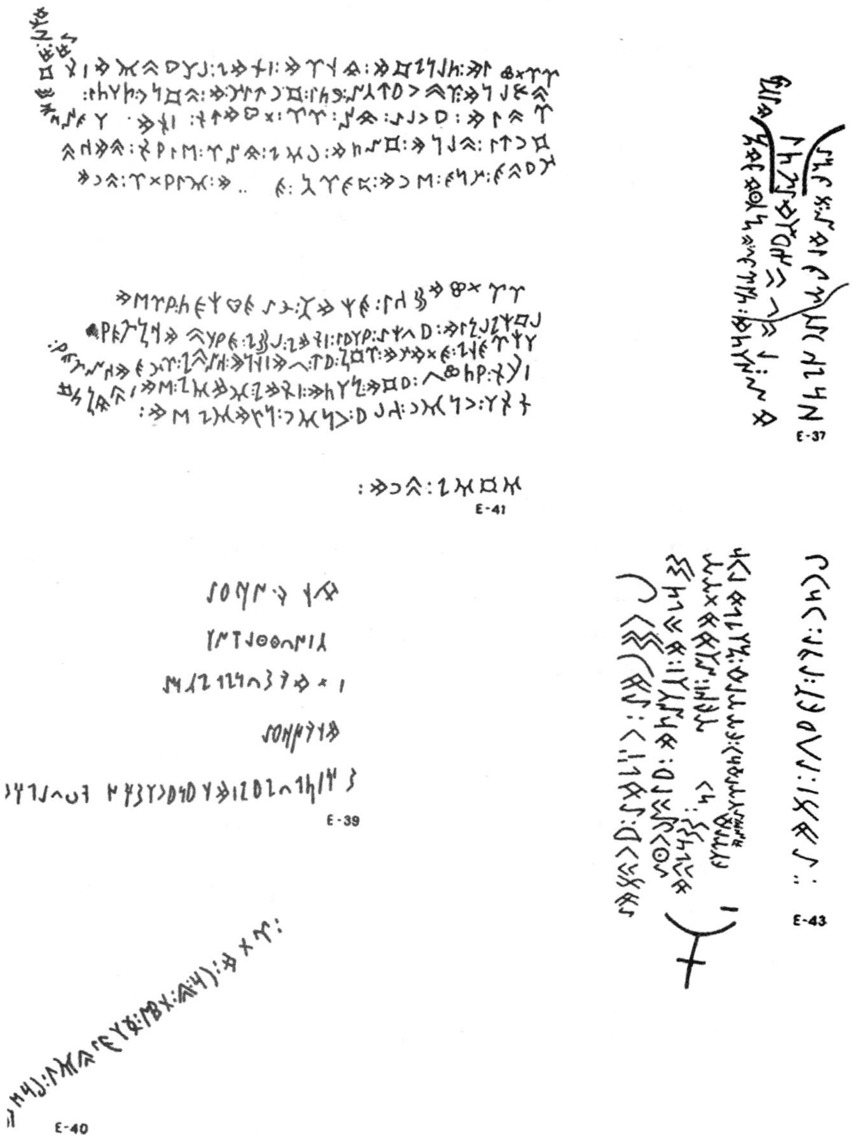

图 4 - 4　叶尼塞卢尼文铭刻

(*The National Board
of Antiquities*, Helsinki)

(*from Malov* 1951)

图 4 – 5　卢尼文《暾欲谷碑》

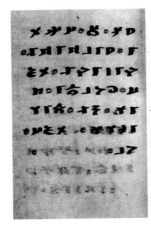 

图 4 - 6　古突厥文《占卜书》

对古突厥文的解读,丹麦著名语言学家汤姆生做出了最大的贡献。早期的研究者还有拉德洛夫、梅里奥兰斯基、万贝里(H. Vambery)、马夸特(J. Marquart)、兰司铁、科特维茨等。以后土耳其学者奥尔昆(H. N. Orkun),苏联学者马洛夫,德国学者葛玛丽,俄罗斯学者克里亚什托尔内,波兰学者特里亚尔斯基(E. Tryjarshi),英国学者克劳森(G. Clauson),芬兰学者阿尔托,法国学者巴赞、吉饶(R. Giraud),意大利学者邦巴西(A. Bombci),挪威学者浩夫道根(E. Hovdhaugen),丹麦学者梅业尔(I. Meyer)夫人等都发表了相关论著。曾在美国工作的土耳其学者特肯著有《鄂尔浑突厥语语法》(*A Grammar of Orkhon Turkic*, Uralic and Altaic Series 69,Bloomington, 1968),是一部重要著作。20 世纪 90 年代以来,日本、土耳其等国学者与蒙古国学者合作,对现存古代突厥碑铭和文物进行考察研究,其中日本方面的成果反映在《蒙古国现存遗迹碑文调查研究报告》(1999 年出版)一书中。在我国,19 世纪末以来的沈增植、韩儒林、岑仲勉、王静如、冯家昇和近年来的芮传明对古突厥碑文和文献的研究有所贡献,特别是一流突厥学家耿世民,多年来对古突厥语文献的探讨为世界学界称道,其成果集中反映在《古代突厥文碑铭研究》(北京:中央民族大学出版社,2005 年)、《鄂尔浑—叶尼塞碑铭语言研究》(与阿不都热西提·亚库甫合著,乌鲁木齐:新疆大学出版社,1999 年)、《古代突厥语语法》(与魏萃一合著,北京:中央民族大学出版社,2010 年)等著作中。

按突厥学界的习惯,一般把伊斯兰教之前的突厥语称为古突厥语,时代约为 750—1300 年。但也有一些研究者把古突厥语主要用于指以卢尼文书写的文献(约 750—900),而把随后年代(约 900—1300)的语言称为回鹘语。

随着回鹘西迁和各突厥语部族进入中亚、西亚地区,突厥人与印度—伊朗语各族的联系更多。在南面和东面,与汉地的联系也更为紧密。由于与多种文化和宗教接触,摩尼教、聂斯脱里教(景教)和佛教都在回鹘兴盛起来。从 9 世纪起,回鹘人从丝路沿线的粟特人那里引入粟特文字,略作修改后成为回鹘文[1]。回鹘文曾对周围其他民族的文字和文化发展产生过很大影响。蒙元时期回鹘文被蒙古族采用,经过若干变化形成蒙文。16 世纪以后,满族又从蒙古族那里接受此种字母,从而创制满文。史载契丹小字亦仿自回鹘文。此外,回鹘文在14—15 世纪也用作金帐汗国、帖木耳帝国和察合台汗国的官方文字。而在新疆,公元 10 世纪下半期伊斯兰教首先传入新疆南部的喀什地区,至 14—15 世纪遍及整个天山以南广大地区。随着伊斯兰教的传播,回鹘文逐渐废弃不用,而代之以阿拉伯字母书写的文字。

早在 19 世纪上半期,德国学者克拉普洛特(J. Klaproth)就根据传到欧洲的明代编写的《高昌译语》抄本,于 1820 年出版了《回鹘语言文字考》。19 世纪下半期,匈牙利突厥学家万贝里、法国突厥学家巴勿·德·古尔太依(Pavet de Courteille)也对回鹘文文献进行了研究。20 世纪初以来,随着回鹘文献的大量出土,对这些文献的研究也进入了一个新阶段。

---

[1]最早使用粟特字母拼写突厥语的可能是以七河流域为主要住地的突骑施部,现存有用这种字母铸造的突骑施钱币。

45

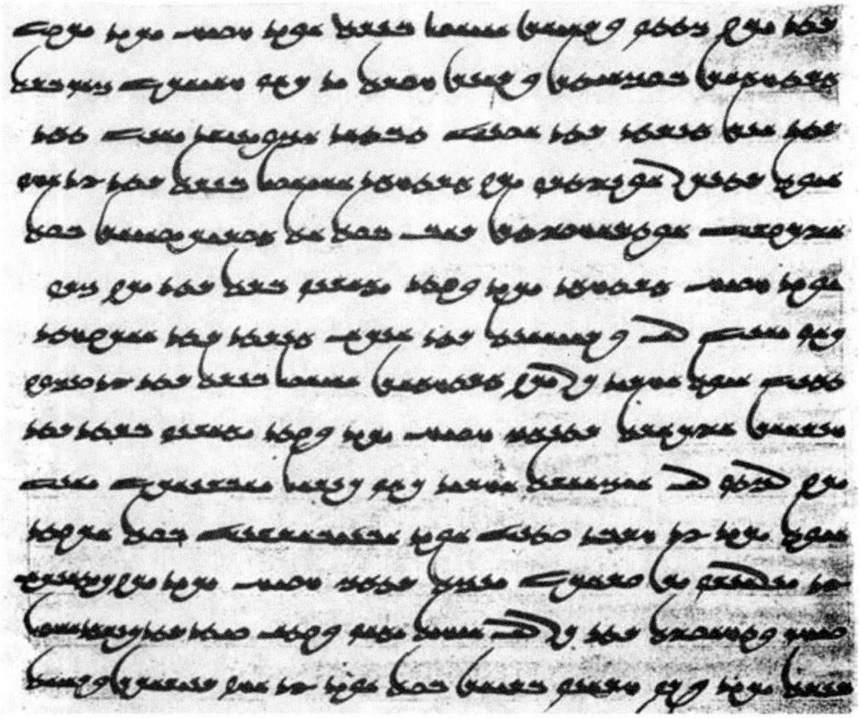

(BnF)

图 4 - 7　敦煌所出 9 世纪粟特文书

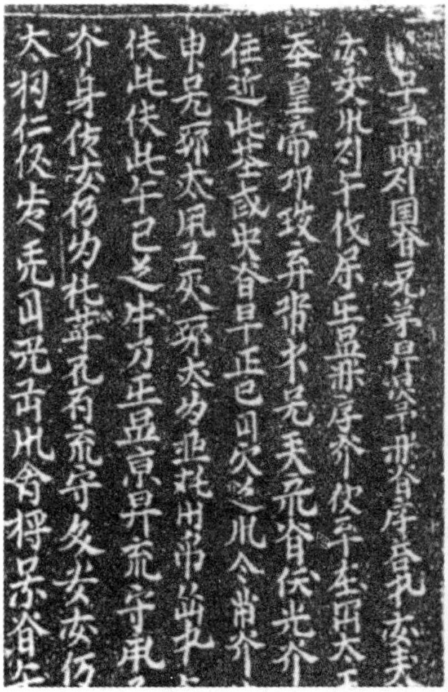

Section of Yelü Xinie's epitaph in "large script"
1114

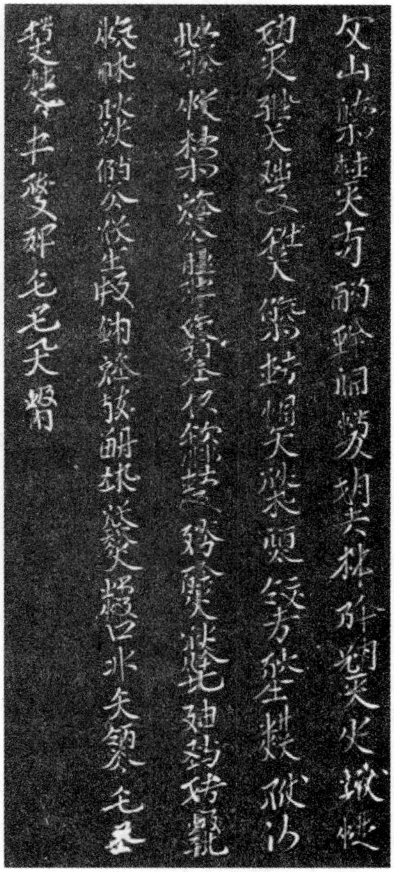

The Langjun inscription in "small scritp"
1134

图 4 - 8　契丹大字、契丹小字

·欧·亚·历·史·文·化·文·库·

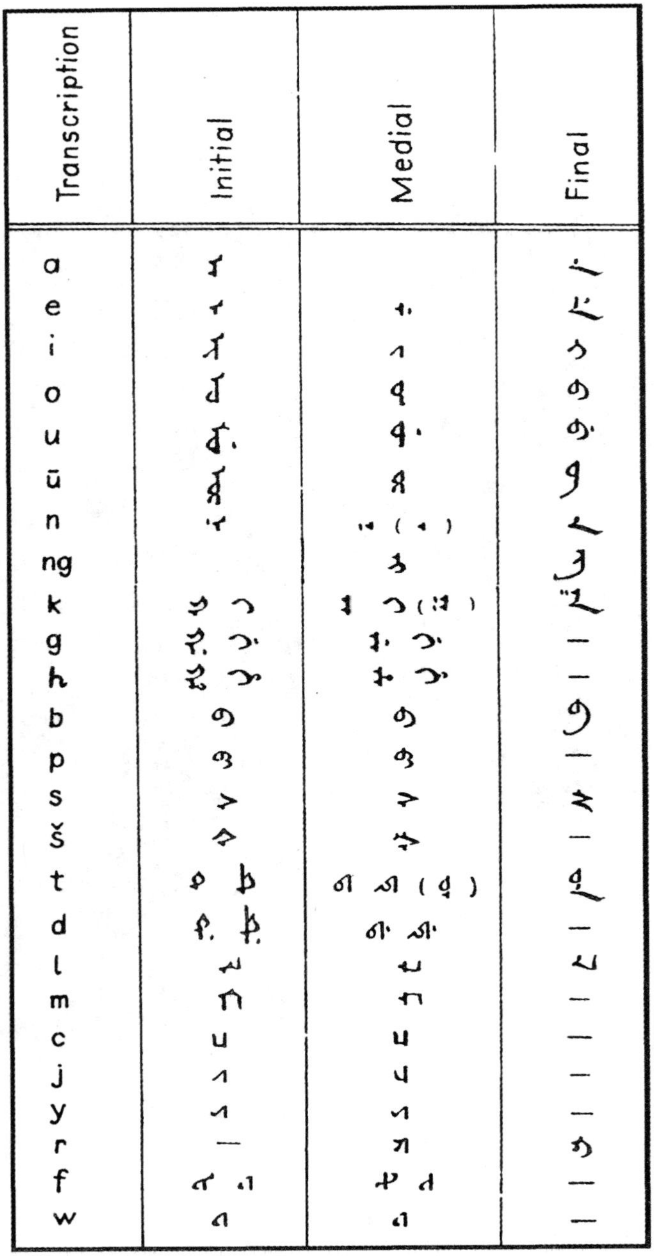

Transcription	Initial	Medial	Final
a			
e			
i			
o			
u			
ū			
n			
ng			
k			
g			
h			
b			
p			
s			
š			
t			
d			
l			
m			
c			
j			
y			
r			
f			
w			

图 4-9 满文字母

1908 年,德国著名学者缪勒[1]刊布了《回鹘文献研究》第 1 卷。勒柯克、班－考普、葛玛丽、拉赫马提(G. R. Rahmati)等继续刊布。俄国和苏联的拉德洛夫、马洛夫,法国的伯希和,日本的羽田亨,土耳其的贾费尔奥格卢(Caferoglu)等学者也各自做出了贡献。我国最早运用回鹘文资料进行学术研究的当推陈寅恪和岑仲勉。

　　第二次世界大战结束以后,从 20 世纪 50 年代至今,对回鹘文献的研究有了长足进展。通过阿尔洛托(A. Th. Arlotɔ)、埃尔达尔、哈密尔顿、卡拉(G. Kara)、毛艾(D. Maue)、罗尔本(K. Röhrborn)、劳特(J. P. Laut)、百济康义、小田寿典、庄垣内正弘、森安孝夫、奥尔梅兹(M. Ölmez)、色尔特卡维(O. Sertkaya)、西纳斯·特肯(Sinasi Tekin)、土古舍娃(L. Yu. Tugusheva)、瓦西里也夫(D. D. Vasil'ev)、茨默、克拉克(L. Clark)、威尔肯斯(Jens Wilkens)、拉什曼(Simone-Christiane Raschmann)、松井太、笠井幸代等几代各国学者的共同努力,推进了回鹘语文献研究的不断深入。中国学者在这方面也有积极的贡献。早在 20 世纪 20 年代,罗福成就对明代高昌馆编撰的汉文、回鹘文对照分类词汇集《高昌馆译语》做过研究。此后冯家昇、耿世民、李经纬、阿不都热西提·亚库甫、张铁山、刘戈、杨富学、牛汝极、李树辉、雅森·吾守尔等都有著作出版。特别是耿世民,多年来与法国学者哈密尔顿、皮诺(G. J. Pinault,吐火罗语专家),德国学者克里姆凯特(H. J. Klimkeit)、劳特等合作,用外文发表了大量论著。他还把葛玛丽的名著《古代突厥语语法》(1941 年第一版,1950 年第二版,1974 年第三版)译成中文,已收入"阿尔泰学丛书",由内蒙古教育出版社于 2004 年出版。苏联学者谢尔巴克(A. M. Shcherbak)著《新疆十至十三世纪突厥文献语法概论》(*Grammaticheskiy ocherkyazika tvurkiskih tekstov X – XIII VV. iz Vostochnogo Turkstana*,莫斯科 1961 年出版),也有部分由李经纬译为中文,尚未正式出版。

---

〔1〕关于缪勒的学术成就,请参看冯锦荣:《陈寅恪先生对天文年代学的认识——兼论缪勒教授(1863—1930)天文年代学的研究》,载于单周尧主编:《香港大学中文学院八十周年纪念学术论文集》,上海:上海古籍出版社 2009 年, 509 – 531 页。

此外,陈宗振著有《回鹘文医书摘译》(《中华医史杂志》第 14 卷第 4 期,1984 年,233 - 235 页)[1]。胡振华与黄润华合著《明代文献〈高昌馆课〉》(拉丁字母转写本。乌鲁木齐:新疆人民出版社,1981 年)、《高昌馆杂字》(北京:民族出版社,1984 年)。卡哈尔·巴拉提对回鹘文《玄奘传》的研究做出了贡献。

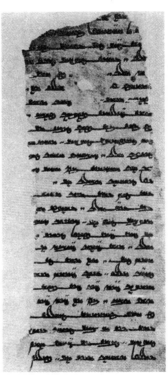

图 4 - 10　回鹘文《玄奘传》

回鹘文宗教经典中佛教文献数量最多[2],大部分是抄本,也有刻本。刻本多属于元代。早期佛经译自吐火罗语,如著名的《弥勒会见记》;由于汉文化对回鹘的影响,译自汉文的也很多,如《金光明经》《俱

---

〔1〕关于对回鹘医学文献的研究,请参看 P. Zieme, "Notes on Uighur Medicine, Especially on the Uighur Siddhasāra Tradition", *Asian Medicine*, 2007(3), 308 - 322.

〔2〕关于回鹘语佛教文献,请参阅 Johan Elverskog, *Uygur Buddhist Literature* (Silk Road Studies, 1), Turnhout: Brepols, 1997.

舍论》《佛说天地八阳神咒经》《大慈恩寺三藏法师传》(《玄奘传》)等。也有一些译自藏文,如密教文献。回鹘文佛典主要为大乘经,但也有小乘文献,如阿含部诸经。大藏经中经、论两部分的主要文献译成回鹘文的较多,律部译本则较少。还有大量属本生、譬喻类故事,如《十业道譬喻鬘经》等。最晚的回鹘文佛经是 17 世纪(清康熙二十六年)在甘肃抄写的《金光明经》,现收藏在俄罗斯圣彼得堡。目前由德国和土耳其学者进行的回鹘文《玄奘传》研究颇有进展。摩尼教内容的有《二宗经》《摩尼教徒忏悔词》($X^u\bar{a}stv\bar{a}n\bar{\imath}ft$)以及许多赞美诗,还有摩尼教寺院文书。景教内容的有《福音书》《圣乔治殉难记》等。近年来,这些回鹘语文书在国内和德国、比利时、日本、土耳其、俄罗斯等国陆续刊布,数字化工作也在逐步展开,给研究者提供了很大的便利。

回鹘文献还包括碑刻(如著名的《亦都护高昌王世勋碑》)、历法文书、两种语言对照的词汇、早期突厥语伊斯兰教作品等。文学作品有《伊索寓言》残卷、《五卷书》残卷、《乌古斯可汗传说》、古代吐鲁番民歌等,最著名的当推玉素甫·哈斯·哈吉甫(Yusuf Has Hajib)的《福乐智慧》(*Kutadgu Bilig*)[1]。此外,近数十年来我国从西北到东南各地发现许多用叙利亚文拼写突厥语的景教碑刻和文书,国内外都曾发表专题论文,牛汝极的《十字莲花——中国元代叙利亚文景教碑刻文献研究》(上海:上海古籍出版社,2008 年;法文本,2010 年),是一部总其成的著作。

回鹘文文献中还有为数不少的社会经济文书。在拉德洛夫和马洛夫的早期工作之后,近年也有显著进展。山田信夫、小田寿典、梅村坦、森安孝夫和茨默合编的《回鹘文契约文书集成》共 3 卷,由大阪大学出版会于 1993 年出版。我国出版的专著有:李经纬著《回鹘文社会经济文书研究》(乌鲁木齐:新疆大学出版社,1996 年)、《吐鲁番回鹘文社会经济文书研究》(乌鲁木齐:新疆人民出版社,1996 年),耿世民著

---

[1]国内有耿世民、魏萃一的节译本(乌鲁木齐:新疆人民出版社 1979 年),郝关中、张宏超和刘宾整理翻译的汉文全译本(北京:民族出版社 1986 年)。美国学者丹可夫(R. Dankoff)有英文译本(芝加哥大学出版社 1983 年)。

《回鹘文社会经济文书研究》(北京:中央民族大学出版社,2006 年)等。关于古回鹘文文书的研究,日本学者松井太在最近做了很好的总结回顾和展望[1]。

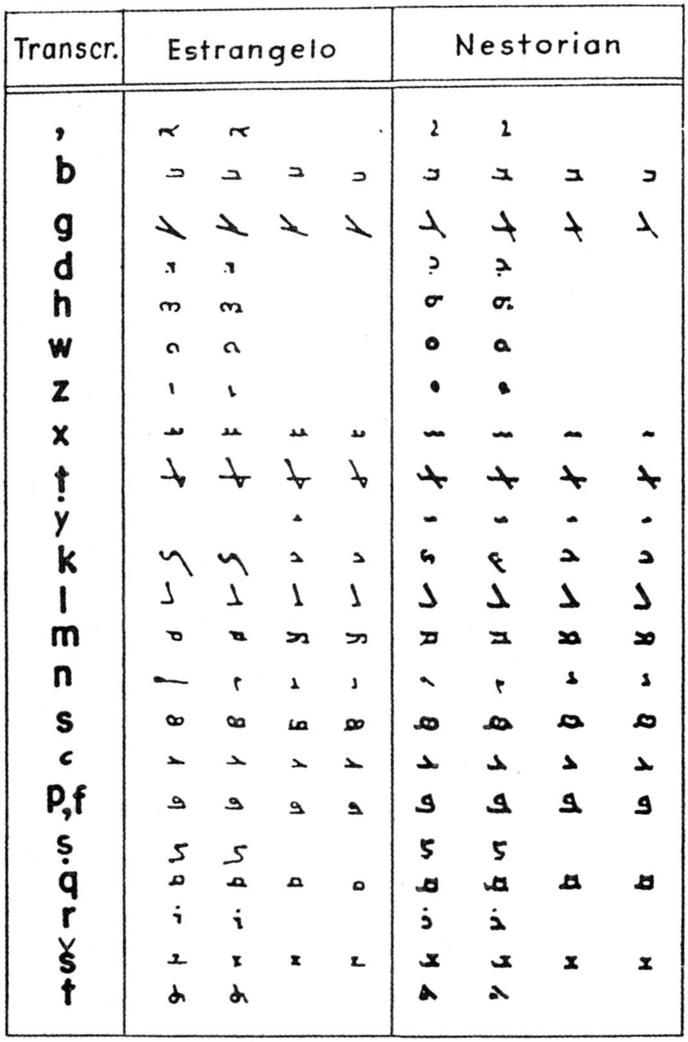
Transcr.
Estrangelo
Nestorian
ʼ
b
g
d
h
w
z
x
ṭ
y
k
l
m
n
s
ʻ
p,f
ṣ
q
r
š
t

图 4－11　两种叙利亚文(福音体,景教体)

[1] D. Matsui, "Recent Situation and Research Trends of Old Uigur Studies", *Asia Research Trends*, *New Series*, 2009, 4, 37－59.

关于研究古突厥语和回鹘语的词典等工具书,可大略列举如下:克劳森的《十三世纪前突厥语语源词典》(*An Etymological Dictionary of Pre-Thirteenth Century Turkish*, Oxford: Clarendon Press, 1972. 索引见 Studia Uralo-Altaica 14 – 15, Szeged, 1981, 1982)、纳捷里亚耶夫(V. M. Nadelyaev)、那西洛夫(D. M. Nasilov)、捷尼舍夫、谢尔巴克合编的《古突厥语词典》(*Drevnetyurkskii Slovar*, Leningrad: Nauka, 1969. 该书收录了非常有用的古突厥语和中世突厥语后缀表并附解释和大量例证,见 649 – 668 页)、罗尔本编的《回鹘语词典》(*Uigurisches Wörterbuch*, Wiesbaden: F. Steiner, 1977—)、芬兰学者拉塞农(M. Räsänen)和俄罗斯学者塞福提杨(E. V. Sevortjan)关于突厥语言语源学的著作亦可参考。劳特的《古突厥语研究书目》,载于《乌拉尔—阿尔泰学年报新辑》(*Ural-Altaische Jahrbücher*, N. F. 17:2001/2002),可以通过网络查检。

在中世突厥语研究方面,上面列举的一些突厥学家中有好几位从事过相关工作,匈牙利学者贝尔塔(Árpád Berta)对中古奇普恰克语(钦察语)的研究颇有贡献,罗马尼亚学者德里姆巴(Vladimir Drimba)继格伦贝赫之后,对《库蛮文典》(*Codex Comanicus*)进行了研究[1]。在我国,近年来对前述麻赫默德·喀什噶里的《突厥语大词典》开展了很多研究,《真理的入门》[2]等作品也相继刊布。

传入新疆的阿拉伯和波斯文字母最初被用作察合台汗国的官方文字,称为察合台文[3]。其后新疆突厥语各族据以创制了各自的民族文字。察合台语则是新疆和中亚的突厥人和突厥化的蒙古人使用的书面语言(13—19 世纪)。由于察合台文具有超方言的性质,突厥语民族用这种文字写下了大量文献,这些文献在小亚、阿尔泰、印度(莫卧儿王朝)等地广泛流行,时代多在 14 世纪至 20 世纪。察合台突厥语文学最

---

〔1〕V. Drimba, *Codex Comunicus. Édition diplomatique avec fac-similés*, Bucarest, 2000.

〔2〕有魏萃一汉译本。乌鲁木齐:新疆人民出版社 1981 年。

〔3〕察合台文字母表见安瓦尔·巴依图尔:《察合台文和察合台文献》,载于《中国民族古文字研究》,北京:中国社会科学出版社 1984 年, 114 – 115 页。

·欧·亚·历·史·文·化·文·库·

著名的诗人是纳瓦依(Alishir Nawā'ī,1441—1501)。近 20 年国内整理出版的察合台语文献有《乐师传》《尼扎里卡诗集》《则勒力诗集》《世事记》《成吉思汗传》《伊米德史》《拉失德史》《巴布尔传》《两种语言之辨》等。已故突厥学家李森曾发表论文《论察合台文》(《语言与翻译》1989 年第 2 期,28 - 30 页);阿布都若夫·波提拉的论文集《察合台维吾尔语研究论文集》于 1993 年出版(北京:民族出版社),最近他又有两部新著问世[1]。国外的研究者有托干(Z. V. Togan)、哈拉锡 - 昆(Halasi-Kun)、索尼希(Claus Schönig)、艾克曼(J. Eckmann)、波德罗李盖提(Andras J. E. Bodrogligeti)、波洛甫科夫(A. K. Borovkov)、博松滕(Hendrik Boeschoten)、汪达曼(Marc Vandamme)等。

4.3　蒙古语族诸语和文献及其研究

像突厥语那样,蒙古语也是一个分布地区广泛的语族,构成该语族的有 8 种语言和大量方言。其简单分类情况如下:

(1)西部语群(包括卡尔梅克语、卫拉特语及其方言)

(2)东部语群,下分

①南蒙古语,分布在内蒙古,包括鄂尔多斯、察哈尔和科尔沁方言

②中蒙古语,主要分布在蒙古国,包括喀尔喀方言和达尔喀特方言

③北蒙古语,包括布里亚特语及其各种方言、汗尼干蒙古语

(3)孤立语言

①阿富汗的莫戈勒语

②甘肃和青海的蒙古语,包括东乡语、土族语、东裕固语、保安语

③东北的达斡尔语

使用蒙古语的人口共约有 850 万[2]。我国境内的蒙古语族语言

---

[1]《察合台维吾尔语通论》,北京:民族出版社 2004 年;《察合台维吾尔语语法》,北京:民族出版社 2007 年。

[2]关于各地蒙古语的概况,请参阅德力格尔玛、波·索德编著:《蒙古语族语言概论》,北京:中央民族大学出版社 2006 年。

主要分布在内蒙古、黑龙江、吉林、辽宁、新疆、青海、甘肃、宁夏、北京、云南、四川、贵州、河南、河北等省、市、自治区。

上述蒙古语的使用情况是:(1)卡尔梅克/卫拉特语用于俄罗斯伏尔加河下游的卡尔梅克共和国,中国的新疆、青海和蒙古国西北部的科布多地区。(2)布里亚特语用于东西伯利亚的布里亚特共和国(是蒙古语分布的最北部地区),以及蒙古国北部和我国内蒙古东北部(巴尔虎布里亚特方言)。(3)内蒙古自治区和邻近地区说蒙古语,主要有察哈尔方言、巴林方言、科尔沁方言、喀喇沁方言、鄂尔多斯方言、额济纳方言等。(4)喀尔喀蒙古语是蒙古国的官方语言,在蒙古语中使用地域最广。(5)莫戈勒语是阿富汗的一个民族说的语言。(6)土族语、保安语、东裕固语、东乡语使用于中国西北。(7)达斡尔语使用于内蒙古自治区海拉尔和黑龙江齐齐哈尔一带。(8)汗尼干语是内蒙古自治区呼伦贝尔一部分居民说的语言,是蒙古语的一个独特分支。

有些学者认为匈奴、鲜卑、柔然等都是说蒙古语族语言的族群,但目前我们尚不能确定。10世纪建立了辽王朝(907—1125)的契丹人,依据汉文史籍记录的一些契丹语词,可以判断至少其统治部族说属于蒙古语族的语言(伯希和在1931年认为契丹语是一种带有强烈颚音化倾向的蒙古语)。卡拉(G. Kara)认为契丹语与达斡尔语比较接近,可以把部分达斡尔人视为契丹的后裔。杨虎嫩认为契丹语是一种"类蒙古语(Para-Mongolic)",两者的关系是间接的,就像满语和鄂温克语那样(都属通古斯语族)。康丹(D. Kane)则认为两者的关系类似拉丁语与奥斯干语(Oscan)的关系。

契丹文是仿照汉字字形创制的文字。契丹文有两种,即"契丹大字"和"契丹小字"。契丹大字是耶律阿保机在神册五年(920)授意突吕不和鲁不古创制,为表意文字。5年后耶律迭剌参照回鹘文但仍用汉字笔画创制契丹小字,属拼音文字。契丹大字和小字曾一起通用,辽亡后还被女真人沿用半个多世纪,直至金代,使用时间300多年。

对契丹文和契丹文献[1]进行研究的有中国、日本、俄罗斯、匈牙利、法国、德国、韩国、澳大利亚、芬兰等国学者。我国较早研究契丹文的学者有罗福成、王静如、厉鼎煃、李文信、阎万章、金光平、贾敬颜、黄振华等。日本学者有羽田亨、村山七郎和长田夏树等。20世纪70年代以来，清格尔泰、刘凤翥、陈乃雄、于宝林、邢复礼等致力于契丹小字的解读，同时改进了研究方法，使研究工作有较大的突破，他们的主要成果汇集在《契丹小字研究》（北京：中国社会科学出版社，1986年）一书中。即实的《谜林问津——契丹小字解读新程》（沈阳：辽宁民族出版社，1996年）也是一部值得注意的论著。近年国内研究契丹语文的学者还有王弘力、高路加、阮廷焯、刘浦江、聂鸿音、孙伯君、吴英喆[2]等，都各有著作问世，并引起国际学界的重视。新的资料也不断有所发现，据不完全统计，迄今为止已公开发表的契丹小字石刻有30多件，字数已突破3.5万字；排除重复出现的字，其总数也已超过1万。已发表的契丹大字资料10余件，有1万多字。澳大利亚学者康丹对女真文和契丹文研究有年，2009年出版了关于契丹语言文字的专著（Daniel Kane, *The Kitan language and script*, Leiden-Boston：Brill）。爱新觉罗·乌拉熙春发表有关论著多种，如《契丹语言文字研究》（2004）、《辽金史与契丹女真文字》（2004）、《契丹大字研究》（2005），还有《契丹语辞典（1）》（2008—2010）。她与吉本道雅合著的《从朝鲜半岛所见契丹女真》（日文）由京都大学学术出版会于2011年出版。吴英喆与杨虎嫩合著的《契丹小字新资料》（*New Materials on the Khitan Small Script*）于2010年末在荷兰出版，此书发表了对新获契丹小字《萧敌鲁副使墓志铭》和《耶律廉宁祥稳墓志铭》的考释。孙伯君和聂鸿音合著《契丹语研究》（北京：中国社会科学出版社，2008年）。

---

[1]1922—1998年发现的主要契丹石刻文献，请参阅乔吉：《古代北亚游牧民族——语言文字、文献及其宗教》，呼和浩特：内蒙古大学出版社2010年，61–63页。

[2]吴英喆：《契丹语静词语法范畴研究》，呼和浩特：内蒙古大学出版社2007年。

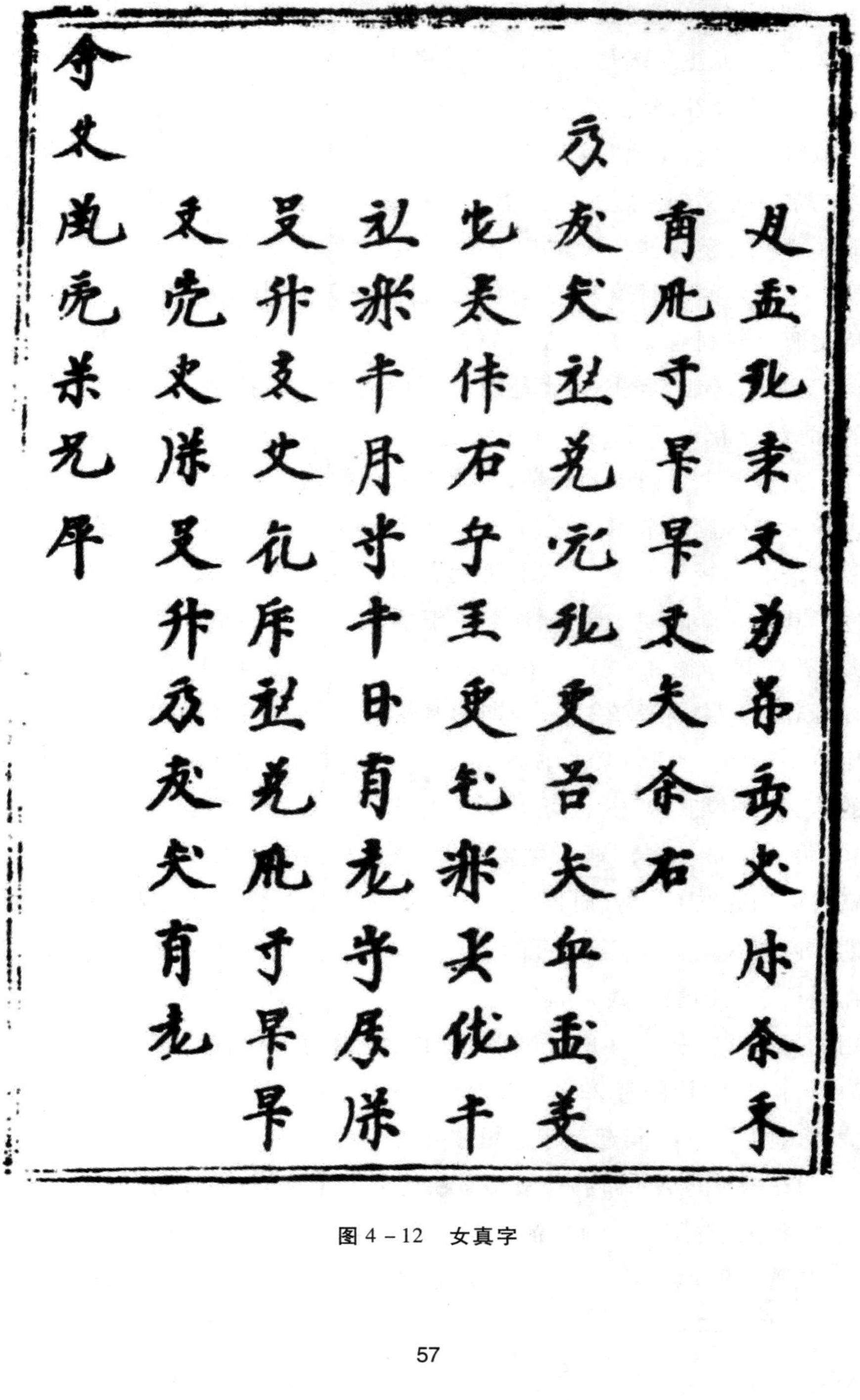

見盂孔秉夾芴芴火床余禾
青虮寸旱旱芴夫夲右
芴犮赸兑元孔更吾夭乎盂羑
屯夭伟右于重更屯糸夭优千
赸米千月寸千日青兑寸尻脹
呉升亥攵免斥赸兑虮寸旱旱
芴兑史脹呉升亥芴犮青兑
仑芴虫兑米兑旪

图 4 - 12　女真字

57

虽然有学者把蒙古书面语的起源与契丹语联系起来,但按一般看法,蒙古族在古代多数是草原游牧民,一部分是森林狩猎民,原来并无文字。据《元史·塔塔统阿传》,说塔塔统阿仕于乃蛮太阳汗,被尊为傅,掌金印钱谷,成吉思汗攻灭太阳汗时,他怀印逃走,被俘。成吉思汗把他留在身边,命他"教太子诸王以畏兀字书国言"。一般认为这就是畏兀字蒙古文创制之始。虽然畏兀儿蒙文的创制恐非一人一时之功,但在这种文字的创制和发展过程中,畏兀儿人(回鹘人)起了重要作用是肯定无疑的。回鹘人原本也并无自己的文字,其文字借自粟特文,粟特文源自叙利亚文,叙利亚文属西亚阿拉美文字系统。蒙古语中有些词汇如 nom(法,经书),就是通过回鹘佛教徒的传播,从粟特语借来的;而粟特语 nom,又源于希腊语。

关于蒙古书面语的分期,各国学者都提出了各自的意见。俄苏蒙古学大家弗拉基米尔佐夫(B. Ja. Vladimircov)在 1921 年首次把书面蒙古语的发展分为 3 个时期,即远古时期、中古时期和古典时期,并叙述了其中每个时期语音、语法与词汇的特点。以后的学者如鲍培、多尔弗、罗布桑登德布(A. Luvsandendev)、奥尔洛夫斯卡雅(M. N. Orlovskaja)、罗依果都在这一分期的基础上做了一些修正和调整。现在比较一致的意见是:蒙古书面语在 16 世纪末至 17 世纪初进入了发展的"古典"时期,因此,也可以简单地把它分为"前古典(Preclassical)"和"古典(Classical)"两个主要时期。根据现存资料,13—16 世纪的文献可以归入"前古典"时期,17 世纪和以后的文献则可归入"古典"时期。回鹘式蒙文经元、明两代,到 17 世纪发展成两个支派。一支是现在通行于我国蒙古族大部分地区的蒙古文,一支是在新疆蒙古族中使用的托忒文。托忒文所反映的是西蒙古语的卫拉特方言。蒙古文有24 个字母,常用的有 22 个,有的在字头、字中、字尾位置上有些变异。蒙古国则在 1941 年起改用基里尔字母。

13—16 世纪的回鹘式蒙文文献传世并不很多,主要有碑铭、写本、刻本、印文、符牌等。对回鹘式蒙文及其文献的研究,始于 19 世纪上半叶,如著名蒙古学家、布里亚特人道尔吉·班扎罗夫(D. Banzarov)对

《也松格碑铭》（也称《成吉思汗石》，约 1225 年）和第聂伯河畔出土、镌有窝阔台系诸王俺都剌令旨的银质长牌的研究等。到了 20 世纪初至今，百余年来有长足进展。主要的国外研究者有克留金（L. A. Kljukin）、科特维茨、伯希和、海尼施（E. Haenisch）、田清波（A. Mostaert）、柯立甫（F. W. Cleaves）、李盖提、卡拉、鲍培、海西希（Walther Heissig）、傅海博（H. Franke）、陶贝（M. Taube）、魏弥贤（M. Weiers）、普契科夫斯基（L. S. Pučkovskij）、蒙库耶夫（N. Ts. Munkuyev）、克拉克、服部四郎、村山七郎、长田夏树、中村淳、松川节、三宅伸一郎等。我国的邻国蒙古国的研究者有扎姆察拉诺（C. Ž. Žamcarano）、仁钦（B. Rinčen）、达木丁苏荣（G. Damdinsüren）、纳木兰道尔吉（O. Namnandorž）、普日莱（Ch. Perlee）、比拉（Sh. Bira）、纳德米德（J. Nadmid）、罗布桑巴尔丹（Ch. Luvsanbaldan）、策仁苏丹纳木（D. Cerensodnom）等。与国际学术界相比，我国学者研究回鹘式蒙文起步较晚。从 20 世纪 50 年代开始，内蒙古历史语文研究所、内蒙古大学、中国社会科学院民族研究所、中央民族大学、内蒙古师范大学等先后开始搜集、整理、研究相关资料，经过多年努力，亦邻真、包祥、哈斯额尔敦、照那斯图、斯钦朝克图、仁钦嘎瓦、双福、嘎尔迪、恩和巴图等学者都有建树。道布的《回鹘式蒙古文献汇编》（北京：民族出版社，1983 年），收集文献 22 件，附新蒙文转译和简要说明。对敦煌莫高窟北区石窟发现的蒙文文献，敖特根有高水平的专著出版[1]。乌云毕力格等对黑城出土回鹘体蒙文也进行了研究[2]。对内蒙古阿尔寨石窟蒙文榜题的研究，由中日学者合作进行（哈斯额尔敦、杨海英等）[3]。

　　〔1〕敖特根：《敦煌莫高窟北区出土蒙古文文献研究》，北京：民族出版社 2010 年。
　　〔2〕黑城出土蒙文文书由吉田顺一和齐木德道尔吉主编，2008 年在日本出版：Yoshida Junichi, Chimeddorji, *Study on the Mongolian Documents Found at Qaraqota*，Tokyo：Yuzankaku（雄山阁），2008.
　　〔3〕哈斯额尔敦等：《阿尔寨石窟回鹘蒙古文榜题研究》，沈阳：辽宁民族出版社 2010 年。

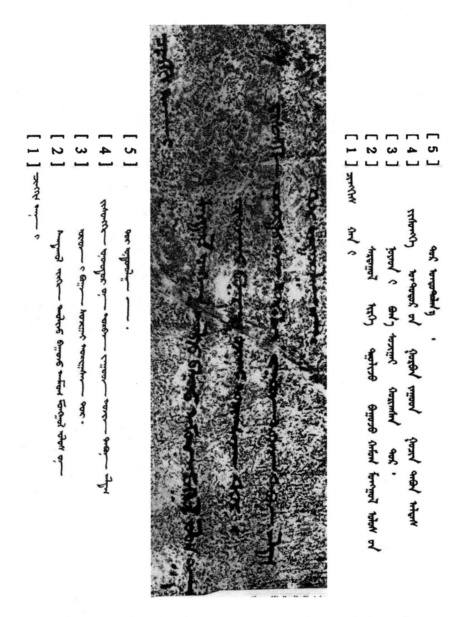

（*from W. Radloff, Atlas der Altertümer der Mongolei, St. Pbg.*, 1892）

图 4 - 13　成吉思汗石

李盖提主编的 *Monuments Préclassiques* 出版于 20 世纪 70 年代初，收录前古典时期蒙语文献较为齐全。蒙古国学者特木尔陶高（D. Tumurtogoo）2006 年用英文在台北"中央研究院"语言学研究所出版的新著[1]，可以称为集大成之作。

八思巴文是元朝忽必烈时期由国师八思巴创制的拼音文字，称为"国字"，至元六年（1269）颁行。创制八思巴文的目的，是"译写一切文字"，因此除用以拼写蒙古语之外，还用来拼写汉语、藏语、维吾尔语和梵语。但八思巴字母是就藏文字母加以调整改作而成，不但无法取代汉字，而且始终未能取代原有的蒙古文字。不过从另一角度看，现存元代八思巴文诏书、碑文等，是研究中期蒙古语、元代汉语语音和社会史、宗教史等的宝贵资料。

早在 19 世纪上半叶，德国著名学者甲柏莲（H. C. Gabelentz）就对八思巴字进行了研究。以后我国学者韩儒林、罗常培、蔡美彪、亦邻真、照那斯图等，国外学者如颇节（M. G. Pauthier）、伯希和、莱维茨基（M. Lewicki）、鲍培、阿尔托、李盖提、傅海博、博森（J. E. Bosson）、小泽重男等，都在考释八思巴字蒙文文献方面做出了贡献。1941 年鲍培著《方体字》俄文本出版，后来由其学生克茹格（J. R. Krueger）译为英文，改名为《八思巴字蒙古文文献》（*The Mongolian Monuments in hphags-pa Script*, Wiesbaden, 1957），是一部重要著作（已有中译本）。1971 年，李盖提所编《八思巴字文献》（*Monuments en ecriture hphags-pa*, Budapest, 1971）出版，收罗颇丰。照那斯图和杨耐思编著了《蒙古字韵校本》（北京：民族出版社，1987 年）。照那斯图著有《八思巴字和蒙古文文献》（I – II，东京外国语大学亚非语言文化研究所出版，1990—1991 年），还与薛磊合著《元国书官印汇释》（沈阳：辽宁民族出版社，2011 年）。呼格吉勒图、萨如拉编著《八思巴字蒙古语文献汇编》（呼和浩特：内蒙古教育出版社，2004 年）。特木尔陶高的英文著作《八思巴字蒙古文献》

〔1〕D. Tumurotogoo, *Mongolian Monuments in Uighur-Mongolian Script（XIII – XVI Centuries）*, Taipei, 2006.

（*Mongolian Monuments in ʼphags-pa Script*）由台北"中央研究院"语言学研究所于 2010 年出版。蔡美彪自 1955 年出版《元代白话碑集录》以来，不断对八思巴字蒙文碑刻进行收集与考释，陆续发表研究成果，现结集为《八思巴字碑刻文物集释》，2011 年由中国社会科学出版社出版，共收录 43 件，附有八思巴字蒙语索引及释名索引。

图 4-14　米努辛斯克所出八思巴字牌子

62

对于蒙古语史的研究,《元朝秘史》是极其重要的材料。由于原本已经佚失,明初汉字音译本成为现存唯一完本;因其译音用字规范,可以据以恢复原文。此外,元明间应尚有原文抄本流传在蒙古地区,虽今已不存,但幸有清初成书的罗卜藏丹津《黄金史》(Altan Tobči)蒙文本从某一抄本采录了全文约2/3的内容,虽有误抄、脱漏和改动之处,但仍是认识《元朝秘史》原文的最好依据。20世纪30年代以来,德国学者海尼施、苏联学者科津(S. A. Kozin)、日本学者白鸟库吉、法国学者伯希和、匈牙利学者李盖提、澳大利亚学者罗依果先后发表了原文的拉丁音写本,国内外并有多种译本(其中达木丁苏荣、伯希和、姚从吾和扎奇斯钦、村上正二、柯立甫、小泽重男、罗依果的译注本均为重要著作)。我国学者亦邻真的《元朝秘史》畏兀体蒙文复原、注释本(呼和浩特:内蒙古大学出版社,1987年),是第一部完善的复原本。双福的《〈蒙古秘史〉还原及研究》,2002年由内蒙古人民出版社出版。此外,海尼施还著有《蒙古秘史词典》(1937年出版,1962年再版)。我国学者额尔登泰、乌云达赉、阿萨拉图著有《〈蒙古秘史〉词汇选释》(呼和浩特:内蒙古人民出版社,1980年)。捷克著名东方学家普哈(P. Poucha)学识极为广博,所著《〈蒙古秘史〉丛考》(布拉格,1956年)是其代表作之一[1],对古代蒙古各类名称及其词源有精细考证。日本学者栗林均和中国学者确精扎布合编的《元朝秘史蒙古语全单词·语尾索引》由仙台东北大学东北亚研究中心于2001年出版。

―――――――

〔1〕请参阅陈得芝:《蒙元史研究导论》,南京:南京大学出版社2012年,323-324页。

·欧·亚·历·史·文·化·文·库·

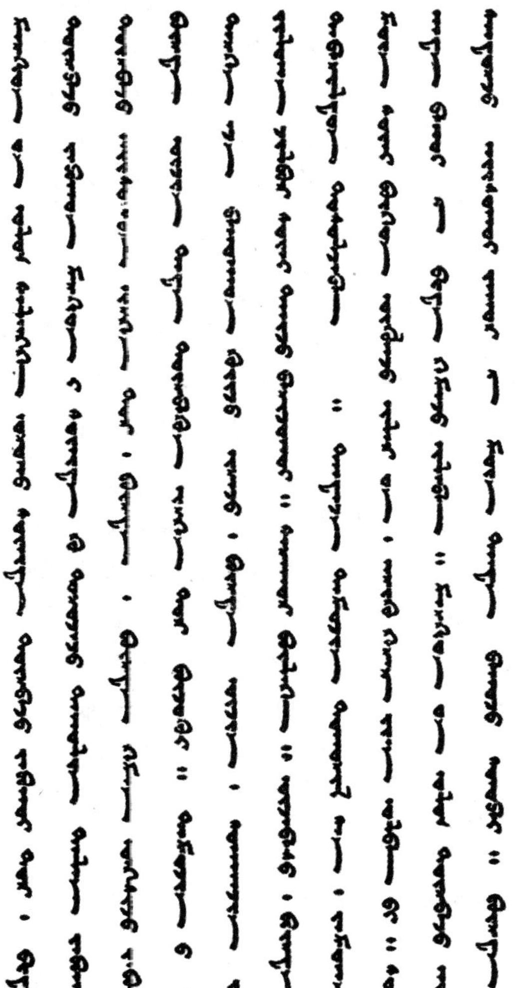

图 4－15 《蒙古秘史》(据亦邻真)

明清时期的蒙文史书有《十善福白史册》、《黄金史》[有两种:《小黄金史》,英国学者鲍登(C. R. Bawden)和我国学者朱风、贾敬颜都有译注本;《大黄金史》,即前述罗卜藏丹津所著之书,有1937年乌兰巴托刊本(1952年哈佛大学翻印,附田清波绪论),1990年乌兰巴托又刊行新的影印本,1987年乔吉据哈佛影印本对此书进行校注,在呼和浩特出版]、《蒙古源流》[1829年即有斯密特(I. J. Schmidt)的原文及德文译注本。有满、汉文译本,汉文本收入《四库全书》。国内最好的版本是乌兰的《〈蒙古源流〉研究》,2000年辽宁民族出版社出版,包括原文转写、汉译及详注]、《青史》、《阿勒坦汗传》(中国学者贺希格陶克陶和日本学者吉田顺一合著译注本,东京风间书房1998年出版)、《水晶鉴》(有留金锁校注本,1984年民族出版社出版)等,近年国内外都出现新的研究成果。

传世的蒙古文献数量众多[1],有石刻[如俄国蒙古学家波兹德涅耶夫(A. M. Pozdneev, 1851—1920)在今内蒙古巴林右旗北部发现的蒙藏文《林丹汗碑铭》]、佛经、法典、司法文书和《孝经》译本等,还有文学作品,如史诗《格斯尔》,以及医药学著作等,国内外学者都在开展研究。早在20世纪初,波兹德涅耶夫、劳弗尔(B. Laufer)等学者已有著作;最近如2011年11月,俄罗斯圣彼得堡大学、瑞士伯尔尼大学和俄罗斯布里雅特共和国的学者拟合作对蒙文《甘珠尔》题记进行研究。

中国学者近年撰写出版的关于中期蒙古语的专著有:嘎日迪《中世蒙古语结构形态研究》(呼和浩特:内蒙古人民出版社,2002年),对12—16世纪蒙古语结构形态变化进行历时研究;同一作者的《中古蒙古语研究》(沈阳:辽宁民族出版社,2006年);双福《古代蒙古语研究》(呼和浩特:内蒙古教育出版社,1996年);哈斯巴根《中世纪蒙古语研究》(呼和浩特:内蒙古教育出版社,1996年);乌·满达夫《中古蒙古语》(沈阳:辽宁民族出版社,1996年),系全国高等学校教材;同一作者

---

〔1〕中国国内收藏的蒙文古籍,见《中国蒙古文古籍总目》,北京图书馆出版社1999年出版。俄国收藏的蒙文资料,包括抄本、刻本等,沙兹金(A. K. Sazykin)、乌斯宾斯基(V. L. Uspensky)已在近年编目出版。

的《蒙古语研究》(呼和浩特:内蒙古教育出版社,1990 年),系论文集,共收论文 13 篇,涉及元代至清代蒙古语言文字文献及其作者等问题;乌力吉陶克套著有《蒙古文〈金光明经〉词汇研究》(沈阳:辽宁民族出版社,2008 年)。国际知名蒙古学家卡拉(G. Kara)所著《蒙古人的文字与书籍》(1972 年俄文本)是把蒙古人的文字史和文献融为一体进行论述的学术著作,已由范丽君译成中文出版(呼和浩特:内蒙古人民出版社,2004 年),2005 年该书出版了英文新版[1]。海西希(W. Heissig)是德国成就卓著的蒙古学家,主要研究清代以来的蒙文文学、历史和宗教文献。其学生萨加斯特(K. Sagaster)兼通藏蒙,主要研究蒙文史籍和蒙藏宗教、文化关系。苏联学者莎斯金娜(N. P. Šastina)对蒙语文献的研究造诣很深。意大利学者乔多(E. Chiodo)对蒙古国出土的蒙文文献进行了研究[2]。日本研究蒙语史的学者斋藤纯男著有《中国蒙古语的文字与语音》(松香堂,2003 年)、《蒙古语言史研究导论》(2009 年)等。奥尔洛芙斯卡雅(M. N. Orlovskaya)著有《十三至十四世纪蒙文文本的语言》(俄文,莫斯科出版,1999 年)。斯垂特(J. C. Street)著有《蒙古秘史的语言》(1957 年)[3]。鲍登著有《蒙古传统文学选集》(2003 年)[4]。

　　托忒蒙文最早的一部语言文献是咱雅班第达那木海扎木苏于 1647 年编集的《字母汇编》。对西部蒙古语及其文献的研究,早在 19 世纪就已有学者着手进行,近年出版的新著有拉科斯(A. Rákos)的《书面卫拉特语》(*Written Oirat*, *Languages of the World/Materials* 418, München:LINCOM, 2002),雅洪托娃(N. S. Yakhontova)的《十七世纪

---

〔1〕G. Kara, *Books of the Mongolian Nomads. More than Eight Centuries of Writing Mongolian*, Translated from the Russian by J. R. Krueger, Revised and expanded by the author, Uralic and Altaic Series 171, Bloomington, 2005.

〔2〕E. Chiodo, *The Mongolian Manuscripts on Birch Bark from Xarbuxyn Balgas in the Collection of the Mongolian Academy of Sciences*. Part 1, Part 2, Wiesbaden, 2001 – 2009.

〔3〕J. C. Street, *The Language of the Secret History of the Mongols*, New Haven:American Oriental Society, 1957.

〔4〕C. R. Bawden, *Mongolian Traditional Literature. An Anthology*, London/New York:Kegan Paul, 2003.

的卫拉特文学语言》(*Oĭrakskiĭ literaturnyĭ yazyk XVII veka*，Moscow：Vostočnaya Literatura，1996)等。

明清时代的四夷馆(清代改称四译馆)、会同馆等编纂了一批总称为《华夷译语》的对译辞书,其中的汉蒙对照词汇集占有重要地位。在此之前,元代汉人也有学习蒙语以适应社会生活的需求,于是出现了《至元译语》之类的对照辞书。这些书往往采用"门分类别"的编纂方法,适合使用。对这些汉蒙《译语》的研究,历来受到蒙古学家的重视,如莱维茨基、田清波、海尼施、李盖提、卡拉、罗依果等都有相关著作[1]。蒙古世界帝国时代的西域各地,也产生了多种多语词汇书。有一部署年 1245 年(实际应为 1343 年)的马木鲁克埃及佚名作者编的《突厥及蛮族、蒙古、波斯语汇译书》。14 世纪时,伊朗有伊本默罕那(Ibn Muhannā)编的阿拉伯—波斯—突厥—蒙古译语集,李盖提做过研究。中亚有称为 Muqaddimat al-adab(礼仪前导)的阿拉伯—波斯—蒙古—突厥语汇集,其中蒙古—突厥部分出于佚名作者之手,在察合台汗国晚期编成。蒙古语部分有鲍培的俄译本(1938—1939 年出版),保朝鲁据此改编了汉译简编本,由内蒙古大学出版社出版(2002 年)。全书影印本已在 2008 年由乌兹别克斯坦与日本学术振兴会合作出版(斋藤纯男编制索引)。14 世纪后期,也门剌苏尔朝国王阿拔斯(1363—1377年在位)编纂了一部辞典,称为《剌苏尔六语典》,通称《国王词典》[2]。其中各部分各门类所收蒙古语词总计达 880 多条。此外,在埃及还编有一部阿拉伯文的突厥语和钦察语辞典。

---

〔1〕Endo，Mitsuaki & Takekoshi，Takashi & Sarashina，Shinichi & Feng，Zheng(冯蒸)(eds.)，"Bibliography concerning Hua-yi-yi-yu"，*Contribution towards Research and Education of Language* 13，Tokyo：Institute for Language Research and Education，大东文化大学，2007，197 − 228.

〔2〕P. B. Golden (ed.)，*The King's Dictionary. The Rasūlid Hexaglot：Fourteenth Century Vocabularies in Arabic，Persian，Turkic，Greek，Armenian and Mongol.* Tr. By T. Halasi-Kun，P. B. Golden，L. Ligeti and E. Schültz，with introductory essays by P. B. Golden and Th. T. Allsen. Brill：Leiden/Boston. 请参阅 L. Ligeti et G. Kara，"Vocabularies mongols des polyglottes de Yemen"，*Acta Orientalia Academiae Scientiarum Hung*，2012，65(2)，137 − 221.

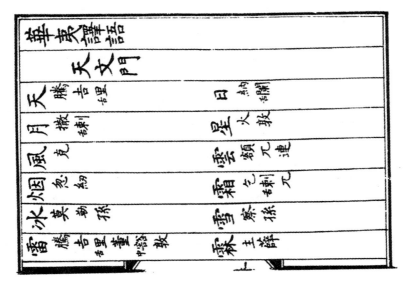

图 4-16 《华夷译语》

在欧洲国家中,俄国的蒙古学研究开始较早。早在 1844—1849 年,在俄国工作的波兰裔学者柯瓦列夫斯基(J. E. Kowalewski)就在喀山出版了三卷本的《蒙—俄—法词典》(1993 年在台北重印)。比利时蒙古学家田清波于 20 世纪 40 年代在北京出版了三卷本的《鄂尔多斯方言词典》(A. Mostaert, *Dictionaire ordos. Monumenta Serica Monograph Series 5*. Peking),具有很高的学术水准。兰司铁在 1935 年出版了《卡尔梅克词典》(*Kalmückisches Worterbuch. Lexica Societatis Fenno-Ugricae* III. Helsinki)。德国学者雷兴(F. Lessing)曾在北京大学教授德文,留华甚久,回德后任柏林大学附设东方语文学校教授、柏林民俗学博物馆东亚部主任。后去美国,任伯克利加州大学教授。他身边有两位蒙古学者与其合作,其中一人名迪鲁瓦呼图克图,原为外蒙四大活佛之一。他们从事《蒙英词典》(*Mongolian-English Dictionary*)的编纂,1960 年出版,1973、1982 年重印,有所增订。清代编写的《五体清文鉴》,1957 年由民族出版社影印出版,1966 年日本京都大学内陆亚洲研究所出版了《五体清文鉴译解》(田村实造、今西春秋、佐藤长合编)。新中国成立后我国出版了多种蒙汉和汉蒙词典。元史学者方龄贵勤于考释元杂剧中的蒙语语词,著有《古典戏曲外来语考释词典》(上海/昆明:汉语大词典出版社/云南大学出版社,2001 年),并编制《元朝秘史通检》(北京:中华书局,1986 年)。德国学者多尔弗前已多次提及,他对阿尔泰系诸语和波斯语都有很深造诣,所著《新波斯语中的突厥语和蒙古语成分》(*Türkische und mongolische Elemente im Neupersischen* 共 4 卷,1963—1975 年出版),受到全世界学术界的广泛赞誉。

关于蒙古语的通论性著作,首推鲍培的《蒙古语比较研究导论》(*Introduction to Mongolian Comparative Studies. Mém. de la Soc. Finno-ougrienne* 110. Helsinki, 1955)。他还著有《书面蒙古语语法》(*Grammar of Written Mongolian*, Wiesbaden: O. Harrassowitz, 1954. 1964、1974、1991 年重印)。桑日耶夫(G. D. Sanzheyev)著有《现代蒙语》(*The Modern Mongolian Language. Tr. By D. M. Segal. Moscow: Nau-*

ka，1973）和《古体蒙古语及其在喀尔喀的发展》[1]。除上面提及的中、俄所藏蒙文书籍目录外，美国华盛顿地区、比利时、德国、丹麦哥本哈根、匈牙利科学院、捷克布拉格、日本东洋文库所藏蒙文写本、刻本目录亦分别由法夸尔（D. M. Farquhar）、海西希、萨加斯特、卡拉、吉里波尔斯卡（Kiripolská）、鲍培等编制刊行。布里亚特共和国的俄罗斯科学院西伯利亚分院蒙藏和佛教研究所所藏蒙文写本、刻本颇丰，其解题目录于 2004 年由日本东北大学出版[2]。杨虎嫩编的由各国学者撰稿的《蒙古语》于 2003 年出版（J. Janhunen，ed. *The Mongolic Languages*，London/New York：Routledge，2003），是一部实用性和学术性兼备的手册。我国著名蒙古学家清格尔泰著有《蒙古语语法》（呼和浩特：内蒙古人民出版社，1991 年），苏雅拉图著有《蒙古语研究概论》（呼和浩特：内蒙古人民出版社，1984 年），图力根主编《现代蒙古语研究概论》（呼和浩特：内蒙古人民出版社，1988 年）。20 世纪 50 年代到 60 年代中期，我国在蒙古语地区进行了以口语为研究对象的方言调查，对境内蒙语的语音系统做了全面描写，并划分了方言。从 20 世纪 80 年代至今，则对蒙古语族语言做了全方位的研究。在应用领域，实验语音学、蒙古文信息处理等方面也有进展，如呼和著有《蒙古语语音实验研究》（沈阳：辽宁民族出版社，2009 年）。清格尔泰主编的《蒙古学百科全书——语言文字卷》（呼和浩特：内蒙古人民出版社，2004 年），汇集了近 60 年来蒙古语族语言研究的成果。

世界各国与蒙古语文学研究有关的蒙古学家，除上文已提及者，还有拉脱维亚的施迈特（A. De Smedt，1884—1941），比利时的司律义（H. Serruys，1911—1983，在美国工作），法国的韩百诗（Hambis，1906—1978）、奥班（F. Aubin）、哈马雍（R. Hamayon），波兰的卡鲁津斯基（S. Kalużyński）、戈津斯基（S. Godziński），土耳其的特米尔（A.

---

〔1〕J. R. Krueger，*The Old-Script Mongolian Language and Its Development in Khalkha*. Bloomington：The Mongolia Society，Inc.，1988.

〔2〕Ts. Yanchikova，N. Tsyrempilov. Comp. *Annotated Catalogue of Mongolian Manuscripts and Xylographs MII of the Institute of Mongolian*，*Tibetan and Buddhist Studies of the Siberian Branch of the Russian Academy of Sciences*. CNEAS Monograph Series 24，Sendai：Tohoku University，2004.

Temir)、居伦索（T. Gülensoy），保加利亚的费道托夫（A. Fedotov），罗马尼亚的波普（R. Pop），美国的施瓦茨（G. Schwarz）、莫斯（L. W. Moses）、哈尔科维茨（S. A. Halkovic）、弗赖（S. N. Frye）、蒙哥马利（D. C. Montgomery）、贾肯多夫（H. Jackendoff）、阿特伍德（C. P. Atwood）、布尔（P. D. Buell），荷兰的努格特任（Hars Nugteren）等。日本、韩国、俄罗斯还有一批较年轻的研究者，这里无法一一列举。总之，蒙古语语言学和语文学是名副其实的世界性学问。

4.4 通古斯语族诸语和文献及其研究

"通古斯"这个名称原专指鄂温克部落。俄国人在17世纪向西伯利亚扩张时，当时居住在那里的鄂温克人自称"鄂温克"，近邻雅库特人则称之为"通古斯"。俄国人沿用了这个称呼，并将其传入欧洲。此后，"通古斯"一词被引入语言学领域，成为一个语言系属的概念。现在一般称之为"满—通古斯"。

满—通古斯语族的分布地域不如突厥、蒙古广阔，基本上可以分为南通古斯语群和北通古斯语群。

（1）南通古斯语群，下分

①东南或黑龙江下游语组［包括那乃语或戈尔德语（赫哲语）、奥罗克语、乌尔奇语、乌德盖或乌德赫语］

②西南语组或称满语组［包括女真语（已经消亡）、满语、锡伯语］

（2）北通古斯语群（包括鄂温克语、埃文尼语或拉木特语、涅基达尔语、鄂伦春语）

满—通古斯语主要分布在中国和俄罗斯，蒙古国的一些地区也有。我国的通古斯民族有满族、鄂伦春族、鄂温克族、赫哲族和锡伯族。由于俄罗斯和我国属于该语族的一些民族中的大部分人或一部分人已转用俄语、汉语或达斡尔语等语言，实际使用本族语言的人很少。满—通古斯属使用后加成分的黏着语，基本语序为SOV。早期满—通古斯语的元音和谐可能相当整齐，但现在严整程度在各个语言中不一致。满

71

语支语言一般有5至7个格,通古斯语支语言的格多至16个左右。在词汇方面,各种语言都有丰富的构词附加成分和利用合成法构成的各种类型的复合词,也有利用元音或辅音的交替构成在意义上和词形上相对称的词。不少语言都有一些早期借自蒙古语、雅库特语和汉语的词汇,也有近现代来自俄语、汉语和英语等的词汇。

通古斯语族群在历史上应与肃慎等有关。中国史上的女真人使用的女真语,属于满—通古斯语族。对满—通古斯语的研究,由于满语在清代处于"国语国书"的地位,编纂刊行了数以百计的辞书(包括官修的和私纂的),还有不少传统语文研究的论著。辛亥革命建立民国之后,对满语的研究主要集中在满文文献的整理和释读上,为清史研究提供了宝贵资料。此外,民族学家凌纯声著有《松花江下游之赫哲族》(《中央研究院历史语言研究所单刊》甲种之十四,1935年),其中收录了近千个词语,并对民间故事语料中出现的赫哲词语进行了标注和解释。曾在清华大学等学校任教的人类学家史禄国(1887—1939)1917年来华,对通古斯语研究也做出了贡献。史氏还用类型比较法对东亚诸地区人群的体质类型进行分析,勾画出东亚人类过去6000年中在地域上的流动过程,这是把生物科学和人文科学相结合的一个例证[1]。

女真语属满—通古斯语族,金朝建立前没有自己的文字。金朝建立后,太祖完颜阿骨打命令完颜希尹创制一套记录本民族语言的文字,习惯上称为"女真大字",于1119年颁行。大字创制之后,金熙宗完颜亶又于1138年创制了一套"小字",于1145年正式开始使用。可以推测,女真大字是依仿契丹大字制成的,女真小字是依仿契丹小字制成的,但传世的女真文仅有一种形制,且与契丹大字关系密切,因此人们越来越倾向于把它看作女真大字[2]。这个问题,有待于新资料的发现和进一步研究,才能最终得到解决。

─────────────

〔1〕费孝通:《从史禄国老师学体质人类学》,《北京大学学报》(哲学社会科学版)1994年第5期,13－22页。

〔2〕穆鸿利:《女真文研究中不能回避的问题》,《北方文物》1994年第3期,41页,64－66页。

到目前为止发现的女真文献不多。除金代写本女真字书和明代《女真译语》外,主要是一些碑刻。虽然资料较少,但幸有《女真译语》传世,为女真文的释读工作提供了重要的线索。

我国研究女真文的学者,早期主要有刘师陆、罗福成、王静如、罗福颐、钱稻孙等。新中国成立后,金光平(1899—1966)、金启孮(1918—2004)、爱新觉罗·乌拉熙春(1958—)三代学者对女真文研究做出了重要贡献。金光平、金启孮的重要著作《女真语言文字研究》初撰于1964年,1980年正式出版(北京:文物出版社);金启孮的《女真文辞典》出版于1984年(北京:文物出版社),并与乌拉熙春合著《女真文大辞典》(2003年)、《女真语满洲通古斯语比较辞典》(2003年)。此外,还有道尔吉、和希格、贾敬颜、黄振华、穆鸿利、孙伯君、蔡美彪、额尔登巴特尔等。道尔吉、和希格的《女真译语研究》出版于1983年(《内蒙古大学学报》增刊)。孙伯君的《金代女真语》出版于2004年(沈阳:辽宁民族出版社)。

国外最早研究女真语的是德国的顾路柏(W. Grube),早在1896年就发表了名著《女真语言文字考》。此后日本、俄罗斯、匈牙利、澳大利亚等国学者都有从事女真语文研究的。近数十年如日本裔学者清濑义三郎则府(G. Kiyose),匈牙利著名学者李盖提、卡拉,澳大利亚学者康丹,美国学者克拉克(L. V. Clark),俄罗斯学者布尔金、佩甫诺夫(A. M. Pevnov)、扎依采夫(V. P. Zaytsev)和在美国工作的俄裔学者伏文(A. Vovin)等,都有相关论著刊行。韩国学者金东昭的论文集《女真语满语研究》由黄有福译为中文,于1990年出版(北京:新世界出版社)。

英国汉学家和语言学家魏安(Andrew Christopher West)原来从事《三国演义》版本研究,著有《三国演义版本考》(上海:上海古籍出版社,1996年),编辑《马礼逊藏书目录》(SOAS, 1998年)。近年专攻中国少数民族语言文字,特别是辽、金、元三朝文字。他曾提出八思巴字计算机编码方案,经由中国、蒙古及其他国家学者研讨合作,八思巴文于2006年收入 Unicode 5.0。最近他将提出西夏文和女真文编码方案,并开发相关软件。

据《满洲实录》,1599 年努尔哈赤命额尔德尼和噶盖二人参照蒙古文字字母创制文字,俗称无圈点满文或老满文,使用了 30 多年。1632 年清太宗皇太极命达海对老满文加以改进,达海利用在字母旁加圈加点、改变某些字母形体、增加新字母等方法,表达了原来不能区分的语音,规范了词形,改进了拼写方法,创制了专门拼写外来语的字母。改进后的满文俗称有圈点满文,字母体系和拼写法都比较完善。

老满文因使用时间较短,所以流传下来的文献很少,主要是《满文老档》。新满文则在清代与汉文并用,直至辛亥革命后才基本停止使用,因而留下了浩如烟海的文献,包括各种书写和印刷的书籍、档案、碑刻、谱牒、地理舆图,还有大量从其他文字译为满文的翻译作品等。

《满文老档》在清代属于宫廷密档,外人无由得见。1905 年日本学者内藤虎次郎到盛京崇谟阁,看到了《加圈点字档》崇谟阁本。1912 年他与羽田亨重到盛京,把《加圈点字档》全部进行翻拍,并著文介绍。是书各册书脊都有汉满两种文字,即"满文老档/Tongki fuka sindaha hergen i dangse"。对《加圈点字档》的翻译,内藤虎最早开始,但未竟而止。藤冈胜二从 1920 年开始用拉丁字转写,再译成日语,至 1935 年 2 月病逝而止。其遗稿由服部四郎等编辑,以《满文老档译稿》为书名,1939 年由岩波书店出版。同期鸳渊一和户田茂喜的《满文老档邦文译稿》在 1937 年问世。再后为京西春秋的《满和对照满文老档》。二战结束后,日本成立了"满文老档研究会",主要成员有神田信夫、松春润、冈田英弘、石桥秀雄、冈本敬二、岛田襄平、本田实信等,开始对《满文老档》进行日文译注。其成果《满文老档译注》,自 1955 年至 1963 年,分为 7 册先后出版。

在中国,《无圈点老档》亦被重视。故宫博物院文献馆从 1931 年 1 月开始整理内阁大库档案,2 月发现清未入关时的《满文老档》,即《无圈点老档》。这一发现引起国内外学术界的震动。后因时局变化,故宫文物南迁,《无圈点老档》几经辗转,1948 年冬至 1949 年春运到台湾,现藏台北故宫博物院。期间金梁等将《加圈点字档》(崇谟阁本)组织学人进行汉译,以《满洲老档秘录》为书名,于1929年分2册铅印,1933年以《满洲秘档》为书名再印。1933—1935年,在《故宫周刊》上复以《汉译满洲老档拾零》为题,分期连载。1969年,台湾故宫以《旧满洲档》为书名,把《无圈点老档》分成10册影印出版,书前有陈捷先撰写的长篇论文《〈旧满洲档〉述略》。1970年9月,广禄、李学智以《清太祖朝老满文原档》为书名,由"中研院"史语所出版其汉文译注本第一册,1971年9月出版第二册。这是《无圈点老档》第一次由满文译为汉文。

大陆于1974年开始着手《满文老档》的重译工作,李林等《重译满文老档》(太祖朝)于1978—1979年分3册由辽宁大学历史系刊印。同时,1978年由中国第一历史档案馆和中国社会科学院历史研究所合作,成立满文老档译注工作组,历时12年,出版了《满文老档》(北京:中华书局,1990年,上下二册)。此外还陆续译出多种满文档案资料。刘厚生著有《〈旧满洲档〉研究》(长春:吉林文史出版社,1993年),庄吉发著有《故宫档案述要》(台北故宫博物院刊,1983年)。

对满语文的研究,国内在1949年之前发表论著的有陈寅恪、赵振纪、郑天挺、聂崇歧、关德栋等。直到20世纪70年代末,在书刊上才有有关专题论文发表。乌拉熙春编著、金启孮审订的《满语语法》(呼和浩特:内蒙古人民出版社,1983年),季永海、刘景宪、屈六生的《满语语法》(北京:民族出版社,1986年;修订本,北京:中央民族大学出版社,2011年)于20世纪80年代先后问世。在语音研究方面,乌拉熙春著有《满洲语语音研究》(日本京都玄文社,1992年),王庆丰著《满语研究》(北京:民族出版社,2005年),归纳了爱辉五大家子满语的语音系统。在词典编纂方面,出版了安双成主编、关嘉禄通审的《满汉大辞典》(沈阳:辽宁民族出版社,1993年),胡增益主编《新满汉大词典》(乌鲁木齐:新疆人民出版社,1994年),刘厚生等编著的《汉满词典》(北京:民族出版社,2005年),商鸿逵等编著的《清史满语词典》(上海:上海古籍出版社,1990年),刘厚生等编著、王钟翰审订的《简明满汉辞典》(开封:河南大学出版社,1988年)。有关满语的通论性著作,可以举出刘景宪、赵阿平、赵金纯合著《满语研究通论》(哈尔滨:黑龙江朝鲜民族出版社,1997年)。恩和巴图著有《满语口语研究》(呼和浩特:内蒙古大学出版社,1995年)。赵杰著有《现代满语研究》(北京:民族出版社,1989年)。在语言接触方面,有赵杰著《现代满语与汉语》(沈阳:辽宁民族出版社,1993年)、《满族话与北京话》(沈阳:辽宁民族出版社,1996年)、《北京话的满语底层和"轻音"儿化探源》(北京:燕山出版社,1996年),常瀛生著《北京土话中的满语》(北京:燕山出版社,1993年)。在满文文献及其研究的编目方面,有黄润华、屈六生主编《全国满文图书资料联合目录》(北京:书目文献出版社,1991年),卢秀丽、阎向东编著《辽宁省图书馆满文古籍图书综录》(沈阳:辽宁民族出版社,2002年),北京市民族古籍整理出版规划小组办公室编辑部编《北京地区满文图书总目》(沈阳:辽宁民族出版社,2008年),阎崇年主编《二十世纪世界满学著作提要》(北京:民族出版社,2003年)等。江桥整理的《清代满蒙汉文词语音义对照手册》,以《御制满珠蒙古汉字三合切音清文鉴》(清乾隆四十五年,即1780年)为蓝本,2009年由中华书局出版。他还著有《康熙〈御制清文鉴〉研究》(北京:燕山出版社,2001年)。春花著有《清代满蒙文词典研究》(沈阳:辽宁民族出版社,2007年),乌兰其木格著有《清代官修民族文字文献编纂研究》(沈阳:辽宁民族出版社,2010年)。1985年黑龙江满语研究所创办了专业刊物《满语研究》。

台北是我国满语文献的重要收藏地之一,台湾在满语及其文献的研究方面也占显著地位。前文已谈及台湾在整理、研究满文档册方面所做的工作,这方面的著作很多,不再一一列举。满语《老乞大》是朝鲜学习满语满文的材料,庄吉发译注的《清语老乞大》(台北:文史哲出版社,1976年),在满语文史研究上很有意义。他还著有《清代准噶尔史料初编》(台北:文史哲出版社,1977年,1983年再版)、《满汉异域录校注》(台北:文史哲出版社,1983年)。《尼山萨满传》(*Nisan saman i bithe*)是探讨北亚宗教和民俗的重要作品,也是研究满语的珍贵资料,庄吉发有译注本(台北:文史哲出版社,1977年)。宋和平、孟慧英著

《满族萨满文本研究》，也在台湾出版（台北：五南图书出版公司，1997年）。台北"中研院"史语所卓鸿泽对满语文献有深入研究，特别是在汉—满—蒙—藏的翻译比勘方面，论文已收入《历史语文学论丛初稿》（上海：上海古籍出版社，2012年）。台湾对满文人才的培养也比较重视，台湾大学、政治大学等开设了满文课程。

图 4 - 17 《尼山萨满》

·欧·亚·历·史·文·化·文·库·

在锡伯语研究方面,李树兰、仲谦著有《锡伯语口语研究》(北京:民族出版社,1984 年)、《锡伯语简志》(北京:民族出版社,1986 年)。周彦春、杨震远合著《锡伯语语法》(乌鲁木齐:新疆人民出版社,1987年)。郭秀昌编著了《锡伯语语汇》(乌鲁木齐:新疆人民出版社,1990年)。郭秀昌、佟清福、扎鲁阿合著锡伯、汉对照的《现代锡伯语》(乌鲁木齐:新疆人民出版社,1995 年)。锡伯文是在满文基础上略加改造的文字,清代以后东北地区的锡伯族人放弃了满文,但居住在新疆的锡伯族人仍继续使用锡伯文。佟加·庆夫主笔编写了《现代锡伯文学语言正字法》(乌鲁木齐:新疆人民出版社,1992 年),并主编《现代锡伯文学语言正字词典》(乌鲁木齐:新疆人民出版社,1994 年)。佟玉泉、贺灵等整理出版了《锡伯语辞典》(乌鲁木齐:新疆人民出版社,1987年)。国外的锡伯语研究者,有日本的山本谦吾、早田辉洋、久保智之,波兰的卡鲁津斯基,俄罗斯的格雷洛娃(L. M. Gorelova),美国的罗杰瑞(J. Norman)、金宁(Jin Ning)等。金宁著有《锡伯语—英语会话》(*Sibe-English Conversation*),1993 年在德国出版(Wiesbaden:Harrassowitz)。

关于其他通古斯语的研究,新中国成立后进行了大规模的语言调查,编写了各种语言简志和口语词汇,如胡增益的《鄂伦春语简志》(1986),安俊的《赫哲语简志》(1986),胡增益、朝克的《鄂温克语简志》(1986)等(以上诸书均由民族出版社出版)。朝克著有《鄂温克语研究》(北京:民族出版社,1995 年)。他的《满—通古斯语诸语比较研究》(北京:民族出版社,1997 年)是我国出版的第一部满—通古斯比较语言学专著。他还用日文发表了研究成果,如《鄂温克语三大方言基本词汇对照集》(1995)、《中国通古斯诸语基础词汇对照》(1997)等,先后在日本小樽商科大学出版。李兵对通古斯语语音,如元音和谐的专著 *Tungusic Vowel Harmony:Description and Analysis*(University of Amsterdam,1996)刊行于国外,回国后又发表论文多篇,已经引起国际学界的关注。中国社科院民族学与人类学研究所于 2000 年和 2004 年召开了两届"国际通古斯语言文化研讨会"(内蒙古海拉尔),成为国际通古斯学界进行学术交流的平台。

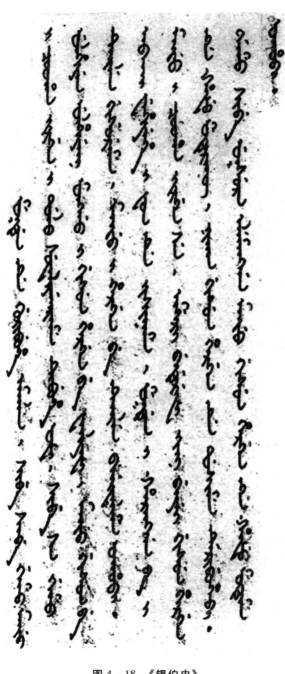

图 4 - 18 　《锡伯史》

　　国外对满—通古斯语言及其文献的研究很早就开始了。17 世纪,来华的天主教传教士就已经注意到满文,并尝试编写满语与西方语言对照的词典和满语语法;19 世纪已经出现一批著名学者,如德国的甲柏莲和以英语写作的穆麟德(P. G. von Möllendorff)、俄国的扎哈洛夫(I. I. Zakharov)等。之后对满语研究比较注重并扩展到通古斯诸语的国家有德国、俄罗斯、日本、韩国、意大利、美国、蒙古国、芬兰等。特别是近 20 年来,满学、通古斯学有较快发展。

　　德国的满—通古斯学在欧洲占有重要地位。海尼施、豪厄尔(E. Hauer)、福克斯(W. Fuchs)、嵇穆(M. Gimm)、鲍厄尔(W. Bauer)、本青、瓦尔拉文(H. Walravens)、傅海博、多尔弗等都有显著贡献。当代意大利最著名的满学家斯达里(G. Stary)也用德文发表了许多学术著作。德国的满学中心是波恩、科隆、汉堡和戈丁根。豪厄尔(1878—1935)生前未完成的《满德词典》在 1952—1955 年出版,是继扎哈洛夫《满俄大词典》之后的又一部大型工具书,所取文献大部分为满译汉籍,以取自《金瓶梅》译本的例句为最多。

　　苏联和俄罗斯学者在 20 世纪注重研究以前少有人知晓的通古斯语言和 20 世纪上半叶还能听到的满语口语,如鲁德涅夫(A. D. Rudnev)的《有关满语口语和萨满教的新资料》(1911—1912),鲍培在 20 至 30 年代对鄂温克语和索伦语的研究。苏联最杰出的通古斯学家是秦秋丝(I. Cincius, 1903—1983),所著两卷本《通古斯满语比较词典》(1975—1977 年出版于列宁格勒)是不朽之作。雅洪托夫(K. S. Yakhontov)也是知名满学家。近年圣彼得堡的庞晓梅(T. A. Pang)对满文文献的整理研究贡献良多;还有现在新西兰的格雷洛娃,她用英语写了详尽的满语语法。重要的通古斯学家有阿芙洛林(V. A. Avrorin)、吉尔法诺娃(A. H. Girfanova)、马尔楚可夫(A. L. Malchukov)、戈尔切夫斯卡娅(B. A. Gorchevskaya)、诺维科娃(K. A. Novikova)、彼得洛娃(T. I. Petrova)、苏尼克(O. P. Sunik)、瓦西列维奇(G. M. Vasilevič)等。

　　一些著名的阿尔泰学家也从事满—通古斯语研究,如匈牙利的李盖提及其学生卡拉、乌瑞－科哈尔米（K. Uray-Köhalmi）和梅勒斯（C. Melles）。伯希和的学生塞诺和突厥学家孟格斯也写过关于满—通古斯语的论著。

美国学者罗杰瑞编著了《满语语法概要》和《满英词典》，对美国的满—通古斯学研究起了推动作用。已故哈佛学者傅礼初（J. Fletcher）也是重要的满族和清代文化研究者。较年轻的满学家有瓦德莱（S. Wadley）和汤尼（B. Tawnay）。意大利裔满学家狄宇宙（N. Di Cosmo）现在普林斯顿。俄裔通古斯学家伏文（生于 1961 年）现已邀请多位学者撰稿，编辑通论性著作《满—通古斯语言》，即将出版。美国还有满文研究的英文刊物《喜鹊》（Saksaha）。

日本对满—通古斯语的研究有悠久历史。除了上文已提及的文献研究外，河野六郎著有《东北黑河地方满语的一个特色——朝鲜语、满语比较研究报告》。在辞书编纂方面，羽田亨编《满和辞典》（1937）、福田昆之编《满洲语文语辞典》（1987）、中岛干起主编《现代中国语满语辞典》（1999）、河内良弘著《满洲语文语文典》（京都大学学术出版会，1996）等。日本最著名的满—通古斯语学者是池上二良（1920—2011），他的著作《满语研究》（东京：汲古书院，1999 年）在把握通古斯语诸语言的基础上，以缜密精致的文献学方法，对满语的音韵、语法进行实证研究，达到了日本学界满语研究的最高水平。岸田茂隆著有《〈三译总解〉之满文特殊语型的来源》（东京外国语大学亚非语言文化研究所，1997 年。《三译总解》是 18 世纪朝鲜司译院的满语学习用书之一，1703 年初版）。日本研究鄂温克语等通古斯语言的学者有津曲敏郎、风间伸次郎、成泽胜、丸山宏、佐野贤治、盐谷茂树、池田哲郎等，都各有成果发表。

韩国语言学家出版的关于满—通古斯语的著作，除满文文献方面的研究外，有金东昭的《韩语和通古斯语的语音比较研究》（1981），金芳汉、金周源、郑堤文的《蒙古语与通古斯语的关系》（1986）等。韩国阿尔泰学会主编的《阿尔泰学报》（Altai Hakpo），也经常刊登有关满—通古斯语文研究的论文。

芬兰赫尔辛基大学的著名阿尔泰语学者杨虎嫩从 20 世纪 80 年代到 20 世纪末的近 20 年间,多次到中国内蒙古鄂温克族生活地区,对莫日格勒河流域的鄂温克语和敖鲁古雅鄂温克语进行实地调查,并在此基础上用英语撰写了专著《满洲里地区通古斯鄂温克语》(1991)和论文多篇,在赫尔辛基出版。

最后列出一些经常刊载有关阿尔泰系语文学和历史文化研究的刊物与连续出版物(限于西文),供读者参考:

Turcica(鲁汶—巴黎——斯特拉斯堡)

Turkic Languages(威斯巴登)

Journal of Turkish Studies(哈佛)

Ural-Altaische Jahrbücher(威斯巴登)

Studia Uralo-Altaica(*Szeged*,在匈牙利)

Acta Orientalia Hungarica(布达佩斯)

Acta Orientalia(隆德,在瑞典)

Journal de la Société Finno-ougrienne(赫尔辛基)

Central Asiatic Journal(维也纳;威斯巴登)

Rocznik Orientalistyczny(华沙)

Bulletin of the School of Oriental and African Studies(伦敦)

Altorientalische Forschungen(柏林,出版至卷 20)

Harvard Journal of Asiatic Studies(哈佛)

T' oung Pao(莱顿)

Zentralasiatische Studien(波恩)

Mongolian Studies, *The Mongolia Society Special Papers*, *Occasional Papers*, *Bulletin*, *Newsletter*(均由印第安纳大学蒙古学会出版)

Etuder mongoles et sibériennes(南特,在法国)

Mongolica(*Pragensia*), *Mongolo-Tibetica Pragensia*(已停刊)

Journal of the Anglo-Mongolian Society(剑桥)

Cannada-Mongolia Review(萨斯卡通,在加拿大)

Monumenta Serica(《华裔学志》,波恩附近的 *St. Augustin*)

Journal Asiatique（巴黎）

Asia Major（现由台北"中研院"史语所出版）

Manchu Studies Newletter（印第安纳大学,1977—1982 年在西雅图华盛顿大学出版）

Saksaha（Magpie）（美国波特兰州立大学出版）

以上为期刊。

Turcologica（威斯巴登）,*Uralic and Altaic Series*（印第安纳大学）, *Sources of Orental Languages and Literatures*（哈佛大学）,*Mémoirs de la Société Finno-ougrienne*（赫尔辛基）,*Veröffentlichungen der Societas Uralo-Altaica*（威斯巴登）,*Bibliotheca Orientalis Hungarica*（布达佩斯）,*Mon-golica*（乌兰巴托）,*Aetas Manjurica*（首卷出版于 1987 年,威斯巴登）, *Shamanica Manchurica Collecta*（威斯巴登）,*Tungusica*（威斯巴登）,*Tun-gusu-Sibirica*（威斯巴登）

以上为丛书和其他不定期连续出版物。

中文、日文、韩文、俄文、土耳其文、蒙古文出版物亦为数繁多,因为比较分散,不能一一开列,研究者须随时注意各种书目信息,择其要者阅读浏览。如俄罗斯在 2009 年创刊 *Ural-Altaic Studies*（Scientific Jour-nal）,至 2012 年已出版 7 册。

附：

朝鲜语及其研究

朝鲜族是中国少数民族之一,19世纪中叶以后,自朝鲜半岛迁入并定居下来,主要分布在吉林、黑龙江、辽宁三省和内蒙古自治区。其中吉林延边朝鲜族自治州是最大的聚居区。世界各地也有朝鲜族分布,主要在朝鲜半岛和日本、美国、吉尔吉斯斯坦、哈萨克斯坦等国家和地区。朝鲜族主要使用朝鲜语。

中国古籍中保存的朝鲜语资料主要有宋人孙穆所著《鸡林类事》(12世纪初)和明代会同馆编纂的《华夷译语·朝鲜馆译语》。朝鲜族在15世纪前以汉字作为书写工具,也采用"吏读"式,即用汉字记录朝鲜语,约从三国时代开始采用,直到公元19世纪末。至世宗大王(1397—1450)始命郑麟趾等创制谚文,并正式颁行《训民正音》。《训民正音》原有28个字母,其中辅音字母(初声字)17个、元音字母(中声字)11个。其字母近似汉字笔画,一个音节的字母不做线性排列,叠成类似汉字的方块形,因此兼具音素文字的特点和音节文字的性质。

19世纪后半期,来到朝鲜半岛的西方传教士开始对朝鲜语及其语法进行研究。20世纪初,朝鲜本土开始借鉴和模仿印欧语语法和日语语法写出了一些早期语法著作,如1910年周时经的《国语文法》。以后金科奉、李奎荣、李长春、金元祐等人在他的基础上进行了一些修改和补充。20世纪30年代,出现了一些有代表性的语法著作,如朴胜彬的《朝鲜语学》(1935)、崔铉培的《我们的语法》(1937)等,注意探索朝鲜语固有的语法特点,创立新的语法体系。1945年以后,南北朝鲜的语法研究都有发展。朝鲜民主主义人民共和国成立初期主要受当时苏联语言学理论的影响,60年代以后则致力于规范语法体系的建立。韩国语法学界的学术讨论很活跃,出现了传统语法、结构主义语法和转换生成语法三大学派并存的局面。

我国学者对朝鲜语的研究,主要是在新中国成立后开始的。随着朝鲜语教学的需要,除朝文版语法外,还出现了以汉族学生为对象的语法著作,如延边大学和北京大学的朝鲜语教研室合编的《朝鲜语实用语法》(北京:商务印书馆,1976 年)、宣德五编著的《朝鲜语基础语法》(北京:商务印书馆,1994 年)等。李贵培著有《朝鲜语理论语法》(延吉:延边人民出版社,1988 年),刘培霖对后附成分进行了专题研究,著有《朝鲜语后附成分的特点研究》(平壤:金日成综合大学出版社,1981年)。车光一著有《朝鲜语词尾分类》(北京:民族出版社,1984 年)。安炳浩、尚玉河著有《韩语发展史》(北京:北京大学出版社,2009 年)。

关于朝鲜语的系属,英国学者阿斯顿(W. G. Aston, 1841—1911)在 1879 年发表《日朝两语的比较研究》,提出日语朝语同系说。一些日本学者如金泽庄三郎、小仓进平、白鸟库吉也有类似看法。此外,19世纪末和 20 世纪初有不少学者把朝鲜语与其他语系的语言联系起来,其中最有影响的观点是认为朝鲜语属阿尔泰语系。韩国著名语言学家李基文也在其著作中列举出朝鲜语与阿尔泰诸语的共同特征,但这一问题至今尚未在学者中取得共识。中国学者如李得春、赵杰、黄晓琴、吴安其等也讨论过朝鲜语与满语、维吾尔语、西部裕固语和南岛语的关系[1]。

我国学者对汉字在朝鲜的传播、使用及其对朝鲜语文所产生的影响,汉字词体系的形成及发展过程也进行了研究。对朝鲜语汉字音的研究,一直为国内外学者所关注,近年聂鸿音、李得春、崔羲秀等都有论著。安炳浩著有《朝鲜汉字音体系的研究》(哈尔滨:东北朝鲜民族教育出版社,1992 年)。日本著名学者河野六郎在这一领域也有重要贡献。对朝鲜古文献《四声通考》《四声通解》《训蒙字会》《老乞大谚解》《朴通事谚解》等,胡明扬、陈植蕃、孙建元等进行了探讨。

在朝鲜语言文字史方面,我国有代表性的研究者是安炳浩和崔元甲。李得春和金秉运等对朝鲜语词汇史进行了研究。陈辉探讨了朝鲜

〔1〕戴庆厦主编:《中国少数民族语言研究六十年》,北京:中央民族大学出版社 2009 年,512 - 515 页。

语罗马字表记法的历史与现状(《浙江大学学报》第 32 卷第 2 期,2002年,93－99 页)。

除韩国、朝鲜、日本和中国外,欧美各国与苏联及俄罗斯、澳大利亚也都开展了对朝鲜语及其文献的研究。著名学者有卢可夫(Ford Lukoff)、安德逊(Paul S. Anderson)、马丁(S. E. Martin)、伏斯(Frits Vos)、莱得雅德(Gari Keith Ledyard)、米勒(R. A. Miller)、拉姆赛(S. Robert Ramsey)、泰勒(Insup Taylor)、昂格尔(J. Marshall Unger)、盖尔(J. S. Gale)、伏文、西尔瓦(David J. Silva)等。我国朝鲜语学者与各国学界的交流也不断加强,2012 年 7 月 5 日至 8 日在江苏徐州的江苏师范大学召开了第 18 届国际朝鲜语言学会议(ICKL 2012)。

高句丽是公元前 37 年发源、立国 700 余年的古国,最盛时期疆域拓展到今辽东半岛、朝鲜半岛和俄罗斯滨海边疆区一部分。关于高句丽语[1],美国学者白桂思认为与日本语有联系。他提出古代日本人和高句丽人的共同起源地是在面向渤海的中国辽西地区[2]。但这一说法存在争议。

---

〔1〕徐德源:《高句丽族语言微识录》,《中国边疆史地研究》2005 年第 15 卷第 1 期, 78－94页。

〔2〕C. I. Beckwith, *Koguryǒ: The Language of Japan's Continental Relatives*, Leiden: Brill, 2004.

5 印欧语和印欧人起源及其
在中国的踪迹

5.1 印欧语系和印欧人

5.1.1 印欧语系

印欧语系是世界上研究最为深入、透彻的一个大语系。属于印欧语系的各种语言彼此间有亲缘关系（发生学关系），也就是说，它们是从某种共同的原始印欧语（Proto-Indo-European）分化出来的。印欧语现今主要分布在欧洲、美洲、大洋洲、非洲和亚洲的部分地区，有 11 个语族，其中的两个已经消亡：

印度—伊朗语（Indo-Iranian）。该语族由两个语支即印度语支（也称印度—雅利安语支）和伊朗语支组成，都具有古老的文献证据。印度语支的梵语的最早形式见于口耳相传的《吠陀》，其中最古的是《梨俱吠陀》，年代约为公元前 1200 年。在《吠陀》梵语的基础上形成古典梵语。除梵语外还有俗语（Prākrit），是现代印度雅利安语如印地语、乌尔都语、古遮拉提语、马拉提语、僧伽罗语等形成的基础。伊朗语在公元前 1 千纪分布很广，除今天的伊朗和阿富汗，整个中亚和欧亚草原地区，从第聂伯河向东到叶尼塞河流域，都有伊朗语的踪迹。其最早的书面材料是阿赫美尼德王朝的铭刻，时代为公元前 9—前 6 世纪；还有琐罗亚斯德教（袄教）的经典《阿维斯

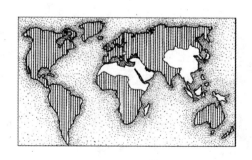

图 5—1 使用印欧语的地区

·欧·亚·历·史·文·化·文·库·

塔》,它的年代至少可以追溯到公元前 7 世纪。

亚美尼亚语。虽然有方言区别,但就语言而言,该语族只有单一的亚美尼亚语,主要用于亚美尼亚共和国和土耳其东部。5 世纪时,通过《圣经》翻译,形成古典亚美尼亚语。

希腊语。该语族历史悠久、文献丰富,虽然历史上就有不同方言,但只有单一的希腊语。最早的文字是出于克里特的线形文字 B,年代约为公元前 1400 年。《荷马史诗》用的是小亚海岸的东部方言。雅典所说的亚提克(Attic)方言成为古典标准希腊语的基础,经过亚历山大大帝的统治、希腊化时期和拜占庭时期,一直发展到现代希腊语。

τοῖσι δὲ καὶ μετέειπεν ἄναξ ἀνδρῶν Ἀγαμέμνων,
αὐτόθεν ἐξ ἑδρης, οὐδ' ἐν μέσσοισιν, ἀναστάς:
„ὦ φίλοι! ἥρωες Δαναοί! θεράποντες Ἄρηος!
ἑσταότος μὲν καλὸν ἀκούειν, οὐδὲ ἔοικεν
ὑββάλλειν! χαλεπὸν γάρ, ἐπισταμένῳ περ ἐόντι.
ἀνδρῶν δ' ἐν πολλῷ ὁμάδῳ πῶς κέν τις ἀκούσαι
ἢ εἴποι; βλάβεται δὲ λιγύς περ ἐὼν ἀγορητής! —
Πηλείδῃ μὲν ἐγὼν ἐνδείξομαι: αὐτὰρ οἱ ἄλλοι
σύνθεσθ', Ἀργεῖοι, μῦθόν τ' εὖ γνῶτε ἕκαστος!
πολλάκι δή μοι τοῦτον Ἀχαιοὶ μῦθον ἔειπον,
καί τέ με νεικείεσκον: ἐγὼ δ' οὐκ αἴτιός εἰμι,
ἀλλὰ Ζεύς, καὶ Μοῖρα, καὶ ἠεροφοῖτις Ἐρινύς,
οἵ τέ μοι εἰν ἀγορῇ φρεσὶν ἔμβαλον ἄγριον ἄτην
ἤματι τῷ, ὅτ' Ἀχιλλῆος γέρας αὐτὸς ἀπηύρων...
ἀλλὰ τί κεν ῥέξαιμι; θεὸς διὰ πάντα τελευτᾷ!...
πρέσβα Διὸς θυγάτηρ Ἄτη, ἣ πάντας ἀᾶται,
οὐλομένη! τῇ μέν θ' ἁπαλοὶ πόδες: οὐ γὰρ ἐπ' οὔδει
πίλναται, ἀλλ' ἄρα ἥ γε κατ' ἀνδρῶν κράατα βαίνει
βλάπτουσ' ἀνθρώπους: κατὰ δ' οὖν ἕτερόν γ' ἐπέδησε!
καὶ γὰρ δή νύ ποτε Ζῆν' ἄασατο, τόν περ ἄριστον
ἀνδρῶν ἠδὲ θεῶν φᾶσ' ἔμμεναι! ἀλλ' ἄρα καὶ τὸν
Ἥρη, θῆλυς ἐοῦσα, δολοφροσύνῃς ἀπάτησεν
ἤματι τῷ, ὅτ' ἔμελλε βίην Ἡρακληείην
Ἀλκμήνη τέξεσθαι ἐυστεφάνῳ ἐνὶ Θήβῃ.
ἤτοι ὅ γ' εὐχόμενος μετέφη πάντεσσι θεοῖσι:

图 5 - 4 古希腊《荷马史诗》

阿尔巴尼亚语。印欧语系的一个独立语族,有两种主要方言。迟至 1555 年才出现第一本阿尔巴尼亚语的书,吸收了大量来自希腊语、拉丁语、土耳其语和斯拉夫语的外来词。史前状况尚不清楚,有人认为与巴尔干的古代语言,可能是伊利里亚语或色雷斯语有联系。

波罗的语。属于该语族的古普鲁士语已经消亡;现存的语言有立陶宛语和拉脱维亚语,文献始于 16 世纪。这两种语言特别是立陶宛语,有一种极古老的外貌一直保存至今。

斯拉夫语。斯拉夫语言的格局是分成东、南、西三支:东支有俄语、白俄罗斯语和乌克兰语；南支有古教堂斯拉夫语、马其顿语、保加利亚语、塞尔维亚—克罗地亚语、斯洛文尼亚语；西支有波兰语、捷克语、斯洛伐克语等。斯拉夫文字产生于 9 世纪，是拜占庭传教士基里尔（Cyril）和美多迪（Methodius）创制的。现存最古老的文献出现于 10 世纪。

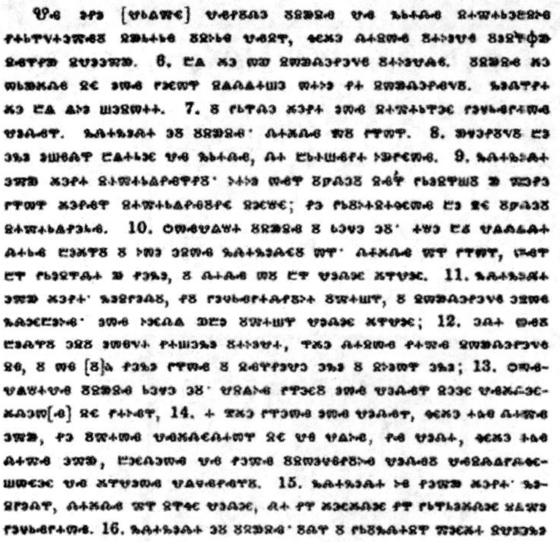

图 5 – 5　古教堂斯拉夫语

在印欧语系中，斯拉夫语族和波罗的语族关系最近，两者在语言、语法和词汇方面有许多引人注目的共同之处，所以有时也把这两个语族合称为波罗的—斯拉夫语族。

日耳曼语。最古老的日耳曼语书面资料是卢尼文（Runic）碑铭，可以早到 2 世纪，以后有 4 世纪的哥特语《圣经》译文。该语族可以分为东、北、西三支：东支的哥特语存在于 350—1600 年，现已消亡；北支日耳曼语以古挪威语为代表，包括现今斯堪的纳维亚的冰岛语、瑞典语、丹麦语等；西支日耳曼语主要有沿海及岛屿的英语、弗里西亚语（Frisian），大陆的德语、荷兰语。

意大利语。该语族涵盖了古代意大利的多种语言和方言，其中最重要的是拉丁语，书面文献始于公元前 6 世纪，公元前 3 世纪形成古典拉丁语。此外还有奥斯干语（Oscan）和乌伯利亚语（Umbrian）。在罗马帝国时代，拉丁语是一种国际通行语言，直到近代欧洲还有很大影响。被称为罗曼语的现代语言源于罗马帝国后期的通俗拉丁语，包括法语、西班牙语、意大利语、葡萄牙语、罗马尼亚语等。

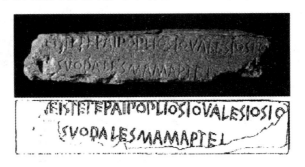

图 5 - 6　古代拉丁语铭刻

图 5 - 7　拉丁语、高卢语合璧碑铭

　　凯尔特语。凯尔特语扩张最盛之时是公元前几个世纪,那时凯尔特语言分布在整个爱尔兰和大不列颠岛上,在欧洲大陆则分布更广。古代凯尔特人在西班牙地位重要,统治了高卢(今法国)的大部分,向东伸展到巴尔干,于公元前 279 年进犯德尔斐(Delphi)。凯尔特语地名一直到黑海都有发现。现存的高卢和凯尔特伊比里亚（Celtiberian）铭刻的时代为公元前 3 世纪。现代凯尔特语主要是威尔士语、布雷吞语（Breton）和爱尔兰语，都有丰富的古代文献传世（古爱尔兰语铭刻的年代为 4—5 世纪，其他大量书面资料始于 8 世纪；威尔士语文献亦始于 8 世纪）。

已经消亡的印欧语是吐火罗语和安纳托里亚语。

吐火罗语。19 世纪末至 20 世纪初，各国考古队在中国新疆发现了一批用北印度婆罗谜字母书写的、前所未知的语言的写本。俄国学者奥登堡（S. F. Oldenburg）于 1892 年首次发表该语言写本的残页。怎样称呼和解读这种语言，成为学者们关注的焦点。对这种语言的定名和释读，开始时是与回鹘语《弥勒会见记》（*Maitrisimit nom bitig*）的研究联系在一起的。根据回鹘文本《弥勒会见记》的题记，这种语言在 1907 年被定名为"吐火罗语"（Tocharisch）。1908 年确定了该语言属印欧语系，分为 A、B 两种[1]。吐火罗语的使用年代为 400—1200 年[2]。

图 5 - 8　吐火罗语 A《弥勒会见记》残卷

安纳托里亚语。该语族的语言都已经消亡。20 世纪初发现于安卡拉之东的博伽兹科依（Boğazköy），曾在今土耳其和叙利亚的部分地区使用。其中最主要的语言是赫梯语，直到 1915 年才证明属印欧语系，残存的文献记录有用楔形文字刻写的碑铭，可以追溯到公元前 1700 年。除赫梯语，还有更加古老的帕莱语（Palaic），其年代可以早到

---

〔1〕关于吐火罗语的研究及其学术意义，参看耿世民：《汉唐时期的西域古代语文及其对中国文明的贡献》，《中央民族大学学报》2012 年第 2 期，81 – 85 页。

〔2〕D. Adams, "Some Implications of the Carbon-14 Dating of Tocharian Manuscript", *Journal of Indo-European Studies*, 2006, 34, 381 – 389.

公元前 1800 年。属这一语族的其他语言有卢维语(Luvian)、吕西亚语
(Lycian)、吕底亚语(Lydian)。还有一种卡里亚语(Carian),属卢维语
支,记录这种语言的碑铭在 20 世纪 80—90 年代才得以解读[1]。

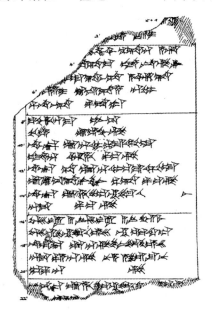

图 5 - 9　楔形文字赫梯语

　　除上述 11 个语族外,还有一些现存资料更加贫乏的小语言,也可
能属于印欧语系。在谈及阿尔巴尼亚语的起源时,曾提到伊利里亚语
和色雷斯语,此外如小亚的弗立基亚语(Phrygian),有公元前 6 世纪—
前 5 世纪和公元 2—4 世纪的墓葬碑铭可以证明;不属于意大利语族的
古代意大利美萨皮语(Messapic),有公元前 6 世纪—前 1 世纪的铭刻;
等等。目前,我们从总体上说对这些语言所知甚少,只能根据遗留下来
的少量词汇和语法材料略做判断,对于它们在印欧语系中的地位也不
清楚,但今后如果有新的发现,也很可能改变这种状况。

5.1.2　印欧语的历史比较研究和原始印欧语

　　在历史语言学中,比较方法就是对一系列语言进行系统比较,用来

---

〔1〕Adiego Lajara, *The Carian Language*, Leiden:Brill, 2006.

说明彼此之间的异同和历史关系。早在 1647 年，Marcus Zuerius van Boxhorn 就认为存在一种原始共同语，他称之为"斯基泰语"（Scythian），把荷兰语、希腊语、拉丁语、波斯语和日耳曼语看作这种共同语的后裔；到 1654 年，他又加上了斯拉夫语、凯尔特语和波罗的语。实际构拟印欧原始语的观念是由 William Wotton 在 1713 年提出的，他认为冰岛语、罗曼语、希腊语是相互联系的。英国统治印度以后，欧洲学者对梵语产生了浓厚的兴趣，发现梵语与欧洲语言之间有惊人的相似之处。1756 年威廉·琼斯（William Jones）爵士在加尔各答亚洲学会印度学三周年纪念会上演讲，其中一段非常著名，被视为印欧语历史比较语言学开创的标志[1]：

> 梵语，不管它的古老形式怎样，它具有奇妙的结构。它比希腊语更完善，比拉丁语更完整，比它们二者更精美；它在动词词根和语法形式上，将希腊语和拉丁语更紧密地联系起来。三者之间的关系如此紧密，偶然性绝对解释不了；比较此三者的任何一位语文学家都会相信，它们来自同一源头。当然，这一源头可能已不复存在。以同样的方法，尽管不那么有说服力，可以推测哥特语和凯尔特语，尽管二者融合了一种很特别的风格，可它们与梵语有共同的源头；如果能够讨论与波斯语古老性有关的任何问题，那么古代波斯语也加入了这一家庭。

此后，许多欧美学者如施莱格尔（Friedrich Schlegel）、格林（Jacob Grimm）、葆朴（Franz Bopp）、施莱歇尔（A. Schleicher，1821—1868）、本费（Theodor Benfey）、缪勒（M. Müller）、德尔布吕克（B. Delbrück）、惠特尼（W. D. Whitney）、施密特（Johannes Schmidt，1843—1901）、保罗（H. Paul）、布鲁格曼（K. Brugmann）等都在印欧语的研究方面做出了重要贡献，使历史比较语言学在 19 世纪下半叶达到极盛。施莱歇尔首先引入了谱系树说，他把达尔文的方法用于语言研究，把语言看作可以

---

〔1〕引自 Hans Henrich Hock, *Principles of Historical Linguistics*, Ber in：Mouton de Gruyter, 556. 用侍建国、鲁国尧译文，见裴特生著、钱晋华译：《十九世纪欧洲语言学史》（修订本）《述论》，北京：世界图书出版公司 2010 年，13 页。

生长、可以衰亡的生物体,其变化可以用类似生物学的方法进行分析。他的学生施密特认为谱系树图虽然很有用,但它代表的只是纵向的发展,而语言与语言相互间有接触和横向的影响,这种影响在地理上越接近就越显著,所以施密特提出了波浪论(Wellentheorie)[1]。

图 5 – 10 格林(Jacob Grimm,1785—1863)

自 19 世纪以来,语言学家就根据古代腭化后舌音 *k',*g',*g'h 的演变结果,把印欧语分为两支,即"K 类语言(centum languages)"和"S 类语言(satəm languages)"[2]。这是东方语言如亚洲的梵语,东欧的波罗的语、斯拉夫语与西方语言如欧洲的凯尔特语、意大利语、日耳曼语、希腊语之间的重要差别。拉丁语中的 centum(百)这个词在梵语中是 śatám,在阿维斯塔语中是 satəm,也就是古腭化后舌音演变为前舌擦音(咝音)。这是东支印欧语即 satəm 语共同拥有的创新,包括了印度—雅利安语、伊朗语、斯拉夫语、波罗的语、亚美尼亚语和阿尔巴尼亚语。除了阿尔巴尼亚语之外,它们都处于西支印欧语即 centum 语之东。但是,赫梯语和吐火罗语都属 centum 语,它们的发现和释读打破了这种语言的对称关系。下面的简短表格以梵语和吐火罗语的对比为

---

〔1〕王士元:《语言、演化与大脑》,北京:商务印书馆 2011 年,69 页。

〔2〕信德麟:《斯拉夫语通论》,北京:外语教学与研究出版社 1991 年,8 – 9 页。

例证,以说明两者的区别。

英语	梵语	吐火罗语 A	吐火罗语 B
hundred	śatám	känt	kante
ear	śrotra	klots	klautso
tear	áśru	ākär	akrūna(复数)

所以,赫梯语和吐火罗语研究对于印欧语历史比较语言学特别是构拟原始印欧语是非常重要的。

所谓"原始印欧语",是语言学家根据属印欧语系的诸语言的特点,运用比较语言学方法而构拟出来的假想语言,这种假想语言被认为是印欧语系诸语言的共同祖先。原始印欧语有复杂的曲折变化和元音交替,名词有变格,动词有变位。不存在原始印欧语的书面证据,所以有关该语言的知识都是依据比较方法和内部构拟重建起来的。关于原始印欧语与其他语言的关系,包括与乌拉尔语的关系、与高加索诸语的关系、与亚非语系的关系,经常有学者进行讨论,并且列出了一些事实依据,但这些证据都还没有得到广泛的认同。

19 世纪初,德国的葆朴是第一个对印欧语进行深入研究的学者,他对几种主要印欧语的名词和动词形态进行比较,试图探索原始语的形态,但他始终没有提出语音构拟的标准。后来涌现出一批出色学者,他们依次对印欧语的语音演变进行了新的研究,特别是运用了以前未知的安纳托里亚语和吐火罗语的材料,取得了更加精确可信的成果。美国学者斯图特万(E. H. Sturtevant)在 1926 年提出"印度—赫梯语(Indo-Hittite)"的假设[1],认为赫梯语等安纳托里亚语的分化早于其他任何印欧语(约为公元前 7000 年),主张用"原始印度赫梯语"这一名称取代"原始印欧语",但这一假设也没有在研究印欧语的学者中取得共识。

原始印欧语音系:

---

〔1〕Edgar H. A. Sturtevant, *The Indo-Hittite laryngeals*, Baltimore: Linguistic Society of America, 1942.

（1）原始印欧语辅音（见下表）

		唇音	舌冠音	舌背音			喉音
				硬腭化	平常	唇音化	
鼻音		*m	*n				
塞音	清音	*p	*t	$^*\acute{k}$	*k	*k^w	
	浊音	*b	*d	$^*\acute{g}$	*g	*g^w	
	送气音	*b^h	*d^h	$^*\acute{g}^h$	*g^h	*g^{wh}	
擦音			*S				*h$_1$, *h$_2$, *h$_3$
流音			*r, *l				
半元音					*y	*w	

（2）原始印欧语元音

短元音：*a，*e，*i，*o，*u。

长元音：*ā，*ē，*ō，有时用冒号代替长元音号指示元音长度（*a：，*e：，*o：）。

双元音：*ai，*au，*āi，*āu，*ei，*eu，*ēi，*ēu，*oi，*ou，*ōi，*ōu。

辅音音位的元音同位异音：*u，*i，*ŗ，*ļ，*ṃ，*ṇ。

其他长元音可能已经通过补偿延长出现在原始语中：*ī，*ū，*r̄，*l̄，*m̄，*n̄。

音位 *h$_1$，*h$_2$，*h$_3$ 和普适符号 *H（或 *ə$_1$，*ə$_2$，*ə$_3$ 和 *ə）表示 3 个喉音音位：中性喉音、a-音色喉音和 o-音色喉音。

19 世纪末，瑞士语言学家索绪尔（Ferdinand de Saussure）提出，为了对早期印欧语中各种异常现象做出解释，必须假定原始印欧语中还有过另外一组音，这组音后来被称为喉音。1927 年，波兰语言学家库里洛维茨（Jerzy Kuryłowicz）发现了安纳托里亚语里有一个标作 h 的音，其发音部位就是索绪尔预言应当有喉音存在的位置。喉音说[1]认

---

[1]上文已提及，一般认为有基本的三个喉音，即 *h₁，*h₂，*h₃，但有些学者尚持不同意见。参阅 Frederik Otto Lindeman，*Introduction to the Laryngeal Theory*，Innsbruck：Institutfür Sprachwissenschaft der Unviersität Innsbruck，1997.

为：原始印欧语的大部分基本形式（或"词根"）都具有辅音 C—元音 V—辅音 C 的结构（CVC 常写作 CeC）。有人说可以假定喉音为失落的辅音，这些词根可以作为规则的 CVC 结构予以构拟。在 *doH-这样的词根中，喉音前有一元音，喉音最终消失时，就使那个元音变长。运用这种方法，就有可能说明原始语的几乎所有词根都有 CVC 结构。

图 5 - 11　索绪尔（Ferdinand de Saussure，1857—1913）

　　研究印欧语历史比较语言学的多数学者公认：最重要的音变定律是德国语言学家格林提出的"格林定律"，以及丹麦语言学家维尔纳尔（Karl Verner）提出的"维尔纳尔定律"[1]。主要根据这些传统的音系构拟，原始印欧语塞音系统可以表示如下：

	唇音	齿音	腭化软颚音	软腭音	唇化软腭音
清塞音	p	t	k^j	k	k^w
浊塞音	（b）	d	g^j	g	g^w
气嗓塞音	b^{fi}	d^{fi}	g^{jfi}	g^{fi}	g^{wfi}

　　这样的构拟是对以前塞音 4 分的改进。所谓塞音四分，即认为原

---

　　[1]印欧语的语音定律，还有"格拉斯曼（Grassmann）定律"等，请参看 N. E. Collinge, *The Laws of Indo-European*, Amsterdam：John Benjamins, 1985.

始印欧语的塞音分为清不送气音、清送气音、浊不送气音与浊送气音 4 组。但学者们发现其中也有明显的问题,最主要的是似乎不符合一般的类型学规律。

丹麦语言学家裴特生(Holger Pedersen)曾认为传统的原始印欧语系构拟中的气嗓音实际应为喷塞音/p't'k'/。其后法国语言学家马丁内(André Martinet)等发现用声门音来解释原始印欧语浊塞音的可行性。1972—1973 年,美国学者霍普尔(Paul Hopper)和苏联学者加姆克列利泽(Thomas Gamkrelidze,现在格鲁吉亚)、伊凡诺夫(Vyacheslav Ivanov)各自独立提出比较完善的假设,这一假设被称为"声门音理论(Glottalic theroy)"。

5 – 12　**裴特生**(Holger Pedersen,1867—1953)

当初提出的用声门化音代替气嗓音的方案表示如下:

	唇音	齿音	软腭音	唇化软腭音
清塞音	p ~ pʱ	t ~ tʱ	k ~ kʱ	kʷ ~ kʷʰ
喷音或声门化音	(p')	t'	k'	kʷ'
浊塞音	b ~ bʱ	d ~ dʱ	g ~ gʱ	gʷ ~ gʷʱ

1981 年,在上面述及的颚—咝音(Centum-Satəm)同言线基础上,

霍普尔提出用"十"一词的发音对印欧语进行分类的方法[1]，并对声门音理论做了一些修正。他主张印欧语可以分为两类：亚美尼亚语、日耳曼语、安纳托里亚语和吐火罗语各语族的语言把"十"的词首音读为清声 t，被称为 Taihun 语组；其他各语族中"十"的词首音则为浊音 d，被称为 Decem 语组。

声门音理论曾一度被视为像喉音论一样能够改写原始印欧语的音系构拟，因而受到高度赞扬，但如今受到许多原始印欧语研究者的质疑和反驳。同时，这种理论涉及的喉塞音在许多不同语系的语言中都存在，特别是南高加索语（卡尔特维里语）和闪语里，因此，加姆克列利泽和伊凡诺夫将此与印欧人的故乡在中近东的假设联系在一起，对此我们拟在下文进行讨论。

关于原始印欧语的语法特征，研究者表明重新构拟 3 种性（阳性、阴性和中性）、8 种格（主格、呼格、宾格、所有格、与格、夺格、方位格和工具格）是可能的。形容词在性、数、格方面与名词保持一致。动词系统的屈折变化很丰富，用来表示时、体、语气、语态、人称和数。词的不同语法形式常常与元音交替有关，也就是说词根元音有规则地变化，以表达像单复数或过去时与现在时这样的差别。

用历史比较法和内部拟测法构拟原始印欧语的特征，主要是语音系统、词汇和构词法（形态）。近年也有人试图发现原始印欧语的句法特征，并为此进行了积极的努力[2]，发表了大量论著，但尚未获得比较理想的、有说服力的结果。

5.1.3　用分支系统学和种系发生学方法研究印欧语演化史

用树形图模式来描绘印欧语的谱系，始于施莱歇尔，至今已有 150 年。近年以来，由于统计学技术和计算机的应用，巨量的离散信息得以

---

〔1〕Paul J. Hopper, "'Decem' and 'Taihum' Languages: An Indo-European Isogloss", in: Yoël L. Arbeitman, Allan R. Bomhard (eds.), *Bono Homini Donum*: *Essays in Historical Linguistics in Memory of J. Alexander Kerns*, Amsterdam: John Benjamins, 1981, 133 – 142.

〔2〕Paolo Ramat (ed.), *Linguistic Reconstruction and Indo-European Syntax*: *Proceedings of the Colloquium of the "Indogermanische Gesellschaft"*, University of Pavia Amsterdam: John Benjamins, 1980.

系统处理,利用各种特征构造新的印欧语谱系引起学者的关注。这种新的方法借鉴了生物科学的新术语,称为种系发生学(phylogenies),使用的技术手段被称为分支系统学(cladistics)。在这些工作中,美国语言学家斯瓦迪士(Morris Swadesh)在 20 世纪 40—50 年代提出的"基本词汇表"和"语言年代学(glottochronology)"重新引起广泛的讨论。与语言年代学紧密相关的"词汇统计学(lexicostatistics)"和其他数量方法在历史语言学中也都被各国学者不断运用。虽然不少学者指出这类方法的局限和存在的问题,但有些语言学家如俄国的斯塔罗斯金(Sta-rostin)父子坚持认为行之有效,并且认为与传统历史比较法可以并行不悖。

美国学者迪恩(Isidore Dyen)等在 1992 年用词汇统计学的方法做过印欧语的分类研究[1]。雷霍瓦(K. Rexová)等在 2003 年用最大简约法(maximum parsimony)分析印欧语的分类[2]。同年新西兰学者格雷(R. D. Gray)和阿特金森(Q. Atkinson)在《自然》杂志上发表论文[3],用贝叶斯分析的方法对 87 种印欧语的 2449 个词项进行处理,从而估算印欧语在 7800 ~ 9800 年前分化的年代。据 C - 14 年代测定,希腊最早的农业遗址出现在公元前 9 千纪,农业跨越欧洲大陆到达苏格兰约在 5500 年前。他们估测的赫梯语等安纳托里亚语从原始印欧语中分化出来是在 8700 年前,吐火罗语和希腊—亚美尼亚语群分化的年代则为 7000 年前,而其他较大的印欧语语族分化的年代都不超出距今约 5000 年的范围。他们的工作用了类似遗传学家计算 DNA 序列的方法,非常引人注目。

美国宾州大学印欧语和吐火罗语学者伦治(Don Ringe)和几位生物学家合作,从 20 世纪 90 年代中期开始,尝试用数学、计算机科学和

---

〔1〕Isidore Dyen, Joseph B. Kruskal, Paul Black, "An Indoeuropean classification: A lexicostatistical experiment", *Transactions of the American Philosophical Society*, 1962, 82(5), 1 - 132.

〔2〕K. Rexová. et al., "Cladistic analysis of language: Indo-European classification based on lexicostatistical data", *Cladistics*, 2003, 19, 120 - 127.

〔3〕R. D. Gray, Q. D. Atkinson, "Language-Tree Divergence Times Support the Anatolian Theory of Indo-European Origin", *Nature*, 2003, 426, 435 - 439.

生物学方法处理历史语言学问题。他们在 2002 年和 2005 年发表的论文里[1]提出了印欧语分化谱系,如图 5 – 13:

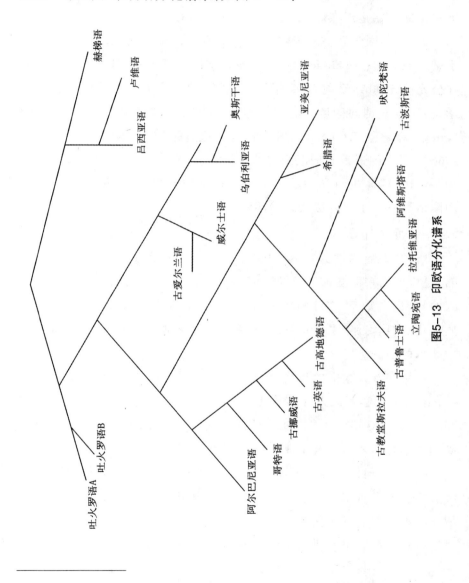

图5-13 印欧语分化谱系

　〔1〕Don Ringe, Tandy Warnow, Anne Taylor, "Indo-European and Computational Cladistics", *Transactions of the Philological Society*, 2002, 100, 50 – 129; Luay Nakhleh, Don Ringe, Tandy Warnow, "Perfect phylogenetic networks: A new methodology for reconstructing the evolutionary history of natural languages", *Language*, 2005, 81(2), 382 – 420.

从图 5 – 13 中可以看出,最早从原始印欧语中分化出去的是赫梯语等安纳托里亚语以及吐火罗语,日耳曼语与波罗的—斯拉夫语和印度—伊朗语原是近亲。

此外,德国学者霍尔姆(Hans J. J. G. Holm)用所谓扩展的"分离水平复原方法(Separation Level Recovery Method = SLRM)"处理印欧语在公元前 3500 年至前 2500 年的分群问题[1],认为不能套用生物信息学技术,也不赞同印度—赫梯语假设。意大利学者佩特罗尼(Filippo Petroni)和塞尔瓦(Maurizio Serva)等最近曾采用 Y. I. Levenshtein 在 1966 年提出的语言间词汇距离的计量方法(*Soviet Physics Doklady*, 10, 707 – 710. 计算机科学中称为 Levenshtein 自动机,是一类形式语言),用网络种系发生学方法为原始印欧语分群。

5.1.4 原始印欧人

所谓"原始印欧人(Proto-Indo-Europeans)",就是指生活在欧亚大陆,说构拟出来的史前语言"原始印欧语"的人群。我们关于原始印欧人的知识,主要来自对他们语言的构拟,同时辅之以从考古学得来的物质文化资料。近年来,还增添了从新兴的考古遗传学(archaeogenetics)中获得的信息。

原始印欧人生活的年代可能始于新石器时代晚期,大约是公元前 4 千纪。也有学者认为可以早到公元前 5500—前 4500 年,甚至公元前 7500—前 5500 年。在公元前 3 千纪晚期,原始印欧人已经向外扩散并到达安纳托里亚、西欧、中亚和南西伯利亚。

据推测,他们已经有了耕作和家畜饲养,蓄养牛、马、羊和狗,种植谷类作物。已有水上运输工具,能制造轮子用于运送货物,但尚无轻便战车。亲属制度基于父系,说明原始印欧人处于父系社会。他们可能过着一种半游牧半农耕的生活,人们拥有的财富以饲养的动物多寡计

---

[1] Hans Holm, "The new Arboretum of Indo-European 'Trees'—Can new Algorithms Reveal the Phylogeny and even Prehistory of IE?" *Journal of Quantitative Lingustics*, 2007, 14(2), 167 – 214; "'Swadesh Lists' of Albanian Revisited and Consequences for Its Position in the Indo-Euripean Languages", *The Journal of Indo-European Studies*, 2011, 39(1&2).

算,牛(*gwous)在宗教、神话和日常生活中起重要作用。他们的宗教是多神信仰的,崇拜天神(*dyeus ph₂ter)和地神。按法国学者杜美齐(Georges Dumézil)的看法,他们的社会成员分为三重,即祭司、武士和农牧业者。他们所处的自然环境偏冷,冬天有积雪。在精神生活方面,他们已经有了口传英雄史诗和抒情歌曲。

关于原始印欧人的居住地(故乡)问题,还存在许多不同观点的争论,我们将在下文着重讨论。总的来说,确定原始印欧人原住地,过去比较语言学家多采用语言古生物学(linguistic paleontology)的方法,也就是通过印欧语系中各语族语言的分析、比较和复原,发现这些语族在其历史发展的早期阶段所使用的共同母语,并进而详细分析这种母语的固有成分和借用成分,从而探讨使用这种母语的族群的原住地。由于这种方法有较大的局限性,自 20 世纪下半叶至今的数十年中,比较神话学、比较宗教学和人类学、民族学、社会学等方法也经常使用,特别是考古学材料越来越受到重视。

由于近年来分子遗传学的兴起,对原始印欧人的起源和迁徙问题的研究也引入了基因分析的方法。据检测,说印欧语的各族的遗传标记主要是 R1a1a(R - M17 或 R - M198)。从捷克到南西伯利亚的阿尔泰地区,一直向南贯穿中亚,这些标记的出现频率都相当高,特别是东欧的波兰和乌克兰一带[1]。在印度,说印欧语的人群中,其出现频率也较高。使用绝对时间检测方法,印欧语出现的时间在 1 万年到 1.5 万年之间。要解开印欧语和印欧人的起源之谜,今后将更多地借助于这种方法。

关于原始印欧语与印欧人及其文化研究的全貌,可以参看以下两部巨著:

Thomas Gamkrelidze, Vyacheslav V. Ivanov, *Indoevropejskij jazyk I indoevropejcy*, 2 vols. Tbilisi: State University Press, 1984. 英译本:Johan-

---

〔1〕Spencer Wells(韦尔斯):《出非洲记——人类祖先的迁徙史诗》,北京:东方出版社,133 - 138 页;Peter A. Underhill et al., "Separating the post-Glacial coancestry of European and Asian Y chromosomes within haplogroup R1a", *European Journal of Human Genetics*, 2010, 18, 479 - 484.

na Nichols, *Indo-European and Indo-Europeans*, *English transl.*, The Hague: Mouton de Gruyter, 1995.

J. P. Mallory, Q. D. Adams, ed. *Encyclopedia of Indo-European Culture*, London and Chicago: Fitzroy Dearborn Publisher, 1997.

在此之前出版的法国著名语言学家邦旺尼斯特(E. Benveniste)所著 *Vocabulaire des institutions indo-européennes*, Paris: de Minuit, 1969,英译本为:*Indo-European Language and Society*, Coral Gables, Fla. : University of Miami Press, 1973. 此书乃一佳作,亦便参考。

关于与印欧语、印欧人起源相关的人类学问题,J. Day 的近著 *Indo-European Origins: The Anthropological Evidence*, Washington: Institute for the Study of Man, 2001. 论述最为详备,材料也非常丰富。

5.1.5 更久更远的语言联系

早在 19 世纪晚期,就有一些语言学家从原始印欧语再往上溯,希望找到语言间更深远的亲缘关系。1903 年,丹麦语言学家裴特生提出"乡亲语言"(Nostratian Lanuages,由拉丁语 nostrās 即"我们的乡亲"构成)的概念,作为与印欧语有关联的一切语言的总称。意大利语言学家特朗拜弟(A. Trombetti)在 1905 年发表《语言起源一源论》,认为世界上所有语言都是互有亲属关系的。1943 年,曾对喉音理论做出过显著贡献的法国语言学家库尼(Albert Cuny)表示赞同这个理论。但是这一理论总的说来受到冷遇。直到 20 世纪 60 年代,以苏联语言学家伊里奇 – 斯维迪奇(V. M. Illich-Svitych)、多尔戈波尔斯基(A. Dolgopolsky)、塞弗罗什金(Vitaly Shevoroshkin)和斯塔罗斯金(G. Starostin)等为代表的莫斯科学派使这一理论复活,他们把亚非语系、高加索的卡尔特维里语、印欧语系、乌拉尔语系、阿尔泰语系和埃兰—达罗毗荼语系归入一个超级语系。后来又提出把汉藏语、北高加索语、北美印第安人的纳—得内语(Na-Dema)、叶尼塞语等联系在一起[1]。

---

〔1〕据美国著名语言学家萨丕尔(Edward Sapir)留下的手稿,他已设想过汉语与纳—得内语的联系。

莫斯科学派的有些学者在 20 世纪 80 年代后期移居西方和以色列,所以这一理论在西方国家特别是美国也引起关注。美国主张超级语系说的代表人物是格林堡[1](J. Greenberg,他称之为"欧亚语"即"Eurasiatic")以及儒伦(Merritt Ruhlen)、本特森(D. Bengtson)等。捷克的布拉泽克(V. Blažek)等亦有贡献。

分别属莫斯科学派的多尔戈波尔斯基和美国学派的伯恩哈德(A. Bomhard)在 2008 年各出版了一部大书:

Aharon Dolgopolsky, *Nostratic Dictionary*, Cambridge:McDonald Institute for Archaeological Research, 2008.

Allan Bomhard, *Reconstructing Proto-Nostratic*:*Comparative*, *Morphology*, *and Vocabulary*, 2 volumes, Leiden:Brill, 2008.

莫斯科人文大学学者还出版了关于世界语言关系的刊物 *Journal of Language Relationship*[2],始于 2009 年。

超级语系说不是当今历史语言学的主流,受到不少学者的批评,但其中有些观点也得到学术界的关注和重视。同时,著名考古学家如伦福儒(C. Renfrew),著名遗传学家如卡瓦利 - 斯福尔沙(L. L. Cavalli-Sforza)和物理学家、诺贝尔奖得主格尔曼(Murray Gəllmann)等表示赞同。

5.1.6 印欧语历史比较语言学通论性专著举要

由于对印欧语言学的研究在我国至今基本上没有开展,中文文献里只有一些译介性的书刊,近年出版的如:

罗宾斯(R. H. Robins):《简明语言学史》(许德宝等译),北京:中国社会科学出版社,1997 年。

汤姆逊(V. Thomsen):《十九世纪末以前的语言学史》(黄振华译),北京:世界图书出版公司,2009 年。

---

[1]格林堡的论文集 *Genetic Linguistics*:*Essays on Theory and Method*, edited by William Croft, Oxford:Oxford University Press, 2005,国内已出版影印本。

[2]关于莫斯科学派工作的历程,请参看波兰语言学家斯塔索斯基(Marek Stachowski)的综述论文,载于 *Ling Varia* 6/1, 2011, 241 - 274.

裴特生（H. Pedersen）:《十九世纪欧洲语言学史》（钱晋华译,鲁国尧、侍建国校订）,北京:世界图书出版公司,2010 年。

岑麒祥:《语言学史概要》,北京:世界图书出版公司,2008 年。

关于印欧语历史比较语言学的专书,新中国成立以来大陆只出版过两个译本:一本是梅耶（A. Meillet）的名著《历史语言学中的比较方法》（岑麒祥译,北京:世界图书出版公司,2008 年再版）,另一本是译自俄文的《印欧语亲属关系研究中的问题》（A. B. 捷斯尼切卡雅著,劳允栋译,北京:科学出版社,1960 年）。

下面列举一些近 30 年（1983—2011）来,国外出版的关于印欧语言学（以印欧语和印欧人的起源和迁徙为中心,限于英语）的通论性著作,以出版年代顺序排列,供读者参考:

（1）P. Baldi, *An Introduction to the Indo-European Languages*, Carbondale: Southern Illinois University, 1983.

（2）John C. Kerns, *Indo-European Prehistory*, Cambridge: Heffer and Sons, 1985.

（3）J. P. Mallory, *In Search of the Indo-European*, London: Thames and Hudson, 1989.

（4）O. Szemerényi, *Introduction to the Indo-European Linguistics*, Oxford: Clarendon Press, 1996.

（5）A. G. Ramat, P. Ramat（eds.）, *The Indo-European Languages*, London: Routledge, 1997.

（6）M. Meier-Brugge, *Indo-European Linguistics*, Berlin: de Gruyter, 2003.

（7）Winfred Lehmann, *Theoretical Bases of Indo-European Linguistics*, London and New York: Routledge, 1993.

（8）Ranko Matasovic, *Gender in Indo-European*, Heidelberg: Winter, 2004.

（9）J. P. Mallory, D. Q. Adams, *The Oxford Introduction to Proto-Indo-European and the Proto-Indoeuropean World*, Oxford: Oxford University Press，2006.

（10）James Clackson，*Indo-European Linguistics*：*An Introduction*，Cambridge：Cambridge University Press，2007.

（11）David W. Anthony，*The horse, the wheel, and language*：*how Bronze age rides from the Eurasian steppes shaped the modern world*，NJ：Princeton University Press，2007.

（12）Benjamin W. Fortson，*Indo-European Language and Culture*：*An Introduction*（2nd. ed.），Oxford：Wiley-Blackwell，2010.

（13）R. S. P. Beekes，*Comparative Indo-European Linguistics*：*An Introduction*（2nd. ed.），Amsterdam/Philadelphia：Benjamins，2011.

关于最近兴起的用类似生物计量学和其他数量方法进行的印欧语分群,请参阅以下文献:

（1）Peter Forster，Colin Renfrew（eds.），*Phylogenetic Methods and the Prehistory of Language*，Cambridge：McDonald Institute for Archaeological Research，2006.

（2）A. McMahon，R. McMahon，"Finding families：Quantitative methods in language classifications"，*Transactions of the Philological Society*，2003，101（1），7 – 55.

（3）Mark Pagel，"Human language as a culturally transmitted replicator"，*Nature Reviews Genetics*，2009，10，405 – 415.

（4）Mark Pagel，Q. D. Atkinson，Andrew Meade，"Frequency of world-use predicts rates of lexical evolution throughout Indo-European history"，*Nature*，2007，449，717 – 721.

此外,由伽莱特(Andrew Garrett)和维斯(M. Weiss)主编的《印欧语研究手册》(*Handbook of Indo-European Studies*)即将由牛津大学出版社出版,对于从事印欧语研究的专业人士来说,这是一本标准的工具书;对此有兴趣的一般读者,也可以阅读参考。

下面,我们将着重探讨原始印欧语和印欧人的"故乡"问题,并追踪其迁徙和扩散过程中在古代中国留下的行迹。

5.2 原始印欧语和印欧人的故乡问题

自 19 世纪以来,印欧语言学者不断尝试寻找原始印欧语在公元前 3000 年左右的根据地,即通常所说的"印欧语故乡(Urheimat)"。在历史比较语言学发展的最早期,由于当时认为最古老、最原始的印欧语是梵语,所以一般都把印度视为印欧语的发祥地。以后,又有人把其他亚洲地区,如帕米尔、西亚等视作印欧语的摇篮。英国学者 R. G. Latham (1812—1888)首先提出印欧语应该发源于欧洲的说法。此后欧洲起源说得到一些语言学家和考古学家的支持,但也引起了许多争论。如有人认为印欧人起源于波罗的海附近,有人主张印欧人的故乡在南俄和中亚。1926 年,著名考古学家柴尔德曾指出乌克兰黑海北岸地区可能是印欧语和印欧人的起源地[1]。

图 5 - 14 柴尔德(Gordon Childe, 1892—1957)

〔1〕V. Gordon Childe, *The Aryans: A Study of Indo-European Origins*, London: Kegan Paul, Trench, Trubner, 1926.

虽然已经过长时间研究,但这个问题至今仍是众说纷纭。当前的主要观点是:

5.2.1 "库尔干(Kurgan)"假设

这一假设是由在美国的立陶宛裔考古学家玛丽亚·金布塔斯在其于 1956 年出版的《史前的东欧》(*The Prehistory of Eastern Europe*)[1]一书中首先提出的。她认为古欧洲(Old Europe)即印欧人之前的文化存在于公元前 6500 年至前 3500 年,历经新石器时代、铜石并用时代和铜器时代,没有大的变化。所谓库尔干,原是个借自突厥语的俄语词,意为"古坟""坟冢",指东欧草原以雅姆那文化(Yamna Culture)为中心的各种古代文化,原始印欧语的使用者即与雅姆那文化及其前身相联系。虽然这些文化之间并没有明确的界限,对其年代的判断也具有不确定性,但根据考古学证据假设这些文化具有并非偶然的相似性,是"库尔干模型"把公元前 5 千纪的东欧草原定位为原始印欧文化核心的关键。

按金布塔斯的学说,库尔干文化可以分为以下 4 个阶段:

库尔干 I 期:第聂伯河/伏尔加河流域,约公元前 4000—前 3500 年。由伏尔加河地区的各种文化发展而来,包括了萨马拉(Samara)文化和塞罗格拉佐沃(Seroglazovo)文化。

库尔干 II—III 期:公元前 3500 年—前 3000 年。包括斯莱德涅斯多葛(Sredny Stog,意为"古墩")文化和高加索的迈科普(Maykop)文化。发现的遗物有怪石圈、早期两轮战车和神人同形石碑等。但也有学者认为迈科普文化的居民说一种高加索语言,不应与印欧语和印欧人相联系。

库尔干 IV 期:为坑窖墓穴文化,约公元前 3000 年—前 2500 年。涵盖从乌拉尔至罗马尼亚的整个草原地区。

与此相伴随的有库尔干文化的 3 波扩张:

---

[1]M. Gimbutas, *The Prehistory of Eastern Europe I. Metholithic, Neolithic, and Copper Age Cultures in Russia and the Baltic Area*, Am. Sch. of Prehist. Res., Peabody Museum, Harvard Univ., XX, 1956.

第一波扩张在时间上先于Ⅰ期，从伏尔加河下游扩张到第聂伯河，使库尔干Ⅰ期与库库特尼—特里波列（Cucuteni-Trypollian）文化共存。此次迁徙的影响及于巴尔干半岛，并沿多瑙河直到塞尔维亚的温察（Vinča）文化和匈牙利的伦格耶尔（Lenggel）文化。

第二波扩张始于公元前4千纪中期，源于迈科普文化，并使北欧在公元前3000年产生了"库尔干化"的混合文化，即双耳细颈尖底陶器文化、巴登（Baden）文化，最终则是绳纹陶文化。

第三波扩张的时间在公元前3000年—前2800年，这次扩张使坑窑墓穴文化的延伸越出东欧草原，从而在今罗马尼亚、保加利亚和匈牙利东部均显示出该文化的特征。库库特尼—特里波列文化在同期（约公元前2750年）没落终结。

早期印欧语和印欧人的时间节点：

公元前4500年—前4000年，包括斯莱德涅斯多葛文化和第聂伯河—顿涅茨河文化、萨马拉文化；马的驯化（第一波扩张）。

马的驯化对于原始印欧文化是极其重要的。根据瓦尔穆特（Vera Warmuth）博士为首的国际科研团队采用数学方法对线粒体DNA和Y染色体的研究，马的最早驯养地是"欧亚草原西部"，即今乌克兰、南俄和哈萨克斯坦。这项研究为时16年，样本数超过300，采自俄国、中国、乌克兰、哈萨克斯坦、吉尔吉斯斯坦、蒙古和立陶宛，其结论于2012年5月公布。

公元前4000年—前3500年，雅姆那文化是在东欧草原出现的库尔干文化的原形。按印度—赫梯语说，安纳托里亚语已经从印欧共同体中分离出去。

公元前3500年—前3000年，原始印欧文化的中期。这时雅姆那文化已经处于巅峰时期，它代表了典型的构拟出来的原始印欧社会，有石制人偶和早期两轮马车，居民主要在有山堡保护的永久聚落中从事畜牧业，兼营农业和渔业。雅姆那文化与晚期欧洲新石器文化的接触产生了"库尔干化"双耳细颈尖底陶器文化和巴登文化（第二波扩张）。迈科普文化有最早进入青铜时代的迹象，青铜制的武器和其他制品被带入雅姆那文化地区。在语言方面,咝音化(Satemization)可能已经开始。

公元前 3000 年—前 2500 年,原始印欧文化的晚期阶段。雅姆那文化扩展至整个东欧草原(第三波扩张),绳纹陶文化占据从莱茵河至伏尔加河的地区。广阔的"库尔干化"的原始印欧文化的统一体逐渐分裂成各种独立的语言和文化。安纳托里亚和吐火罗两个分支已经分离出去,但其余各个分支之间仍有联系,使技术和借词得以传播。颚音—咝音化(Centum-Satem)的分裂可能已经完成,但咝音化的倾向仍然活跃。

10 余年来,由于遗传学和分子生物学的进展,我们可以利用线粒体 DNA 和 Y 染色体追寻父母任何一方的祖先,这无疑对于研究印欧人的故乡问题具有重大意义。

遗传学研究表明,Y 染色体单倍型类群 R1a1 – M17 与库尔干文化相联系。R1a1 现在多见于中亚、西亚、巴基斯坦、印度和东欧的斯拉夫人群中,其中波兰、乌克兰和俄罗斯最常见。在西欧如法国、英国的部分地区较少见。在北欧,23.6% 的挪威人、18.4% 的瑞典人、16.5% 的丹麦人和 11% 的萨阿米人为 R1a1。南西伯利亚发现的极有可能为原始印度—伊朗人的安德罗诺沃(Andronovo)文化青铜时代遗骸,其遗传标记几乎都是 R1a1;如果加上铁器时代的居民,则比例高达 77%。遗传学和体质人类学鉴定,这些人群的很大一部分具有眼睛为蓝色(或绿色)、肤色浅、发色浅的欧罗巴人特征。青铜时代和铁器时代的哈萨克斯坦古人遗骸和新疆塔里木盆地出土的古尸也是如此。德国埃劳(Eulau)对距今 4600 年的人类遗骸进行分析,也是 R1a1。这些结果都对"库尔干假设"提供了支持。

2012 年发表的一项研究[1]表明,阿富汗各族居民如哈扎剌人、普什图人、塔吉克人、乌兹别克人等的遗传结构显示出至少从全新世时代

〔1〕M. Haber, D. E. Platt, M. A. Bonab, S. C. Youhanna, D. F. Soria-Hernanz, et al. "Afghanistan's Ethnic Groups share a Y-Chromosomal Heritage Structured by Historical Events", *PLoS ONE*, 2010, 7(3): e34288. doi: 10.1371/journal. pone. 0034288.

·欧·亚·历·史·文·化·文·库·

起,该地就历经多次通过中亚的人口迁徙活动。文中提及阿富汗居民缺少 R1a1a7 – M458 标记,但这并不与始于黑海草原的居民携带印欧语迁往中亚和印度的说法矛盾。因为这一标记在起源于黑海和里海之间的居民中很少见,R1a1a7 – M458 首先于 1 万年前出现在波兰,约5000 年前到达里海草原西缘,约 2500 年前才到达里海草原东缘,而原始印欧人扩散第一波(公元前 4500 年—前 4000 年)开始的时间要较之早 4000 年。

荷兰语言学家孔甫烈(Frederik Kortlandt)在 1989 年对"库尔干假设"做了修正。他主要依据语言学证据,认为现在乌克兰东部的斯莱德涅斯多葛文化最有可能就代表印欧人的原住地。没有向西、东或南方扩张的印欧人成了波罗的—斯拉夫语的使用者,其他龇音印欧语的使用者是雅姆那文化人群的后代,而西部印欧语使用者则是绳纹陶文化人群的后裔。孔甫烈认为北高加索的迈科普文化不属于印欧文化。如果要在斯莱德涅斯多葛文化之外考虑印欧语的起源,就必须同时考虑印欧语系与其他语系的联系。原始印欧语和西北高加索语言在类型上有相似性,这可能出于区域上的共性。他假设可以把印欧语视为更早的"印度—乌拉尔语系"的一个分支,该分支在高加索语底层影响下演变为印欧语[1]。这样的演变有考古学上的证据支持。这一假设把前印欧语定位在公元前 7000 年的黑海北岸,实际上与金布塔斯的假说吻合。

5.2.2　安纳托里亚假设和近东起源说

这一假设的代表人物是英国著名考古学家科林·伦福儒(Colin Renfrew)。他在 1987 年出版《考古学与语言》[2],参照"新考古学"的文化过程理论,结合历史语言学,从新的角度探讨印欧语和印欧人的起

---

〔1〕F. Kortlandt, "The Indo-Uralic Verb". www. kortlandt. nl (2001). 参阅 A. Kloekhorst, "Some Indo-Uralic Aspects of Hittite", *The Journal of Indo-European Studies*, 2008, 36(1&2), 88 – 95.

〔2〕C. Renfrew, *Archaeology and Language: The Puzzle of Indo-European Origins*, Cambridge: Cambridge University Press, 1987.

源和故乡问题。他认为原始印欧人的故乡是新石器时代的安纳托里亚。在他看来,农业的逐步扩散是印欧语扩散的最基本的途径,公元前7000年以前,在从约旦河谷穿过东安纳托里亚到美索不达米亚的弧形地带发展起一个农业经济区域,印欧语随着其主要传播人群的经济发展和人口增长而逐渐传播。

伦福儒的安纳托里亚起源说受到一些学者的质疑。根据对原始印欧语的构拟,原始印欧人已经知道驯养马匹,使用带轮子的车辆。养马约始于斯莱德涅斯多葛文化,年代为公元前4000年—前3500年,那时的居民在今天乌克兰的森林草原地区过着一种半游牧生活;有轮子的车辆最早使用约在公元前4000年—前3400年,起源于今波兰、白俄罗斯和乌克兰的部分地区。许多印欧语都有意为"车轴"的词,如拉丁语axis,立陶宛语ašis,俄语os',梵语ákṣa,这些词都可以与原始印欧语的根词 * ak's-相联系。印欧语中表示轮子和车子的词可以追溯到原始印欧语的根词 * kvel,如古冰岛语的 hvel(车轮),古教堂斯拉夫语的 kolo(车轮,圆形),希腊语的 kyklo(车轮,圆形),巴利语和梵语的 cakka/cakra(车轮),吐火罗语 A 的 kukäi(战车,货车)。另一个原始印欧语根词 * ret(h)-在古代高地德语成为 rad(轮子),在拉丁语成为 rota(轮子),在立陶宛语成为 rātas(轮子),梵语则是 ratha(货车,战车)。大多数印欧语学者把原始印欧语的年代估计为公元前4500年—前2500年,约为新石器时代过渡到铜器时代的时候。语言学构拟和考古资料似乎不支持安纳托里亚起源说。

遗传学家卡瓦里–斯福尔沙曾认为,在新石器时代,说前原始印欧语(Pre-Proto-Indo-European)的中东农耕者,把印欧语的前身带进了欧洲,包括库尔干地区,随后,这种语言演变为原始印欧语。伦福儒在2004年对原来的理论做了修正。他提出公元前7000年时安纳托里亚是前原始印欧语的故乡,而公元前5000年左右的巴尔干是原始印欧语的故乡(相当于金布塔斯所说的"古欧洲文化")。因为安纳托里亚分支先从原始印欧语共同体中分离出去,所以并不必须具备"轮""车"这一类词汇。

伦福儒认为印欧语和印欧人的扩散可以分为以下两个阶段：

第一阶段为公元前 6500 年左右,位于安纳托里亚的前原始印欧语分裂为"安纳托里亚语"和"古原始印欧语(Archaic Proto-Indo-European)"两个分支。说前原始印欧语的农耕者携其农业技术进入欧洲。说古原始印欧语的居民出现在巴尔干、多瑙河流域,也可能进入布格——德涅斯特地区。

第二阶段为公元前 5000 年左右;古原始印欧语又分裂为"西北印欧语"(意大利语、凯尔特语、德意志语的祖先,位于多瑙河流域)、"巴尔干原始印欧语"(相当于金布塔斯所说的古欧洲文化)和"早期草原原始印欧语"(吐火罗语的祖先)。

伦福儒假设的年代与前述新西兰学者格雷和阿特金森推测的印欧语年代比较吻合。

在伦福儒之前,苏联语言学家加姆克列利泽(现在格鲁吉亚)和伊凡诺夫于 20 世纪 70—80 年代初连续发表论文,提出印欧语、印欧人的故乡在中近东。按照此说,原始印欧人在公元前 5000 年—前 4000 年生活在安纳托里亚东南部,靠近叙利亚东北部和北美索不达米亚,可能与哈拉夫(Halaf)文化有关。1984 年,他们的巨著《印欧语与印欧人》在第比利斯出版,1995 年译为英语。但另一位著名学者贾可诺夫(Igor M. D'iakonov)表示不赞成,他提出印欧人的故乡是巴尔干——喀尔巴阡地区。但他又指出,巴尔干——喀尔巴阡地区的动物驯养和农业出现于公元前 6000 年—前 5000 年,应该来自小亚,因此小亚 Catal-Hüyük 文化地区可能是当地农耕者和家畜牧养者的故乡,不过印欧语的传播是始于巴尔干和喀尔巴阡地区的。

30 多年以后,伊凡诺夫于 2007 年又发表论文[1],再次肯定印欧语的故乡在近东。他举出 7 个方面的新证据:(1)原始印欧语与其他语系语言的接触,卡尔特维里语中的印欧语因素;(2)原始印欧语与原始

---

[1]Vyacheslav V. Ivanov, "The Indo-European Homeland in the Near East: New Evidence", *Bulletin of the Georgian National Academy of Sciences*, 2007, 175(3), 127–137.

北高加索语;(3)印欧语与西部闪语;(4)在近东的印欧人,支持亨宁(Henning)提出的曾统治美索不达米亚部分地区的古提人(Gutian)为吐火罗人祖先的假设;(5)印欧语方言在早期楔形文字(前苏美尔传统)中的反映;(6)早期安纳托里亚方言在小亚的出现;(7)印欧语迁徙的语言学构建和其他科学的证据。这是近期对印欧语近东起源说的一个总结。

此外,还有少数学者主张印欧语的迁徙始于公元前4千纪的亚美尼亚高原[1],其主要语言学依据是前述"声门音理论(Glottalic theory)"。美国学者尼科尔斯(Johanna Nichols)则提出印欧语故乡为公元前4或5千纪时里海以东的巴克特里亚—粟特地区的假设[2]。

5.2.3 源出印度说

认为印欧语的故乡在印度的观点形成很早。18世纪,当发现印度与欧洲的语言有同源关系时,就有一些欧洲著名人士相信原始印欧人的语言和梵语有联系,其中包括伏尔泰、康德和施莱格尔(Karl Wilhelm Friedrich Schlegel, 1772—1829)。但是,随着对印欧语系各语族语言研究的深入,特别是历史语言学的发展、赫梯语及吐火罗语的发现和研究、喉音理论的建立,至20世纪50年代左右,已经很少有学者重提这种旧说了。但是到2009年,由于埃尔斯特(Koenraad Elst)、塔拉格里(Shrikant G. Talageri)和卡扎纳斯(Nicholas Kazanas)及一些印度学者的提倡,印欧语源出印度说似乎又"复活"[3]了。

主张源出印度说的学者不赞成由于雅利安人入侵而导致莫亨佐·达罗和哈拉帕文化的毁灭这一观点。众所周知,印度河流域的城市文

---

〔1〕Martiros Kavoukjian, *Armenia*, *Subartu*, *and Sumer*: *the Indo-European homeland and ancient Mesopotamia*, trans. N. Ouzounian, Montreal: M. Kavoukjian, 1987.

〔2〕J. Nichols, *The Epicenter of the Indo-European Linguistic Spread*, *Archaeology and Language I*: *Theoretical and Methodological Orientations*, ed. Roger Blench, Matthew Spriggs, London: Routledge, 1997, 122 – 148.

〔3〕关于"源出印度说",可参阅:K. Elst, *Update on the Aryan Invasion Debate*, New Delhi: Aditya Prakashan, 1999; S. G. Talageri, *The Rig-Veda and the Avesta*, *The final evidence*, New Delhi: Aditya Prakashan, 2008; N. Kazanas, "A new date for the Rgveda", special issue of *Journal of Indian Council of Philosophical Research*, 2001.

明始建于公元前 3500 年,到公元前 2000 年达到繁盛,公元前 1500 年开始衰落,公元前 1000 年消失。虽然《梨俱吠陀》中有从北方骑马而来的战士进入印度的记载,但这一古文明的毁灭未必完全是雅利安人征服的结果。近来的研究表明,导致哈拉帕古文明终结也有其本土的原因,如环境和生态的变化(河流改道),或者社会的腐败。对印度河文明所出古文字的释读还存在很大争议(有的学者认为记录的是达罗毗荼语,有的学者认为并非文字)。至今没有任何证据足以表明创造这种文明的族群所说的语言是一种印欧语。

源出印度说认为原始印欧人于公元前 6 千纪生活在印度北部的旁遮普地区。由于人口增长,他们扩展到巴克特里亚,被称为 Kamboja 人。其中一支进一步北移到里海沿岸和中亚大部,并且及于中国西北的塔里木盆地,这就是原始吐火罗人的前身。公元前 2000 年左右,印欧人进入安纳托里亚,此即原始安纳托里亚人,后又进入巴尔干地区,并逐步扩散至全欧洲,在中亚有一支印欧人学会驾驭马匹,于是乘马返回印度故乡。但按历史语言学的通例,某一语系的起源地应该是语言多样性特点显著呈现的地区,如前述有些学者主张的印欧语故乡所在的东欧—中欧地区,但在现今印度次大陆,只存在印度雅利安语这样相对单一的印欧语支。虽然印度至今还存在据说属于 kentum 语组的小语言,如喜马拉雅地区的班伽尼语(Bangani),其"一百"一词是 koto,但根据其本族传说,他们是从阿富汗迁来的,而且学者间对此还有不同看法,有待深入研究。

根据布罗(Burrow)、高柏尔(Kuiper)、梯默(Thieme)和维泽尔(M. Witzel)等著名学者研究,印度的印欧语中有达罗毗荼、扣达等语言影响的明显迹象;而在其他各支印欧语中,并无此种迹象。如果印欧语确实源于印度,则其他语族的印欧语中看不到达罗毗荼语和扣达语的因素,就令人难以理解了。而且,倘若说原始印欧语的人出自印度,则势必要把《梨俱吠陀》形成产生的时代提前,早于现在多数学者接受的时期,这也是个大问题。

分子人类学研究表明,并不存在起源于印度的大规模的人口迁徙。

116

按 DNA 检测,印度常见的 Y 染色体标记 R2 – M124 在格鲁吉亚的一些群体中高频率出现,在土库曼斯坦频率很低,完全不见于东欧。至于可以视为印欧人标志的 R1a1 – M17,在印度说印欧语的人群中出现频率较高,北部的德里和南部人群中约有 35% 的男人具有这一标记。而在说达罗毗荼语的人群中,这标记的频率只有 10%,甚至更低。联系考古学发现,似乎证明草原骑手携带其语言进入印度的假说是可以成立的。考古材料还表明,农业先于印欧语进入印度,随着时间的流逝,不少新石器时代农耕者的后代学会了印欧语,而少量携带 M17 的讲印欧语的人群,却放弃了原来的语言,改说达罗毗荼语。

总之,当今主张印欧语源出印度的学者虽提出了一些确实值得继续深入探索的问题,也有若干很不错的设想和解释,但各门学科如语言学、考古学、体质人类学和分子生物学的现有研究成果却不能支持他们的假设。

5.2.4　印欧语在欧洲自旧石器时代连续存在的理论(PCT)

印欧语自旧石器时代连续存在的理论在 2010 年改称"自旧石器时代连续存在的范式(Paleolithic Continuity Paradigm,简称 PCP)"。研究团队的创始人是乌特勒支大学荣休教授、语言学家阿利内(Mario Alinei),由 20 多位意大利与其他欧洲国家的语言学家、考古学家、史前学家等组成,美国犹他大学的著名人类学家哈尔本丁(Heary Harpending)也是其成员。

这一理论的基本假设是:

(1)连续性是欧洲史前史的基本范式,也是印欧语起源的基本工作假设。

(2)稳定性和古老性是语言的基本特征。

(3)由于自然语言词汇的古老性,可以依据整个人类进化的过程,把它划分为若干时期。

(4)考古学边界与语言学边界一致。

这种理论描绘了一种"连续模式(Continuity Model,简称 CM)",即认为欧洲自旧石器时代延续至今,无论印欧语还是非印欧语,虽然

5000 多年来外来因素对当地语言有影响和渗透,但基本上保持其稳定性。

连续性理论也对语言史进行构拟。按照持这种观点的学者的构拟,语言分化过程要经历很长的时间;在冰期之末,原始印欧语已分化成原始凯尔特语、原始意大利语、原始日耳曼语、原始斯拉夫语、原始波罗的语等,这些语言的使用者占领的地域就在他们的传统故地或其邻近地区。当新石器时代的社会层级制度和移民争夺产生后,变化的速率加快,其基本情况也可以概括如下:

(1)凯尔特人的殖民扩散远早于拉德尼(La Tene)文化[1]时期,其方向是由西向东,而不是相反。

(2)欧洲的中石器时代文化与已经产生差异的凯尔特、日耳曼、波罗的以及乌拉尔语族群相联系。

(3)斯堪的纳维亚的居民是在冰川减退后移居到那里的日耳曼语群体,所以能更好地在相对孤立的状态下,保持其原来的特征。与此相反,日耳曼族群本身由于新石器时代线形陶文化(Linear Pottery Culture)的影响而被"碎片化",并且逐步发展出各种方言。

(4)与意大利语有亲属关系的原始语言在欧洲的史前分布是一个重要的因素,它导致现代的罗曼语遍及整个欧洲。

(5)斯拉夫语起源于巴尔干,在新石器时代散布扩展至各地,与这一族群对应的考古学文化是巴登(Baden)文化。

连续性理论不赞同库尔干假设和金布塔斯主张的"古欧洲文化"的理论。PCT 的拥护者认为库尔干文化实际上占统治地位的是乌拉尔语族群的文化和突厥语族群的文化的混合[2]。这个假设与认为埃特鲁斯坎人说的语言是一种乌拉尔语的推测,以及原匈牙利人的语言曾经受到原始突厥语强烈影响的论断相符合。正因为坚持印欧语等语言

---

〔1〕这种文化的繁盛时期是公元前 450 年—前 1 世纪,分布于法国东部、瑞士、奥地利、德国西南部、捷克、波兰、斯洛文尼亚、斯洛伐克、匈牙利和罗马尼亚。

〔2〕M. Alinea, "Interdisciplinary and Linguistic Evidence for Palaeolithic Continuity of European, Uralic and Altaic Populations in Eurasia", *Quaderni di Semantica*, 2003, 24(2), 187 – 216.

在欧洲连续存在,所以在时间上可以追溯到现代人走出非洲来到欧洲和亚洲的旧石器时代,这较之伦福儒主张的年代又大大提前了。

在遗传学方面,PCT 理论认为大多数的遗传标记都与语言相一致。80% 的欧洲居民的遗传证据可以追溯到旧石器时代;经 DNA 检测,只有一小部分欧洲居民的遗传特征应该归因于新石器时代的移民。

关于原始印欧语和印欧人的"故乡"问题,还有许多不同的假设,以上只列出近 30 年来比较流行的 4 种说法略予分析。其中第一种和第二种理论可以视为主流观点,特别是"库尔干理论",至今被多数印欧语言学家和研究原始印欧文化的学者所认同。但第二种观点也有相当强的证据,如最近一项古 DNA 研究表明[1],新石器时代确实存在来自近东的农耕者进入欧洲的人口扩散,并部分取代新石器时代之前的狩猎—采集者。第三种说法相对来说说服力不强。第四种说法得到部分欧洲学者的支持,值得继续深入研究。

印欧语系和原始印欧人的起源,一直是欧亚大陆史前史的一个棘手问题。20 世纪 30 和 40 年代,由于当时希特勒纳粹提出的"雅利安"种族优越论和种族主义的宣传,使这一问题的讨论带上了政治色彩。直到今天,这种讨论还是以推测为主,因为直接的证据非常不足。但是现在我们已经有了新的方法和手段,可以把历史语言学、心理和认知语言学、古人类学、分子遗传学和考古学的成果综合起来。随着新的发现和研究不断涌现,我们一定能够逐步揭开印欧人"故乡"之谜,并使欧亚大陆各族的史前面貌更为明晰。

5.3 古代印欧语和
印欧人在中国境内的踪迹

中国自古以来就是多民族国家,西北和北方是多民族聚居区。从语言上来看,除汉藏语系各族群和阿尔泰语系各族群外,属印欧语系的

---

〔1〕Q. F, P. Rudan, S. Pääbo, J. Krause, "Complete Mitochondrial Genomes Reveal Neolithic Expansion into Europe", *PLoS ONE*, 2012,7(3):e32473. doi:10.1371/ journal. pone. 0032473.

有塞人、乌孙、月氏和塔里木盆地各绿洲王国,如楼兰—鄯善、于阗、疏勒、龟兹、焉耆、高昌的主要居民或部分居民,以及西胡各族的粟特人(窣利人)等。

5.3.1 汉语和印欧语

企图基于词汇相似性建立汉语(或汉藏语)和印欧语的发生学关系的尝试,可以追溯到艾约瑟(1871)[1]和施勒格尔[2]。孔好古则是探索汉语、藏语、缅甸语和泰语诸语言关系的先驱,并讨论了其中一部分词语,认为它们可能在上古时期由印欧语借入汉语[3]。汉藏语学者沙弗尔(R. Shafer)和华裔德国学者张聪东等也在这方面做了探索。近年来主张汉语与印欧语可能有亲缘关系的主要有加拿大著名汉学家蒲立本(E. G. Pulleyblank)。国内学者对此亦有成果展现,如周及徐的专著[4]。

蒲氏分析了原始印欧语、原始汉藏语的音系学和形态学特征,认为他提出的上古汉语二元音系统的假定以及 *ə/a 元音交替和原始印欧语存在相似之处。他还假设汉语的天干和地支共 22 个名称可以解释为 22 个音符,代表干支纪日创始时期的汉语的 22 个辅音。根据他的构拟,这些音符中有 7 个清塞音、5 个浊擦音、5 个鼻音、1 个咝音,跟作者依据《诗经》用韵构拟的韵尾辅音一一对应。这种对上古汉语音系的认识有助于解释他所发现的汉语和印欧语的同源词[5]。

在考古学方面,作者引证上述金布塔斯的"库尔干假设",认为公元前 4500 年时印欧人首先出现在黑海—里海地区。到了汉代,新疆的绿洲小国为印欧人占据,如西南的于阗和疏勒(喀什噶尔)为伊朗语族

---

〔1〕Joseph Edkins, *China's Place in Philology. An Attempt to Show That the Languages of Europe and Asia Have a Common Origin*, London: Trübner, 1871.

〔2〕Gustaaf Schlegel, *Sinico-Aryaca*, Batavia, 1872.

〔3〕August Conrady, "Alte westöstliche Kulturwörter", *Berichte über die Verhandlungen der Sächsischen Akademie der Wissenschaften*, Phil-hist, Klasse, 1925, 77, 1 – 19.

〔4〕周及徐:《汉语印欧语词汇比较》,成都:四川人民出版社 2002 年。

〔5〕E. G. Pulleyblank, "Chinese and Indo-Europeans", *Journal of the Royal Asiatic Society*, 1966, 9 – 39;《汉语的历史和史前关系》,王士元主编、李葆嘉主译:《汉语的祖先》,北京:中华书局 2005 年, 288 – 341 页。

群所建。吐火罗人则居住在塔里木盆地的北缘,东南直到楼兰。一些游牧部族如月氏等也说吐火罗语。说汉藏语的族群亦早就来到新疆,如婼羌很可能就是藏缅人建立的小国。吐火罗人可能在公元前3千纪末从北部迁到那里,并把早期原住民向南驱赶。在这一过程中,汉藏人和印欧人就发生了语言接触。而实际上,原始汉藏语与原始印欧语的联系可能比这更早(公元前5千纪)。

蒲氏的结论是:如果汉藏语和印欧语确实存在发生学关系,那么其共同体形成的时间肯定相当遥远,可能在以历史比较方法构拟出的原始印欧语之前。虽然二者之间真正的同源词相对较少并难以辨识,但语音和形态上所具有的种种内在一致性,除了从共同起源角度可以阐述之外,难以给出其他解释。因此,除了基本根词外,在二者之间有可能找到令人信服的同源现象。

关于上古汉语(汉藏语)与印欧语的语言接触,无疑是存在的;二者是否有可能同源,则尚待更深入的研究。现在也有学者如瑞士苏黎世大学的毕鹗(Wolfgang Behr)博士,继续在做与此有关的探索[1]。

5.3.2　考古学所见先秦时期华夏与印欧人的早期接触

20世纪后半叶以来,新疆发现大量具有高加索人种特征的干尸,引起广泛的关注[2]。除干尸外,中国学者从20世纪70年代末开始,对出自新疆不同古代墓地的人骨进行了观察和测量,得出的结论是新疆地区的古代居民主要是白种人,特别是距今约3800年的古墓沟文化居民具有原始欧洲人种特征,其头骨形态与诺的克(Nordic)即北欧类型有许多相似之处;而目前所知蒙古人种成分较早成组出现的考古遗址在哈密地区,距今3000年左右[3]。根据最近的分子人类学研究,也

---

〔1〕美国伊朗和中亚学家费耐生(R. N. Frye)等认为新疆古代有说布鲁沙斯基语(Burushaski)的族群,但尚无确证。关于布鲁沙斯基语,请参阅:Richard N. Frye, *The History of Ancient Iran*, München: Beck, 1983, 35.

〔2〕王炳华主编:《新疆古尸:古代新疆居民及其文化》,乌鲁木齐:新疆人民出版社2001年。

〔3〕韩康信:《丝绸之路古代种族研究》(增补本),乌鲁木齐:新疆人民出版社2009年。

已在小河墓地的遗骸中测出 R1a1a－M17 的标记[1]，并证明青铜时代早期的塔里木盆地的居民具有西部欧亚大陆成分和东部中亚成分混合的特点。在语言方面，从 19 世纪末开始，中国西北(主要在新疆)曾发现大批印欧语残卷(包括印度—伊朗语族的语言和吐火罗语)。所有这些，都足以证明新疆古代存在说印欧语的印欧人族群。

但是，就目前体质人类学材料来看，白种人在上古时期并没有进入甘肃。不过就考古文物来看，早在先秦时期，印欧人与华夏民族已经有所接触。如 1980 年秋，陕西扶风召陈西周建筑遗址发现两件蚌雕人头像，其中一件人像帽顶横截面上刻有一个"巫"字。因其高鼻深目、窄面薄唇，出土后引起学界极大兴趣。陈全方、刘云辉、杨宽、林梅村、饶宗颐、李零、罗西章、水涛和美国学者梅维恒(Victor H. Mair)等先后都有所论述。梅维恒把"巫"与伊朗语 Maguš 相联系，认为当时西周宫廷中已有来自伊朗语世界的"胡巫"[2]，其文化应与安德罗诺沃(Andronovo)文化有关。除此之外，还有其他出土或传世文物表现白种人形象的。最近台湾学者陈健文指出[3]：根据俄、法等国遗传学家对阿尔泰和南西伯利亚从公元前 2 千纪至公元前 4 世纪库尔干墓人骨的 DNA 检测[4]，从青铜时代至早期铁器时代，与原始印欧人直接相关的欧洲系人群就大量移居到这一地区。上述蚌雕面部有卷云状文面图案，而这种图案在南俄、乌拉尔地区、中亚大夏地区、南西伯利亚地区及中国新疆和北方遗物上都有发现，可能是高加索游牧民的一种传统。先秦时期中国与印欧人的早期接触，不一定全部来自新疆地区，从南西伯利亚和蒙古南下的早期游牧民，也可能是华夏民族最早接触到的白种人。

---

〔1〕Li et al, "Evidence that a West-East admixed population lived in the Tarim Basin as early as the Bronze Age", *BMC Biology*, 2010(8), 15.

〔2〕梅维恒:《古汉语巫(*M^y ag)、古波斯语 maguš 和英语 Magician》，载于夏含夷主编:《远方的时习——〈古代中国〉精选集》，上海:上海古籍出版社 2008 年，55－86 页。

〔3〕陈健文:《从文面图像看内亚高加索种游牧民族与华夏的早期接触》，《故宫学术季刊》2011 年第 29 卷第 2 期，77－114 页。

〔4〕C. Keyser et. al, "Ancient DNA Provides New Insights into the History of South Siberian Kurgan People", *Human Genetics*, 2009, 126, 395－410.

图 5 – 15　古波斯语碑铭

·欧·亚·历·史·文·化·文·库·

5.3.3　切木尔切克文化与原始吐火罗人

前面曾讨论过关于原始印欧语和印欧人起源的"库尔干假设"和"安纳托里亚假设",现在也有学者把这两种假设予以折中,认为欧洲的印欧语言源于安纳托里亚的农民,但到了雅姆那文化则由农耕转为游牧,并引起了早期游牧民族群从乌拉尔以西地区向东方的迁徙和印欧语的向东扩张。20 世纪 60 年代曾发现切木尔切克(维吾尔语为 Shamirshak)古墓群,其准确年代虽不清楚,但出土陶器等与叶尼塞河流域米奴辛斯克盆地和阿尔泰山之间的阿凡纳羡沃(Afanasievo)文化(时代约为公元前 3000 年,延续至公元前 2500 年)有相似之处。根据现有的考古线索,可以认为切木尔切克文化曾经从阿尔泰地区扩散到天山北麓,整个北疆都有切木尔切克文化的分布,在公元前 2 千纪后半期,安德罗诺沃文化深入渗透到乌鲁木齐以西的地区之前,北疆地区占统治地位的文化就是切木尔切克文化及其在各地的变体[1]。有学者设想,说原始吐火罗语的族群东迁后与阿凡纳羡沃文化的居民融合,到达萨彦—阿尔泰地区,然后沿额尔齐斯河、阿尔泰进入准噶尔盆地。切木尔切克墓葬表明这可能是吐火罗人进入新疆的主要通道。俄罗斯考古学家柯瓦列夫(A. A. Kovalev)曾在那里进行考察,并在蒙古和哈萨克斯坦等地发掘过类似墓葬;他于最近发表论文[2],认为与切木尔切克文化最为近似的是法国南部的新石器时代文化,而这并非偶然。吐火罗语属印欧语西支,与日耳曼语、意大利语有共同特征,原始吐火罗人可能经历了长达 6500 千米的迁徙,由欧洲来到蒙古阿尔泰地区。这个问题还需要进行更加深入的研究和探讨。

最后要一提的是,生物化学家克留索夫(A. A. Klyosov)曾指

---

〔1〕郭物:《新疆史前晚期社会的考古学研究》,上海:上海古籍出版社 2012 年,330 - 334 页。

〔2〕Alexey A. Kovalev, "The Great Migration of the Chemurchek People from France to the Altai in the Early 3rd Millennium BCE", *International Journal of Eurasian Studies*(《欧亚学刊》),新 1 辑,北京:商务印书馆 2012 年,1 - 58 页。

出[1],原始印欧人的单倍群 R1a1 在距今 20000 至 3500 年前迁徙,始于南西伯利亚和中国西北地区。约 12000 年前,带有这种标记的人群已经到达南亚次大陆,在 10000～9000 年前到达安纳托里亚和小亚地区,9000～8000 年前到达巴尔干并扩展至全欧洲。这种假设能否成立,须采用考古学、体质人类学、分子生物学、年代学和语言学等多种学科与多种研究手段的整合(intergration),加以证实或证伪。

5.4　补充

新疆交河故城四号台地,曾发现柱状石核,经鉴定具有西方勒瓦娄哇技术的特征。从现今的发现来看,这种技术传播的主要方向是由西向东。新疆北部可能在 4.5 万年前或更早,就已进入旧石器中期阶段;3 万多年前,这种技术已经到达内蒙古和宁夏(水洞沟遗址),然后继续向东,到达山西和黑龙江等地。早在 20 世纪 20 年代,步日耶(Henri Breuil)和德日进(P. Teilhard de Chardin)就首次指出水洞沟在欧亚大陆处于旧石器中期到晚期的转变年代,为东亚地区现代智人出现问题做出了重大贡献。俄罗斯学者在西伯利亚南部和蒙古国经过半个世纪的工作,使我们更清楚地认识到这段历史的重要性。欧亚大陆史前人类的接触,已经有了历史见证,至少要比历史时期的丝绸之路早四五万年之久[2]。对欧亚大陆考古学成果的关注和考察,是 21 世纪中国考古学最紧要的课题之一。因为这一问题极端重要,所以虽已超出印欧人起源的范围,但仍补记于此。

Science 337 卷(2012 年 8 月 24 日)刊载由新西兰、比利时、荷兰、澳大利亚、美国、英国等国学者(署名者有 Remco Bouckaert, Michael

---

〔1〕Anatole A. Klyosov, Igor L. Rozhanskii, "Haplogroup R1a as the Proto Indo-Europeans and the Legendary Aryans as Witnessed by the DNA of Their Current Descendants", *Advance in Anthropology*, 2012, 2(1)1 – 13.

〔2〕邓聪:《西方勒瓦娄哇技术对中国的波及》,《中国文物报》2012 年 5 月 25 日;侯亚梅:《水洞沟:东西方文化交流的风向标? 兼论华北小石器文化和"石器之路"的假说》,《第四纪研究》2005 年第 25 卷第 6 期, 750 – 761 页。

欧·亚·历·史·文·化·文·库

Dunn，Russell D. Gray，Quentin D. Atkinson 等 9 人）发表的论文，题为 *Mapping the Origins and Expansion of the Indo-European Language Family* （957 – 960 页）。该文采用一种进化生物学家使用的计算物种如流感病毒在谱系图中如何相互关联的方法，观察 103 种印欧语（包括约 20 种死语言）的同源词，推断印欧语起源于现属土耳其的安纳托里亚地区，时间为 8000～9500 年前，随农业的推广而扩散。但他们也指出，农业扩散并非印欧语言传播的唯一因素。5 个印欧语族群即凯尔特语、日耳曼语、意大利语、波罗的—斯拉夫语和印度—伊朗语族群的扩散是在 4000～6000 年前，可能与某些考古学证据如库尔干假设有关。

关于进化生物学方法在语言学中的运用，请参阅：Stephen C. Levison，Russell D. Gray，"Tools from evolutionary biology shed new light on the diversification of language"，*Trends in Cognitive Sciences*，2012，16 （3），167 – 173.

6 欧亚大陆的其他语言和文字概况

6.1 引言
——汉藏、阿尔泰和印欧语诸章的补充

上面我们分别谈了汉藏语系、阿尔泰语系、印欧语系的语言及其文献的概况,这里再做一些说明和补充:

一、汉藏语系汉语族中有一种东干语,是苏联东干族所使用的语言。东干人原是我国西北一带的回族,100多年前迁往吉尔吉斯斯坦、哈萨克斯坦、乌兹别克斯坦的一些地区并定居下来。东干语的基础实际上是汉语的陕甘方言,由于与汉语分离的时间并不很长,差别不是太大,所以在一定条件下尚可通话。东干人早先多不识字,只有少数人能用阿拉伯文拼写"小经",以后又用过拉丁字母,1953年后,推广使用以斯拉夫字母拼写其语言的文字,并刊印报刊、课本和各种书籍。东干族原来多为穆斯林,故其语言中有一些来自波斯—阿拉伯语的借词;迁居中亚后,又受到俄语和突厥语的影响,这在他们的语言特别是词汇中有所反映。对东干族的语言、文字、历史、民俗、文化等诸方面的研究已发展成为一门专门的学科,即东干学[1]。近年我国出版了多种东干学专著。吉尔吉斯斯坦国家科学院设有东干学部。俄罗斯、哈萨克斯坦、乌兹别克斯坦、德国、日本、澳大利亚、美国等国都有学者对东干学进行研究。

二、有些学者认为朝鲜语—韩语和日语有亲属关系,但证据似乎不

---

[1]胡振华:《民族文化研究文集》,北京:中央民族大学出版社2006年,109 – 110页。

够充分。朝鲜语虽然在语法结构上与日语有相似之处,但两者的基本词汇有很大不同。在语音方面,虽然日语和朝鲜语都具有固有词汇开头不出现流音和元音和谐律等,和阿尔泰诸语类似,但也有重大区别,如朝鲜语有闭音节和复辅音,没有清音和浊音的区别。因此,朝鲜语与日语同源只是一种假设,并不确定。日语的系属亦至今不明。认为日语属阿尔泰语系的观点从明治时代末期就受到关注,但能证明的只有古代日语与阿尔泰诸语在类型上有相似之处。也有学者认为日语和南岛语在语音和词汇上有类似之处,但是例证并不充分。日本学者大野晋认为,日语与达罗毗荼语如泰米尔语在词汇和语法方面有共同点,但认同者很少。以西田龙雄为代表的一些日本学者,则从语音和词汇方面比较,认为日语属汉藏语系藏缅语族,但这种观点并未被多数学者接受。至于日语和阿伊努(蝦夷)语的关系,虽然两者在词序上相似,但阿伊努语在语法和形态上与日语差别很大,缺乏两者有系统性关联的证明材料。

现在能肯定的是,琉球群岛的语言与日语关系密切,有人将其视为日语的一种方言(琉球方言),也有学者认为琉球语是与日语有亲属关系的另一种语言。

关于高句丽语,美国学者白桂思认为夫余语、高句丽语和日语在远古时期很可能同源,这一观点在国际上已被较多学者接受,但由于高句丽语遗存的材料很少,未能最终认定。

三、亚欧大陆南部的主要语言有属南亚语系的诸语言,包括高棉语、孟语、佤语、姆农(Mnong)诸语、阔伊语(Kuoi, Kui)、谢橙语(Sedǎng)、萨姆列语(Samre)、巴拿语(Bahnar)、卡西语(Khasi)、扣达(Munda)诸语、尼科巴语(Nicobar)、安达曼语(Andaman)、塞芒语(Semang)和塞诺伊语(Senoi)等。越南语经多年研究,现在多数学者肯定其属南亚语系。分布于印度、缅甸、马来西亚、泰国、老挝、柬埔寨、越南和我国云南、广西等地的上述多种南亚语可分为孟高棉、越芒、扣达和尼科巴等4个语族。中国境内属南亚语系的语言有佤语、布朗语、德昂语、克木语、克蔑语、布兴语、莽语、户语、布赓语、俫语、布芒语、京语等共 12 种。按目前学术界一般认识[1]，佤语、布朗语、德昂语、克木语、克蔑语、布兴语、莽语、户语、布芒语属孟高棉语族，京语、傺语、布赓语属越芒语族。

此外，还有苗瑶语、台语族诸语。苗瑶语主要分布在中国、越南、老挝、泰国等国，我国的苗瑶语族语言包括苗、布努、炯奈、巴哼、优诺、畲和勉等。台语族在国外一般称 Kam-Tai Languages，Kam 为侗族自称，Tai 代表壮傺人。该语族语言分布在我国华南和东南亚地区，东起广东西北部，西至印度北部的阿萨姆邦，越南、老挝、泰国、缅甸、马来西亚、柬埔寨都有说这种语言的居民。我国境内说台语的有壮族、布依族、傺族、侗族、仫佬族、水族、毛南族、黎族、仡佬族等 9 个民族，此外还有说临高话、村话、拉珈语、佯僙话、莫话等的群体；境外属台语族的语言有泰语、老挝语、掸语，还有越南北部的岱侬语、黑泰、白泰、土语和印度阿萨姆邦的阿霍姆语。有关这些语言是否与汉藏语系有亲属关系的争论，前文已经述及，这里不再重复。

四、南岛语系覆盖区域非常广泛，从马达加斯加到复活节岛，从台湾到夏威夷和新西兰都有，因其主体不在亚欧大陆，本书基本上不涉及。但根据调查，海南省三亚市回辉、回新村的回族所讲的回辉语，是宋元时期从中南半岛迁入海南岛的语言，与分布在柬埔寨、越南的南岛语系印度尼西亚语族占语支语言有关。占族古代曾在越南中南部及邻近地区建立占婆（Champa）王国[2]。回辉语居民迁入中国后，由于与占语分离时间比较久远，加上受到汉藏语系语言的影响而产生了声调，成为占语支里比较特殊的一种语言。最近出版的《中国的语言》一书"中南岛语"部分认为，中国的南岛语系语言应该包括台湾南岛语（高山族语言和平埔族语言）和海南回辉语。

五、南亚次大陆的语言也相当复杂。如在印度北部和巴基斯坦北

---

[1]颜其香、周植志：《中国孟高棉语族语言与南亚语系》，北京：中央民族大学出版社 1995 年。

[2]马伯乐著、冯承均译：《占婆史》，收录于《东蒙古辽代旧城探考记（外二种）》，北京：中华书局 2004 年。

部以及阿富汗的一些地区,有介乎印度——雅利安语族和伊朗语族的小语言,称为达尔得语(Dardic)。其中克什米尔语有书面文献,约始于13世纪。吉卜赛语接近印度——雅利安语,但因分散在印度、巴基斯坦和欧洲各地,受各地语言影响较大,所以各种吉卜赛语颇有差异。还有系属不明的语言,如前面提及的布鲁沙斯基语。20世纪50年代,罗常培、傅懋勣先生在《国内少数民族语言文字的概况》一文中说到坎巨提语(Kanjut),即此种语言,提及其也分布在我国新疆南部,但目前中国境内并没有,而是分布在克什米尔接近阿富汗和新疆边境的地区。

南亚次大陆的语言除分属印欧、汉藏、南亚等诸语系外,还有达罗毗荼语系。

达罗毗荼语系有20多种语言。泰米尔语是该语系语言中具有最古老文献的,从公元前3世纪起就有记载。其他有铁卢固语、坎纳达语、马拉亚兰语,使用人口都很多,并有较古老的书面文献。使用人数相对较少的语言有贡德语、库鲁克语、库伊语等。这些语言大都集中分布在印度南部和东部,但布拉灰语与众不同,分布在巴基斯坦北部。有的学者认为印度河流域古文明所使用的最古老的文字与达罗毗荼语有关。使用人数更少的语言有马尔托语以及奈基语、彭戈语、曼达语等。一般认为,达罗毗荼语曾在古代印度北部使用,由于印欧人的到来而逐步南迁。由于近代的移民,今天在东南亚、东非、南非和世界各地的城市中都有说达罗毗荼语系主要语言的居民。

印度中部还有一种尼哈里语(Nihali),尼泊尔有一种库逊达语(Kusunda),使用人数较少,都已处于濒危状态。有学者认为它们属于假设中的印度——太平洋语系,但实际上与周边的所有其他语言都不相同。

分布在欧亚大陆的乌拉尔语系诸语,在讲阿尔泰语时已经涉及,这里也不再重复。

六、在欧亚大陆的各种语言中,巴斯克语是极其独特的。说巴斯克语的巴斯克人主要分布在西班牙比利牛斯山脉西段和比斯开湾南岸,法国和拉丁美洲各国也有(拉美的巴斯克人是17世纪前半期和19世纪后半期移民的后裔）。巴斯克人可能是欧洲最古老的族群，其语言系属不明，文字用拉丁字母拼写，通用西班牙语和法语。

伊比里亚半岛古代的语言状况也相当复杂。在今日属葡萄牙和西班牙的土地上，有大量铭刻记录了罗马统治之前的当地居民的语言，显示出该地区至少有 3 种（可能多达 4 种或 5 种）不同族群的语言。其中有一种（Celtiberian）可以肯定属于印欧语，但其余各种特别是分布在西班牙东南部的绝非印欧语，往往被称为伊比里亚语。伊比里亚语铭刻的音值大致已经知晓，但其意义至今不明。有学者企图运用巴斯克语资料释读伊比里亚铭刻，但没有成功。试图在巴斯克语和伊比里亚铭刻之间建立联系的努力，也以失败告终。

埃特鲁斯坎（Etruscan）人是古代意大利西北部伊特鲁里亚地区的古老居民。他们有独特的文化传统，对罗马产生了重要影响。其字母由希腊字母派生而来，成为罗马人创造拉丁字母的基础。埃特鲁斯坎人留下了大量铭文，最古老的可以上推到公元前 6—前 7 世纪。解读字母本身并不困难，但多年来学者们努力钻研这些铭文所代表的语言，却至今未能突破。多数学者认为古代伊特鲁里亚居民所说的语言并不是印欧语。

克里特岛上发现的线形文字 B（公元前 15—前 12 世纪）已在 20 世纪 50 年代得到成功释读，可以确定是希腊语。但时代更早（公元前 18—前 15 世纪）的线形文字 A 和克里特象形文字及其所代表的语言，至今也还是未解之谜。

七、埃兰语（Elam）是古代近东的一种语言，其材料从楔形文字资料中获得，主要分布在苏萨和伊朗西部及西南部地区。年代从公元前 24 世纪至前 4 世纪，可以分为 4 个主要阶段，即古埃兰语、中古埃兰语、新埃兰语和晚期埃兰语（或称阿赫美尼德埃兰语）。现存资料大多是后 3 个时期的，这期间语言变化较大，特别是在句法结构方面，说明该语言有不同方言。这种语言自公元前 4 千纪末开始使用的两种文字，即原始埃兰文和线形埃兰文都尚未释读成功。埃兰语的语音系统与阿卡德语等闪语有显著差异，其语言系属也成为有争议的问题。

·欧·亚·历·史·文·化·文·库·

穆阿尔宾(McAlpin)等语言学家在 20 世纪 70 年代提出埃兰—达罗毗荼假设[1],认为埃兰语是连接印度河流域古文明与中近东的桥梁,所以两者具有亲缘关系。分布在南印度的达罗毗荼语可能是由北方南迁的,特别是前述今天尚存的布拉灰语从东印度迁至俾路支斯坦是晚得多的事件,该语言中并无古代伊朗语的借词,其中的伊朗语借词都来自西伊朗语如库尔德语。现在有的语言学家如斯塔罗斯金(G. Starostin)表示不赞同穆阿尔宾的理论,认为达罗毗荼语与埃兰语之间并不存在如此紧密的联系。

下面我们将分节简介欧亚大陆闪含语系(亚非语系)、古西伯利亚诸语和高加索诸语的概况。

6.2　闪含语系(亚非语系)的语言文字

闪含语系得名于《圣经》传说中挪亚两个儿子的名字,现在多称"亚非语系"。该语系语言在类型上属曲折语。辅音除清辅音和浊辅音外,还有一种重辅音,在口腔后部和喉腔形成。动词有人称前缀,有格和性的区别,词根基本由辅音组成。该语系是西南亚和非洲的一大语系,含 200 多种语言,其分支可以追溯到 8000 至 1 万年前的一种祖语。

闪含语系包含柏柏尔语族、乍得语族、库希特语族、埃及语族、奥摩语族和闪米特语族。分布在亚洲的主要是闪米特语族的东闪米特语支和中闪米特语支。始于公元前 3000 年的古老语言如阿卡德语已经消亡,这些语言曾在中东及周围地区使用。现存大量用楔形文字书写的阿卡德语文献。希伯来语始于公元前 2000 年,其古代形式在犹太教的书面语中得以保存,现今以色列及全世界的犹太人使用其现代口语和书面语。从公元前 1500 年起,亚述语成为近东或埃及与近东之间通用的国际语言。古阿拉美语约从公元前 8 世纪起逐渐取代亚述语。中东

---

[1]D. W. MaAlpin, *Proto-Elamite-Dravidian. The Evidence and Its Implications*, Philadelphia, 1981.

一些社群到现代还在使用阿拉美方言,包括其现代形式叙利亚语。闪语语族中最主要的语言是阿拉伯语,阿拉伯语是阿拉伯半岛诸国和北非诸国的主要语言,也是全世界伊斯兰教的宗教用语。阿拉伯语内分诸多方言,如叙利亚方言、伊拉克方言、埃及方言、也门方言、摩洛哥方言、苏丹方言等,往往不能通话。但古典(书面)阿拉伯语是阿拉伯地区受过教育的人通用的混合语,维持了自身的统一规范,并且依凭这种规范,成为各方言间的共同交际语。

两河流域是西两亚的文化摇篮,这里在古代居住着多种民族。距今 5500 多年前,苏美尔人首创了楔形文字。他们在公元前 4 千纪来到两河流域南部,统治这个地区达 1500 年。苏美尔人所说的苏美尔语是一种黏着语,与闪米特语不同,其系属至今未能确定。至公元前 3 千纪中期,说闪语的阿卡德人联合外来势力打败苏美尔人,苏美尔语逐渐被阿卡德语取代,但楔形文字仍长期继续使用。阿卡德人住在两河流域的中部和南部。巴比伦人住在南部靠东,亚述人住在北部靠东,都说闪语。在两河流域之外,东南有埃兰人,再往东南是古代波斯。往西则是地中海东部古代腓尼基人(Phoenicians)活动地区,由那里可以通往另一个古代文化的摇篮——埃及。两河流域因其经济、文化发达,常遭外族入侵,其中重要的有喀西特人(Kassites)、米坦尼人(Mitanni)、胡里安人(Hurrians)等,他们的语言有的可能属高加索语,有的系属不明。这些原无文字的民族大多来自东方的扎格罗斯山区,进入两河流域后也采用了楔形文字。另有一支来自北方的民族赫梯人,他们说一种古老的印欧语,亦曾一度入主两河流域。

与中国境内发现的古代西域语文关系密切的闪语是阿拉美语。按照传统分类法(主要根据地域),闪语可以分为东支和西支:东支语言包括阿卡德语、巴比伦语、亚述语;西支语言分为西北和西南两支,西北支语言有阿拉美语和迦南语(希伯来语、菲尼基语、莫阿比语),西南支语言则有阿拉伯语和埃塞俄比亚语。此外还有发现于拉斯沙马拉(Ras Shamra)的乌加里特语,其起源尚不很清楚。至于另一种名为埃伯拉(Eblaite)的闪语,是在 20 世纪 70 年代才发现的。

阿拉美语可以分为 5 个阶段,即古代阿拉美语、正规阿拉美语、中世阿拉美语、晚期阿拉美语和现代阿拉美语。众所周知,阿拉美语和阿拉美文是古时中近东的国际通用语和通用文字,就像今天阿拉伯语在中东和英语在西方世界那样。最早的阿拉美语铭刻时代为公元前10—前 7 世纪。阿拉美语言和阿拉美文传播的地区,原是楔形文字的世界,随着阿拉美文字向叙利亚以东的亚洲西部及更远的东方传播,楔形文字逐渐被取代。公元前 331 年波斯帝国瓦解至公元 4 世纪,希腊语和起源于腓尼基字母的希腊文也向东方传播,产生了一定的影响。希腊语在中东的一些地区取代阿拉美语成为官方行政用语,在它的压力之下,阿拉美语及其文字进一步分化。如帕尔米拉(Palmyra)阿拉美语是一种东阿拉美语方言,安息阿拉美语则是帕提亚王国(前 247—224)的官方用语[到了萨珊王朝(224—642)时期,被帕拉维语即中古波斯语取代,但其书写文字多承袭前代]。晚期阿拉美语可以追溯到公元前 200 年,一直延续到公元 13 世纪。如叙利亚语和叙利亚文是聂思脱里基督教派所使用的语文,脱胎于草体阿拉美字母,曾传到库尔德斯坦、土耳其、印度南部、中亚和中国,唐代称聂斯脱里基督教为"景教",公元 781 年立有《大秦景教流行中国碑》,在新疆也发现了用叙利亚文书写的景教文献。叙利亚字母最重要的一种字体就是"福音体(Estrangelo)"。此外还有一种摩尼教使用的摩尼文,这是源出于阿拉美字母的一种草书体,与帕尔米拉字母草书体相似,文献语言主要是伊朗语和早期突厥语。

阿拉美字母在非闪语中也有传播,除上面提及的帕拉维语或中古波斯语外,还有粟特语,这也是一种国际通行语言(属东伊朗语),在我国西北发现了很多这种语言的写本。以后的回鹘文、蒙文、满文等都受到影响,实际上这些文字的字母都渊源于阿拉美文。阿拉美字母还影响到高加索的亚美尼亚字母、格鲁吉亚字母和阿尔班(Alban)字母。阿拉伯字母也属阿拉美文字系统,随着伊斯兰教的扩张而传播,用以书写多种不同的语言和方言,如波斯语、乌尔都语、突厥语、希伯来语、普什图语、斯拉夫语、马来语以及各种非洲语言等,其影响及于亚、欧、非三洲。

古代印度的文字,按《普曜经》的说法,有64种书体(lipi),包括梵书、佉留书等。梵书即婆罗谜文(Brāhmī),佉留书即佉卢文(Kharoṣṭhī)。关于婆罗谜字的起源,有许多不同的说法,但最可能的还是源于闪族的阿拉美文。关于佉卢文的起源,学者们在19世纪就已经认识到出于阿拉美字母。这两种文字及其各种变体在古代印度南北各地传播,形成多种不同文字,而且在古印度境外也产生了重要影响。南向传播到斯里兰卡和马尔代夫,北向传播到中国西藏及其他邻近地区,东向传播到缅甸、泰国、老挝、柬埔寨、越南南方(占城字母)、马来西亚、印度尼西亚、菲律宾和中国云南(傣文)。中国新疆和甘肃敦煌等地也发现了大量印度文字的文书写本以及刻本。印度字母在2000余年的时间里演变成60种以上文字,书写过35种以上的语言和方言。印度佛教文化的影响也广泛深入到中国内地,但总的说来,汉族在历史上没有使用印度字母(元代的八思巴文源于藏文)。不过需要指出的是,中国的音韵学受到印度字母的影响[1],这是无可否认的。

闪含语系中生命力最强、传播和影响范围最大的语言之一是阿拉伯语[2]。通过伊斯兰教扩张运动,阿拉伯语与世界上很多地区的语言发生了广泛的接触和融合,从其他语言中借入了大量的词汇,同时也向其他语言输出了不少词汇,对世界多种语言都产生了影响。伊斯兰教经典《古兰经》是用阿拉伯语写成的,阿拉伯语成为全世界穆斯林的宗教语言。整个中世纪时期,辉煌灿烂的阿拉伯文化曾对世界产生过重大影响。当时的阿拉伯医学、数学、天文学、哲学等都达到很高的水平,各门学科的有关书籍被译成拉丁语在欧洲流传;一些古代希腊、罗马的典籍也因阿文译本而得以保存,并再度传入欧洲。

欧亚大陆的土耳其语、波斯语、库尔德语、阿富汗语、克什米尔语、乌尔都语、印地语、泰米尔语、维吾尔语、库米克语、哈萨克语、乌兹别克

〔1〕饶宗颐:《梵学集》,上海:上海古籍出版社1993年。
〔2〕刘风华:《从词汇输出看阿语对其他语言的影响》,《解放军外国语学院学报》2004年27卷2期,39-41页。

语等中都有大量的阿拉伯语借词,其中借用阿语词汇最多的语言是波斯语和土耳其语,这两种语言的词典里都收录成千上万的阿拉伯语词汇。

阿拉伯语对汉语也产生了影响。汉语中有相当数量的来自阿拉伯语的借词,如"没药"(murr)、"祖母绿"(zumrred)、"蒜"(sum)、"古尔邦"(kurbain)等。此外,汉语里的一些姓氏,如"纳""穆""萨""丁"等,往往源于阿语。不过有一点要值得注意,那就是汉语中的阿语成分,经常是通过波斯语进入的,直接来自阿语的比较少。杭州凤凰寺的庭院中,有一座收藏阿拉伯语和波斯语墓碑碑刻的碑廊。这些石碑是20世纪上半叶从杭州西湖畔的穆斯林旧址迁移至此保存的[1],墓主人中有波斯人、阿拉伯人和突厥人,职业有商人、行省高官及宗教人士。从2008年起,英国伦敦大学亚非学院讲师莫顿与蓝天德(George Lane)博士和杭州文史研究会合作,经过中国、伊朗、英国学者的共同努力,已把阿拉伯语、波斯语墓碑共20通译出,计划出版一部包含碑铭图版,波斯语和阿拉伯语碑文原文、中文和英文译文的专著[2]。

除汉语外,阿拉伯语对我国回族、维吾尔族等少数民族的语言也产生了重要影响。这些语言有的用阿拉伯字母书写文字,如维吾尔语、哈萨克语和乌兹别克语等,还引进了大量的阿拉伯语词汇(其中有的以波斯语为中介)。还有用阿拉伯字母书写汉语的,主要用于信仰伊斯兰教的回族、东乡族与撒拉族中,称为"小儿经""小儿锦",简称"小经""消经",目的是教导儿童学习《古兰经》,拼写的主要是汉语的兰银官话、中原官话与东北官话,这是用拼音字母拼写汉语的诸种方案中历史比较久远的一种,大约始于元代,一直延续到现代。从20世纪80年代中期起,国内外都有学者对国内西北等地区的小儿锦进行考察和研究。

综上所述,可以看出亚洲有3种闪语在历史上曾占有重要地位,即

---

〔1〕郭成美、郭群美:《杭州伊斯兰教阿拉伯文波斯文古墓碑考》,《回族研究》1997年第1期,65－72页。

〔2〕见2012年9月1日《光明日报》。

亚述语、阿拉美语和阿拉伯语。对于亚非语系诸语言的研究,西方国家已有 200 多年的历史,取得了极其丰硕的成果[1]。而在国内,只是从清朝末年起,国人才初步具备了一些这方面的知识,开始对闪族诸语有所了解。改革开放后的 1984 年,教育部在东北师范大学成立世界古典文明史研究所,开设亚述学专业,20 多年来取得了一些可喜的成果。在阿拉伯语、希伯来语等语言的教学和研究方面,中国学者也有所贡献。如马坚(1906—1978)、纳忠(1909—2008)都是著名的阿拉伯语专家。中国开设希伯来语专业的高校有北京大学、北京外国语大学和上海外国语大学。除词典外,近年出版的阿拉伯语研究专著有:刘开古《阿拉伯语发展史》(上海:上海外语教育出版社,1995 年),周烈《阿拉伯语语言学》(北京:外语教学与研究出版社,1995 年)、《阿拉伯语言与文化》(北京:外语教学与研究出版社,1998 年),陈中耀《阿拉伯语语言与修辞》(上海:上海外语教育出版社,2001 年)等。

6.3　古西伯利亚诸语

俄罗斯是横跨欧亚两大洲的国家,亚洲地区的语言情况非常复杂。西伯利亚东北部和俄罗斯远东地区有一些语言,不属于上面谈及的突厥、蒙古、满—通古斯诸族,彼此间也不一定存在亲缘关系。为便利起见,往往把这些语言称为古西伯利亚语言(Paleosiberian languages)或古亚细亚语言(Paleoasian languages)。现存说这些语言的居民约23000 人。

古西伯利亚语大致做如下分类:

(1)楚科奇—堪察加语。其中包括楚科奇语、科里雅克语(Koryak)、阿鲁托尔语(Alutor)、克烈克语(Kerek)和伊铁尔门语(Itelmen)。这些语言分布在西伯利亚东北角楚科奇民族区、科里雅克民族区和堪察加半岛西部。楚科奇语的语法类型属多式综合型,其宾语、定语或状

---

[1]Igor M. Diakonoff, *Afroasian languages*, Moscow: Nauka, 1988.

语等常常包括在动词形式里,前后加上一些词头、词尾和词嵌,构成一种庞杂的形式。

(2)尤卡吉尔语(Yukaghir)。分布在雅库特。有的学者认为该语言与乌拉尔语有亲缘关系。丹麦语言学家裴特生在其名著《十九世纪欧洲语言学史》的末尾[1]已言及乌拉尔语与尤卡吉尔语可能有相似之处。1940 年瑞典著名乌拉尔语学者科林德(B. Collinder)进一步认为两者有亲缘关系[2],以后又主张把尤卡吉尔语与乌拉尔语归并为一个语系[3]。这个问题至今仍在讨论,如俄罗斯学者尼古拉那娃(Irina Nikolaeva)的著作[4]。

(3)尼夫赫语(Nivkh)。或称吉尔雅克语,分布在萨哈林岛沿岸和黑龙江河口。

(4)凯特语(Ket)。在叶尼塞河沿岸,故又称叶尼塞语。有的学者认为叶尼塞语与北美的纳—得内语有关,过去还有人将它与汉藏语、北高加索语和布鲁沙斯基语联系起来,或认为古代的匈奴人说这种语言。

(5)爱斯基摩—阿留申语。有学者也将这些语言归入古西伯利亚语,从而说明亚洲北部与古代美洲之间的语言联系。还有学者把萨哈林南部的阿伊努语也包括在内。此外,有人认为语言分类存在争议的朝鲜语、日语与阿伊努语和一些古西伯利亚语之间存在某种联系,但尚无确证,也未被多数学者接受。

著名语言学家格林堡(J. Greenberg)在 1987 年提出欧亚超级语系的假设,认为印欧语、乌拉尔语、阿尔泰语、楚科奇—堪察加语、爱斯基摩—阿留申语、尤卡吉尔语、尼夫赫语、朝鲜语、日语、阿伊努语彼此之

---

〔1〕裴特生著、钱晋华译:《十九世纪欧洲语言学史》,北京:世界图书出版公司 2010 年,317 页。

〔2〕B. Collinder, *Jukagirisch und Uralisch*, Uppsala:Almqvist & Wiksell, 1940.

〔3〕B. Collinder, *An Introduction to the Uralic Languages*, Berkeley and Los Angeles:University of California Press, 1965.

〔4〕Irina Nikolaeva, *The Problem of Uralo-Yukaghir Genetic Relationship*(*in Russian*), Ph D dissertation, Moscow:Institute of Linguistics, 1988.

间都有比较密切的亲缘关系,组成了一个大的语言集团,如图 6 - 1 所示:

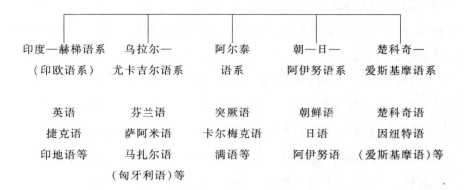

印度—赫梯语系	乌拉尔—	阿尔泰	朝—日—	楚科奇—
(印欧语系)	尤卡吉尔语系	语系	阿伊努语系	爱斯基摩语系

英语	芬兰语	突厥语	朝鲜语	楚科奇语
捷克语	萨阿米语	卡尔梅克语	日语	因纽特语
印地语等	马扎尔语	满语等	阿伊努语	(爱斯基摩语)等
	(匈牙利语)等			

图 6 - 1　欧亚超级语系(Eurasiatic)

乔治(S. Georg)和伏文(A. Vovin)等学者认为:格林堡试图把印欧语系、阿尔泰语系和旧大陆的其他语系置于有发生学关系的更大的欧亚超级语系之下,这样的努力并不成功[1]。他著作中的单一的比较资料是有用的,如果化整为零,研究这个整体之下的子集,那么对各语系之间"深层次"发生学关系的研究是值得认真去做的,并且可能会产生令人兴奋的结果;但是,必须制定严格的规则,假说必须集中于一些经过仔细考察的比较词项,而不能仅仅依靠一长串表面相似的东西。由此看来,格林堡的理论无论是在方法论还是在资料的处理方面,都有明显的欠缺。

尽管有反对意见,但由于格林堡在非洲语言分类方面的工作十分成功,仍有学者对他的假设予以关注并加以支持,其中有儒伦(M. Ruhlen)、伯恩哈德(A. Bomhard)和荷兰著名语言学家孔甫烈(Frederik Kortlandt)。

最近美国语言学家瓦吉达(Edward Vajda)提出中西伯利亚的叶尼

---

〔1〕李艳:《超级语系:历史比较语言学的新理论》,北京:中国社会科学出版社 2012 年,328 页。

塞语与北美纳—得内语具有深层联系的论点[1]。瓦吉达是一位历史语言学家,任教于美国西华盛顿大学。20 世纪 90 年代苏联解体后,他曾赴托木斯克等地考察,并对凯特语进行田野调查,得出凯特语与北美纳—得内语有共同的祖先这一结论。他的观点得到语言学界的关注,赞同和反对的意见都有。

应该指出的是,说古亚细亚语的族群在远东上古史上起过重要作用,如我国黄河流域以北在公元前 1 千纪中期即距今约 3000 年前,古亚细亚语可能逐渐被原始阿尔泰语所取代,史禄国(S. M. Shirokogoroff)对此做过推测。凌纯声在 20 世纪 30 年代即已指出:"我们可以说,周民族以东,自中国沿海岸,经朝鲜半岛直达亚洲极东北一带所居的许多民族,非但很有关系,也许是同一民族,这个民族,既非东胡,亦非通古斯,他们是属于古亚洲族。"[2]说古西伯利亚语的诸族群并非"同一民族",但我们应该重视对他们的语言、文化和历史的研究,则是毫无问题的。

对中国学者来说,古亚细亚语中最值得关注的是叶尼塞诸语,其中的阿林语(Arin)、阿散语(Asan)、普姆坡科尔语(Pumpokol)等可能已经消亡,凯特语则处于濒危状态。17—18 世纪的旅行家和探索者对这些语言留有记述,19 世纪开始引起语言学家的关注。芬兰学者卡斯特伦在 1858 年首次描述了凯特语的语法,继续其工作的是唐纳尔(K. Donner)。俄裔学者杜里松(A. P. Dul'zon)则为此做出了毕生努力,取得重大成就;他培养的学生维尔纳尔(G. K. Verner, H. K. Werner)和一批苏联—俄罗斯学者也有重要贡献。其他国家的研究者有博达(K. Bouda)、泰烈乌(G. O. Tailleur)、科默里(B. Comrie)、安德逊(G. D. S. Anderson)等。

---

〔1〕E. Vajda, "A Siberian link with the Na-Dene", *Anthropological Papers of the University of Alaska*, 2010, Volume 5, New Series,31 – 99.

〔2〕凌纯声:《松花江下游的赫哲族》,上海:上海文艺出版社 1990 年影印原刊本,41 页。

6.4　高加索诸语

高加索的语言状况非常复杂。其中有属于印欧语系的语言,包括亚美尼亚语、希腊语、库尔德语、奥赛梯语(是一种东伊朗语[1])、塔列什语(Talysh,也是一种伊朗语)、俄语,还有阿尔泰系的语言,包括阿塞拜疆语、卡拉切—巴尔卡尔语、卡拉切语、库米克语、诺盖语、土库曼语、卡尔梅克语等,但占主要地位的还是高加索语系诸语言。

图 6-2　奥塞特语研究大家瓦西里·阿巴耶夫(1900—2001)

一般认为,北高加索语系可以分为西北高加索语族和东高加索语族。属西北高加索语族的有阿布哈兹—阿巴扎语群(阿布哈兹语、阿巴扎语)、切尔克斯语群(阿迪盖语、卡巴尔达语)、尤比克语。属东高加索语族的语言有:

阿瓦尔—安迪克语群

安迪克语(阿赫瓦赫语、安迪语、博特利赫语、查马拉尔语、戈多贝蒂语、卡拉塔语、巴格瓦拉尔语、廷迪语)

古阿瓦尔语

阿瓦尔语

---

〔1〕说奥赛梯语的奥赛特人是古代阿兰人的后裔,与古代的斯基泰、马萨盖特、萨尔马特、塞种等部族有关。奥赛特语与塔吉克斯坦的雅格诺布(Yaghnobi)一样,可以上溯到古代伊朗语的东北语支。最著名的奥赛特语研究者是阿巴耶夫(Y. I. Abaev, 1900—2001)。

·欧·亚·历·史·文·化·文·库·

达尔格瓦语、达尔金语

肯那卢格语（Khinalugh）

拉克语

列兹金语

  原古列兹金语

  核心列兹金语

    东列兹金语（阿古尔语、莱兹金语、塔巴萨兰语）

    南列兹金语（布杜赫语、克卢茨语）

    西列兹金语（卢塔语、察呼尔语）

    阿格万语

    乌第语

纳克语

  巴茨语

  车臣—印古什语（车臣语、印古什语）

策兹语

  东策兹语（洪泽布语、贝织塔语）

  西策兹语（迪多语、辛努赫语、赫瓦尔什语）

南方高加索语系，又称卡尔特维里语系，下分斯万语和卡特—赞语族。卡特—赞语族分赞语（其中有拉兹语、明格列尔语）和格鲁吉亚语。格鲁吉亚语有多种方言：古格鲁吉亚语、格鲁吉亚语、犹太—格鲁吉亚语。

北高加索语言具有辅音众多的特点，往往呈现出作格（ergativity）特征。自19世纪以来，不少语言学家将高加索语与古代安纳托里亚和北美索不达米亚的语言做比较，如胡里安—乌拉尔图语（Hurro-Urartian language），既非闪语，也非印欧语，而可归入东北高加索语。建立米旦尼王国（前1450—前1270）的族群是说胡里安语的胡里安人，留下材料很少的喀西特语也可能与胡里安语有关。也有学者认为，古代中安纳托里亚的哈梯语属西北高加索语。南高加索语与北高加索语的关系不清楚，但也有学者主张把南北高加索语合在一起组成一个语系，称为

"伊伯罗—高加索语系（Ibero-Caucasian）"[1]。"伊伯罗"来自"伊比利（Iberia）"，指公元前4世纪至公元5世纪建立在格鲁吉亚东部的一个王国，与伊比里亚半岛无关。

有关高加索诸语言的研究，自19世纪中叶以来，谢富耐（A. Schiefner）、冯·艾克（R. von Erckert）、罗巴丁斯基（L. Lopatinsky）、第尔（Adolf Dirr）和不少苏联、俄罗斯、格鲁吉亚、亚美尼亚学者如马尔（N. Ja. Marr）、契科巴娃（Arnold Čikobava）、加姆克列利泽、贾瓦什维里（Ivane Javaxišvili）、克里莫夫（G. A. Klimov）、尼古拉耶夫（S. L. Nikolayev）、斯塔罗斯金等都做出了贡献，近年欧洲各国和一些美国、加拿大学者也有较显著的成绩。

一般认为：汉语与东亚南部的语言之间有亲属关系，而与北方、西方的北亚、中亚和更遥远地区间虽然可能有接触关系，但没有发生学的联系。但自20世纪80年代开始，俄罗斯语言学家谢尔盖·斯塔罗斯金（Sergei Starostin，1953—2005）提出汉语与高加索语言之间有亲缘关系，改变了这种状况。

斯塔罗斯金是一位卓越的语言学家。他的研究范围非常广泛，包括印欧语系、阿尔泰语（包括日语）、北高加索语、叶尼塞语和汉藏语等。他的主要著作有《作为东高加索语的胡里安—乌拉尔图语》（与贾可诺夫合著，1986）、《古代汉语音系的构拟》[2]（1989）、《阿尔泰语问题与日语的起源》（1991）、《北高加索语词源词典》（与尼古拉耶夫合著，1994）、《阿尔泰语语源词典》（与岱波等合著，2003）、《比较语言学》（与斯微特拉娜·布尔拉克合著，2005）等。除了担任莫斯科国立人文大学教授外，他也是诺贝尔奖得主革尔－曼创立的圣塔菲学院的访问教授，并且开发了测定语言可能的语音对应关系的电脑软件，即STARLING程序。他去世后，研究工作由其子G. Starostin继承——这

---

[1]Kevin Tuite, "The Rise and Fall and Rivival of the Ibero-Caucasian Hypothesis", *Historiographia Linguistica*, 2008, 35, 1 - 2, 23 - 82.

[2]此书已有中文译本（林海鹰、王冲译，郑张尚芳、冯蒸审校），上海教育出版社2010年版。以后又出版了另一译本：张兴亚译，唐作藩审定，北京大学出版社2012年版。

也是一位活跃的语言学家。

斯塔罗斯金提出的汉—高加索语系,包括北高加索语、叶尼塞语、布鲁沙斯基语和汉藏语。他认为[1]:要证明两种或更多的语言或语系是相关的,必须找到把这些语言联系起来的一整套有规律的语音对应规则;所比较的语音或语系应当共享相当一部分基本词汇,这些词汇应该依照以上所要求的一整套对应规则进行匹配。

斯塔罗斯金和他的同事采用雅洪托夫(S. E. Yakhontov)提出的35 个具有最稳定的意义的词项来验证比较结果,在 1982 年提出一个假说,主张把汉藏语系、高加索语和叶尼塞语联合成一个"汉藏—高加索"超级语系。其后,追随萨丕尔(E. Sapir)观点的尼古拉耶夫把北美的纳—得内语群纳入汉藏—高加索语系中(1991),因此,这一超级语系被称为"纳得内—高加索语系"。一些其他语言,如苏美尔语、巴斯克语、布鲁沙斯基语等,也被纳入这一超级语系之中,如:

得内—高加索语系(前 8700)

　　纳—得内语系

　　汉—瓦斯科尼亚语(Vasconic,巴斯克语)系

　　　瓦斯科尼亚语系

　　汉—高加索语系(前 6200)

　　　布鲁沙斯基语

　　高加索—汉—叶尼塞语系(前 5900)

　　　北高加索语系

　　　汉—叶尼塞语系(前 5100)

　　　　叶尼塞语系

　　　　汉藏语系

本特森(John D. Bengtson)的意见大致相似[2]。他把高加索语和布鲁沙斯基语合称为大高加索语系(Marco-Caucasian family)。他也注

---

〔1〕王士元编、李葆嘉主译:《汉语的祖先》,北京:中华书局 2005 年, 372 – 374 页。

〔2〕J. D. Bengtson, "Wider genetic affiliations of the Chinese language", *Journal of Chinese Linguistics*, 1999, 27(1), 1 – 12.

意到苏美尔语与高加索语系语言分享相同的同语线。他设想的超级语系如下：

得内—高加索语系

大高加索语系

瓦斯科尼亚语（巴斯克语）系

北高加索语系

布鲁沙斯基语

苏美尔语

汉藏语系

叶尼塞语系

纳—得内语系

但以上设想受到一些语言学家的批评和指责，还不能视为历史语言学界的主流观点。

自苏联学者伊里奇－斯维的奇（V. M. Illic-Svityc,1934—1966）及其同事提出欧亚大陆语言同属诺斯特拉（Nostratic）大语系以来，近半个世纪有关"超级语系"的探索和研究日益发展。最初认为这个语系包含闪含语、卡尔特维里语、印欧语、乌拉尔语、达罗毗荼语、阿尔泰语，以后比较范围不断扩大，对我国学者也逐渐产生影响，如周及徐、高晶一等的著作[1]。

最后我们简要介绍一下所谓"Borean 假设"，以说明最近在这方面的研究趋向：

Borean 一词来自希腊语，意为"北方"，指旧石器时代冰期末，欧亚大陆及其邻近地区所使用的具有亲缘关系的语言组成一个超级语系，这个大语系囊括了北半球的主要语言，但没有把南半球的语言都包括在内。目前有弗莱明（Harold C. Fleming）和斯塔罗斯金提出的两个假设，但未被各国学术界广泛接受和认同。

---

〔1〕周及徐：《汉语印欧语词汇比较》，成都：四川民族出版社2002年；高晶一：《汉语与北欧语言——汉语和乌拉尔语言及印欧语言同源探索》，北京：中国社会科学出版社2008年。

弗莱明的假设是在 1987 年提出,1991 年在其论文中详加阐述的[1]。他受格林堡、斯瓦迪士(Swadesh)等学者的启发,认为假设中 Borean 大语系包括以下语言:(1)高加索的卡尔特维里语;(2)大印度的达罗毗荼语;(3)苏美尔语、埃兰语与其他古代近东已经消亡的语言;(4)格林堡主张的欧亚超级语系,始于最西边的埃特鲁里亚语,终于最东的阿留申—爱斯基摩语,包括印欧语和所有西伯利亚语言,但叶尼塞语除外;(5)本特森主张的大高加索语系(包括伊比利亚半岛的巴斯克语、高加索地区的高加索语、巴基斯坦的布鲁沙斯基语);(6)西伯利亚的叶尼塞语[凯特语、柯特语(Kot)];(7)东亚的汉藏语;(8)北美西部的纳—得内语(海达语、埃亚克语、特灵吉特语、阿塔帕斯坎语);(9)格林堡提出的美印语(Amerind)。这个大语系于 50000～45000 年前存在于黎凡特、欧洲和西欧亚地区。弗莱明是一位历史语言学家和人类学家,专长是对非洲之角语言的研究,曾在东北非主要是埃塞俄比亚做过田野调查工作。他未把亚非语系(闪含语系)放在假设的超级语系中,但认为两者存在密切的联系。

斯塔罗斯金的假设是在 2002～2005 年间形成的。他把 Borean 超级语系分为两组,即诺斯特拉语和得内—台语。诺斯特拉大语系包含亚非语系、欧亚语系(印欧语、乌拉尔语、大阿尔泰语即突厥语、蒙古语、通古斯语、朝鲜语、日语)、古西伯利亚语(尼夫赫语、爱斯基摩—阿留申语、尤卡吉尔语、楚科奇—堪察加语)、卡尔特维里语和达罗毗荼语。得内—台大语系则包括得内—高加索(得内—叶尼塞,瓦吉达在 2008 年提出)和南方(Austric)两大语组。前者有纳—得内语、巴斯克语、汉—高加索语(汉藏语、北高加索语、叶尼塞语、布鲁沙斯基语)。后者有南亚语、苗瑶语和南—台(Austro-Tai)语(包括南岛语和台—卡岱语)。斯塔罗斯金把这一假设的年代定在 16000 年之前,包括了欧亚大陆的大多数语言、北非和东非的亚非语系语言、爱斯基摩语和北美的

〔1〕H. C. Fleming, "A New taxonomic hypothesis: Borean or Boralean", *Mother Tongue* 14 (*Newsletter of ASLIP*), 1991, 16.

纳—得内语。

斯塔罗斯金于 2005 年突然去世后,革尔－曼、佩若斯(Ilia Peiros)和斯氏之子 G. Starostin 继续了他的研究工作。他们认为:把已经研究相对充分的汉—高加索语系和欧亚大语系等归入其中是恰当的,但对于像亚非语系和南方大语系的归属,则尚待更加严格的论证。现在对语言深层关系的探讨,有的还处于"思辨"阶段,需要更多有说服力的语料予以证明。对于像 Borean 超级语系这样深远的语言联系,还必须进行更多切实的探讨,并且要考虑这些语言与非洲诸语言、新几内亚诸语言、印度—太平洋诸语言之间的可能联系。在方法上,要注意把历史语言学和生物遗传学、古人类学、考古学和人类语言起源及其演化的研究紧密结合起来。

7 古代西域的语言和文字

　　语言以及文字是人类用来表情达意的符号系统,也是传递信息的主要载体,不同文化之间的相互交流和影响必然要在语言文字上体现出来。所谓"丝绸之路",其实并不仅仅是一条连接东西方的通道,也是在近代之前"世界体系(World-System)"得以形成的关键。新疆(狭义的西域地区)作为"丝路"的枢纽,各种不同的族群和不同的文化在这里相遇和交流,而百余年来出土的用各种不同的语言和文字书写的文献正好记录了古代东西方的对话和丝路沿线的灿烂文明。

　　其实,中国从远古以来就是多民族杂居共处的国家,上古时代的中原人已经与周围的民族频繁往来。而中华民族,本是多民族融合的人们的共同体。因此,先秦时代的"上古汉语"里已经包含了不同民族语言的成分。试举数例如下:

　　蜜　《韩非子》和汉代王充的《论衡》里已有"蜜"字,这是一个源于印欧语的汉语外来词,可与吐火罗语 B(龟兹语)mit 相比较,多年前就有语言学家和汉学家对此进行论证。据近年来的研究[1],这个词可以追溯到原始印欧语的 *médhu,比较梵语 mādhu(甜蜜的,蜜,蜜酒)、希腊语 méthu(葡萄酒,果酒)、古教堂斯拉夫语 medǔ(蜜)、古英语 meodu(蜜酒)。

　　郭落　中国古代称金属带钩为"师比",史传里也写作"犀比""犀毗""私紕""胥紕""鲜卑",其原形当为 *serbi;带则称为"郭落",其原形当为 *Kwaklak(或 *k'waklak),两者都应来自印欧语。从"郭落"的

---

　　〔1〕Alexander Lubotsky, "Tocharian loan words in Old Chinese: chariots, chariot gear, and town building", In: Victor H. Mair (ed.), *The Bronze Age and Early Iron Age Peoples of Eastern Central Asia*, Washington D. C.: Institute for the Study of Man, 1998, 379 – 390.

源语看,应该与某种"centum"即西支印欧语相关联[1]。

巫　古代从事祈祷、卜筮、星占,并兼用药物为人求福、却灾、治病的人。1976 年在甘肃灵台百草坡一座西周墓出土的文物中,有一青铜戟上的人头像具有明显的白种人特征;1980 年陕西扶风西周宫殿遗址出土的蚌雕人头像具有高鼻、狭面、深目的特征,其中一个头顶上还刻有"巫"字。这个字在甲骨文中亦已见到。据梅维恒(Victor H. Mair)研究[2],古汉语的"巫"源于古代伊朗语的 Maguš。这一假设有考古学和语言学方面的比较充分的证据。

这些例证,从一个方面说明了东西方之间的接触和交流,从物质生产、生活,到精神领域的礼俗习尚,历万千百年之盛衰兴替,经亿万众之切磋揣摩,成就了由东到西以丝绸之路为象征的古代世界文化历史的辉煌。而其中至关重要的地区就是西域—新疆。

7.1　古代西域语言史

20 多年的基因研究重新检测了远古时代的人群移动,其结论之一就是表明非洲是我们当代人的祖居地。与上述现代人"走出非洲"模式相对立的"多地区假说"(其代表人物是中国的吴新智、美国的 Milford Wolpoff 和澳大利亚的 Alan Thorne 等学者)则认为从非洲离开的直立人,在旧大陆的不同地区分别单独进化,并在本土连续演化成现代人类,但期间发生过少量外来人群与基因的融合和交流[3]。笔者赞同

〔1〕白鸟库吉著、方壮猷译:《东胡民族考》,上海:商务印书馆 1934 年,19 - 26 页;Otto Maenchen-Helfen, "Are Chinese hsi-p'i and kuo-lo IE Loan Words?" *Language*, 1944, vol. 20, 256 - 260;罗常培:《从借字看文化的接触》,载于《罗常培语言学论文集》,北京:商务印书馆 2004 年,224 - 226 页。也有学者认为中原地区有带钩早于北方游牧地区。孙机:《中国古代的革带》,载于《中国古舆服论丛》,北京:文物出版社 1993 年,204 - 227 页。参阅:王仁湘:《孔孟与带钩三题》,《中国文物报》2011 年 2 月 18 日第 6 版。

〔2〕Victor H. Mair, "Old Sinitic *Mʸag, Old Persian Maguš, and English 'Magician'", *Early China*, 1990, 15, 27 - 48. 中译文见:瞿旭彤译:《古汉语巫、古波斯语 Maguš 和英语 Magician》,夏含夷(Edward I. Shaughnessy)主编:《远方的时习——〈古代中国〉精选集》,上海:上海古籍出版社 2008 年,55 - 86 页。

〔3〕高星、王春雷:《中国人祖先起源研究新进展》,《中国文物报》2010 年 10 月 15 日第 7 版。

"非洲起源说",但认为现代人类走向世界的过程可能较原来的设想更为复杂。至于人类语言的起源和演化,也是近年来跨学科研究的热点[1]。最近的研究证明,世界上所有的语言都可能起源于非洲[2],可以追溯到大约 10 万年之前。

西域—新疆地区何时留下现代人的足迹,考古发掘尚不能给出明确的答案。石器时代的西域居民说何种语言,我们现在也不清楚。有的学者认为新疆地区在史前时期存在说布鲁沙斯基语的族群,虽然这种可能性不能排除,但也仅仅是一种猜测。

到了青铜时代,我们对西域—新疆的语言状况就不再局限于猜测了。根据近百年以来出土的用各种不同语言书写的文献资料,结合考古学、体质人类学和分子生物学研究的成果,我们可以得出一些初步的结论。

体质人类学家韩康信从 20 世纪 70 年代开始,陆续对我国新疆境内多个地点收集的总共数百具古代人类头骨分别做了生物测量学的研究[3],这项工作的主要意义是从骨骼形态和测量的研究上充分证明了在秦、汉王朝之前,新疆居住的主要居民是来自不同方向的高加索人种成分,他们群居的地理界限到达了新疆东部的哈密地区。这一结论与新疆各地发现的大量保存完好、具有高加索人种特征的古代人类遗体(干尸)相符,并且已经为相关的 DNA 研究所证实[4]。

在考古学上,一般把安德罗诺沃文化与印度—伊朗人联系起来,新疆地区也发现了具有安德罗诺沃特征的文化遗存,但它并不是首先在亚洲草原实行畜牧饲养的文化。在安德罗诺沃族群扩散之前,叶尼塞

[1] 王强、龚涛:《评〈语言的演化〉和中国语言演化研究新进展》,*Journal of Chinese Linguistics*,2011,39(1),266 – 276.

[2] Quentin D. Atkinson, "Phonemic Diversity Supports a Serial Founder Effect Model of Language Expansion from Africa", *Science*, 2011, 332, 346 – 349.

[3] 韩康信:《丝绸之路古代种族研究》(增补本),乌鲁木齐:新疆人民出版社 2009 年;《新疆鄯善洋海墓地头骨研究报告》,北京:文物出版社(待刊)。

[4] 崔银秋等:《新疆古代居民的遗传结构分析》,《高等学校化学学报》2002 年 23 期,2278 – 2280 页;Chunxiang Li, et al. , "Evidence that a West-East Admixed Population Lived in the Tarim Basin as Early as the Bronze Age", *BioMed Central* 8, 15. www.biomedcentral.com/1741 – 7007/8/15.

河流域的米奴辛斯克盆地和阿尔泰山之间的东方草原还有阿凡纳羡沃（Afanasievo）文化。这一文化的起始年代约为公元前3000年，延续至公元前2500年，与它最接近的文化联系存在于其西边1500千米的欧洲草原。根据考古学家 Alexei Kovalev 和 Diimaajav Erdenebaatar 的发掘，蒙古西北部的 Khurgak-Govi 遗址也发现了阿凡纳羡沃墓葬，其年代约为公元前3000—前2500年。特别重要的是其中一处墓葬还出土了带轮车辆，而此前的证据只有墓地中发现的镌刻在石头上的车辆图形。在准噶尔盆地以北，有切木尔切克文化古墓群。这种文化的准确年代虽然尚不清楚，但其陶器与阿凡纳羡沃文化的相似。与此类似的陶器亦见于西坎尔村遗址，那里离乌鲁木齐和后来的吐火罗人区域都不远。已知最早的有高加索人种居民的考古遗存是小河墓地和古墓沟墓地，由于环境差异，其物质文化尚难与阿凡纳羡沃做系统比较，但小河墓地的木雕人像与切木尔切克、阿凡纳羡沃以及欧洲草原文化的立石可能有联系。小河墓地与古墓沟的居民应来自西方和北方，他们与后来说吐火罗语的吐火罗人可能有某种渊源关系[1]。

19世纪末至20世纪初，德、法、英、俄、日等国考古队在新疆发现了一种用北印度婆罗谜字母书写的前所未知的语言的大量写本，俄国学者奥登堡（S. F. Oldenburg）于1892年首次发表该语言写本的残页。这种语言在1907年被定名为吐火罗语。1908年梵语学家西格（Emil Sieg）和西格林（Wilhelm Siegling）确定吐火罗语属印欧语西支，分为A、B两种。吐火罗语A文书的年代约为公元700年至1000年；吐火罗语B文书年代最早的在公元400年以前，最晚的在1178年和1255年之间[2]。构成印欧语比较语言学的三大支柱是希腊语、印度—伊朗语和安纳托里亚语，但吐火罗语资料对此也极其重要。

吐火罗语A文献主要发现在焉耆的硕尔楚克寺院遗址，内容多与

---

〔1〕林梅村：《吐火罗人的起源与迁徙》，《丝绸之路考古十五讲》，北京：北京大学出版社2006年，12－34页；陈致勇：《再论丝绸之路古代种族的起源与迁徙》，《现代人类学通讯》2007年第1卷，92－105页。

〔2〕D. Adams, "Some Implications of the Carbon-14 Dating of Tocharian Manuscripts", *Journal of Indo-European Studies*, 2006, 34, 381－389.

佛教有关,除极少数例外,几乎未见世俗文字。吐火罗语 B 写本发现于塔克拉玛干沙漠北缘从龟兹(库车)到吐鲁番地区的遗址中,既有世俗文书,也有宗教和文学作品。吐火罗语 A 有些像佛教的圣典用语,而吐火罗语 B 则是在整个吐火罗语地区使用的活的语言。两者关系极为复杂,至今未彻底解决。至于聚讼百年的吐火罗语的命名问题,涉及种种史地和语言难题,千头万绪,亦尚待理清。应该注意的是,吐火罗语与巴克特里亚语(大夏语)是两个概念,后者属东伊朗语,绝对不应混淆。英国学者布罗(T. Burrow)曾指出楼兰、尼雅所出佉卢文文书有吐火罗语成分,或据此将其称之为吐火罗语 C。此说成立与否,亦须继续探讨。

总之,新疆所出古尸与人骨材料的鉴别研究,加上各地(包括吐鲁番地区)的考古发掘证明青铜至早期铁器时代居民与周边地区存在广泛文化联系[1],使我们可以设想说吐火罗语的吐火罗人祖先早在公元前 2000 年之前已经进入新疆。吐火罗语专家皮诺指出[2],原始吐火罗人与中亚其他民族(如 BMAC 考古学共同体的居民)亦有接触,并在吐火罗语词汇中留下了痕迹。

继吐火罗人之后,说印度—伊朗语的族群也进入新疆。属安德罗诺沃文化的青铜器物和墓葬遗存,在新疆伊犁、塔城等地区都有发现。到了开始于公元前 1 千纪初期的斯基泰—塞人时期,与骑马民族有关的生活方式,曾经影响了塔里木盆地东南边缘地区。至公元前后几个世纪,一些说东伊朗语的塞人部族在和田绿洲定居下来,建立了于阗王国,并留下了时代约为公元 4—10 世纪的于阗语文献[3]。除了和田一带,喀什河下游托库孜沙来古城和图木舒克佛教遗址发现了较古老的

〔1〕李肖:《吐鲁番盆地青铜时代至初铁器时代与周边地区的文化交流》,载于吐鲁番学研究院编:《吐鲁番研究——第三届吐鲁番学暨欧亚游牧民族的起源与迁徙国际学术研讨会论文集》,上海:上海古籍出版社 2010 年,3 – 20 页。

〔2〕Georges-Jean Pinault, "Further links between the Indo-Iranian substratum and the BMAC language", In: B. Tikkanen and H. Hettrich (eds.), *Themes and Tasks in Old and Middle Indo-Aryan Linguistics*, Delhi: Motilal Banarsidass, 2006, 167 – 196.

〔3〕张广达、荣新江:《上古于阗的塞种居民》,原载《西北民族研究》1989 年第 1 期,收入《于阗史丛考》(增订本),北京:中国人民大学出版社 2008 年,149 – 165 页。

于阗语文献,这种语言依其出土地点被称之为"据史德语"[1]。古代疏勒(喀什噶尔)地区也可能使用这种语言。

被称为"犍陀罗语(Gāndhārī)"的一种俗语(属中世印度—雅利安语)约在公元2世纪向帕米尔以东传播,一度用于塔里木盆地的疏勒、于阗、龟兹和楼兰等地,至公元4—5世纪时,这种用佉卢文书写的俗语成为鄯善国的官方用语。1892年,法国的J. L. Dutreuil de Rhins在和田获得一部佉卢文《法句经》桦树皮残卷。此后,佉卢文写本及残片在和田、尼雅、安迪尔、楼兰及巴楚、库车、吐鲁番等地古代遗址都有发现[2]。

自汉代张骞通西域以来,汉语在东西交往中就起着重要的媒介作用,也是新疆历代使用的主要语言之一,现存大量汉文文书、经卷、碑铭等均为物证(还有为数不少的汉语与其他语文的合璧文书),因尽人皆知,不再赘述。说汉藏语系语言的古代羌人在西域存在亦很早见诸汉文史籍。公元7—8世纪时,吐蕃曾一度统治西域,故有大批藏语文献存世。除纸本外,塔里木盆地南部如今若羌县与和田地区还有数量颇多的吐蕃简牍出土。可见藏语亦曾通行于西域—新疆地区。

公元前2—前1世纪之交,匈奴势力控制了塔里木盆地。匈奴人说什么语言,学术界还有争论,但大多数学者倾向于他们说突厥语或蒙古语,似乎突厥语的可能性更大一些。古代新疆地区的"引弓之民"还有乌孙,从汉文史料记载来看,他们可能是说某种印欧语的族群。

说突厥语的族群也相当早进入西域—新疆地区。回鹘人原来游牧于漠北色楞格河和鄂尔浑河流域一带。公元744年回鹘取代突厥,在蒙古高原建立了回鹘汗国。9世纪中期,回鹘汗国爆发内乱,在黠戛斯人的攻击下,汗国灭亡。回鹘人分三支西迁,其中一支到了新疆别失八里(遗址在今吉木萨尔境内)一带,后又越过天山占有吐鲁番盆地,并

〔1〕荣新江、段晴:《据史德语考》,《中亚学刊》第5辑,乌鲁木齐:新疆人民出版社2000年,9–21页。

〔2〕Lin Meicun(林梅村), "Kharoṣṭhī Bibliography: The Collections from China(1897—1993)", Central Asiatic Journal, 1996, 40(2), 188–220;《佉卢文材料中国藏品调查记》,《西域研究》2011年2期,115–129页。

扩展到焉耆、龟兹地区,建立了高昌回鹘王国。回鹘居民逐渐从游牧转入定居的农耕生活,在文化方面也取得了很大进步。在高昌回鹘王国时期(约 850—1250),回鹘文逐渐取代了漠北时期使用的古突厥文,留下了数量很多的书面文献。回鹘语文成为当时新疆和中亚地区广泛通行的语文之一[1]。9 世纪末 10 世纪初,伊斯兰教传入新疆。11 世纪,在信仰伊斯兰教的喀喇汗上层贵族及宗教人士中,阿拉伯语文曾风行一时,但在民间使用存在障碍,于是有人采用阿拉伯字母拼写当时的古维吾尔语(回鹘语),这就是以阿拉伯字母为基础的维吾尔语文。维吾尔语与汉语也是当今新疆使用的主要语言。

除以上这些语言之外,还有一些语言虽非当地居民所使用,但在塔里木盆地、敦煌等地区都有发现。属印度—雅利安语的有"佛教混合梵语(Buddhist Hybrid Sanskrit)",用这些语言书写的文献在新疆出土甚多,主要是佛教经典,多用于寺院,德国学者在这方面的研究成绩最为突出。另外,古代塔里木盆地各绿洲有不少以经商为主的粟特人,故留下了属东伊朗语的粟特语文献,其中包括佛教、摩尼教和景教内容的文书。伊朗语文献除粟特语外,也有以其他中古伊朗语书写的。在高昌古城就出土了不少中古波斯语(钵罗婆语)和安息语(Parthian)文书,以摩尼教文献为主。还有一种中古波斯语即巴克特里亚语(Bactrian,或称"大夏语")文献也有少量发现[2]。吐鲁番盆地的葡萄沟(Bulayïq)出土了被称为"基督教图书馆"的近千件景教文献,使用的语言为粟特语、中古波斯语、新波斯语和叙利亚语、回鹘语等。还应一提的是,个别以希伯来文字书写波斯语的文献也有发现[3]。

从上述西域—新疆古代语言使用状况可以看出,新疆是一个多语

---

〔1〕耿世民:《回鹘文》,载于《中国民族古文字图录》,北京:中国社会科学出版社 1990 年,63 - 85 页。

〔2〕巴克特里亚语用希腊字母书写,至公元 7 世纪初还在使用,近年在阿富汗有重要发现。参阅:Nicholas Sims-Williams, "Ancient Afghanistan and its Invaders: Linguistic Evidence from the Bactrian Documents and Inscriptions", In: Nicholas Sims-Williams, ed. *Indo-Iranian Languages and Peoples*, Oxford: Oxford University Press, 2002, 225 - 242.

〔3〕张湛、时光:《一件新发现犹太波斯语信札的断代与释读》,《敦煌吐鲁番研究》2008 年第 11 卷,71 - 99 页。

言地区。如果我们设想一下公元 8 世纪时,一个来往于丝路的粟特商人,他在家里自然说其母语粟特语,但当他来到吐鲁番的一个佛寺,那里的宗教用语是佛教混合梵语,而寺庙里的僧人说的却是 B 种吐火罗语。当他向南旅行到于阗时,当地人说的是于阗语。他可能在途中遭到来自山南的吐蕃军士袭击而被捕获,为了沟通,则可能不得不说藏语;如果他要寻求汉族军队的援救,那就得说汉语。倘若他骑着骆驼来到一个买卖羊群的犹太商人的营地进行交易,最好能说波斯语。他要在旅行途中预知风暴可能何时来临、了解种种对自己有用的信息,他需要花时间学回鹘语——当地居民的主要语言之一[1]。

7.2　多少种语言? 多少种文字?

勒柯克(Albert von Le Coq, 1860—1930)[2]于 1926 年在德国出版了一本名为 *Auf Hellas Spuren in Osttürkistan* 的德文书,介绍 20 世纪初德国“吐鲁番探险队”第二、三次到新疆考察的情况。两年后,此书由巴威尔(A. Barwell)译为英文,改名 *Buried Treasures of Chinese Turkestan*(《新疆的地下文化宝藏》),在伦敦出版。陈海涛先生得王冀青、杨富学、荣新江等先生之助,将此书据英译本译为中文,1999 年由新疆人民出版社出版。书中曾说[3]:“带回柏林的写本中,有 17 种不同语言的 24 种不同文字写本。”这一数字曾多次被国内外学者引用。但勒柯克之书出版距今已 80 余年,对新疆出土文献的整理、研究、译释和数字化工作已有长足进展,我们应该对现在可以确知的新疆古代语言的语种和文字做一番检视。

7.2.1　语言

汉藏语系:

---

〔1〕参看 J. P. Mallory, "Bronze Age Languages of the Tarim Basin", *Expedition*, 2010, 52(3), 44 - 53.

〔2〕瓦尔特施密特(Ernst Waldshmidt)撰、刘震译:《勒考克与格伦威德尔追思》,载于朱玉麒主编:《西域文史》第 4 辑,北京:科学出版社 2009 年,303 - 309 页。

〔3〕阿尔伯特·冯·勒柯克著、陈海涛译:《新疆的地下文化宝藏》,乌鲁木齐:新疆人民出版社 1999 年,32 页。

汉语

藏语(南语[1]、象雄语)

西夏语

阿尔泰语系:

古突厥语(用卢尼文字书写)

回鹘语

契丹语(德国藏品中已发现一件契丹语文献,汉堡大学王丁博士研究发表[2])

蒙语(以回鹘式蒙文、八思巴字、托忒蒙文等书写)

印欧语系:

梵语

俗语(以佉卢文、婆罗谜文书写)

中古波斯语(钵罗婆语)

帕提亚语

粟特语

新波斯语

于阗语(Khotanese)

据史德语(Tumshuqese,图木舒克语)

大夏语(Bactrian,巴克特里亚语)

希腊语

吐火罗语 A,吐火罗语 B

亚非语系:

阿拉伯语

---

〔1〕发现于敦煌,藏于英、法。参阅:F. W. Thomas, *Nam, An Ancient Language of the Sino-Tibetan Borderland*, Publications of the Philological Society XIV, London: Oxford University Press, 1948;闻宥:《论所谓南语》,《民族语文》1981 年 1 期,16 – 25 页;陈宗祥:《敦煌古藏文拼写的"南语"手卷的名称问题》,《四川藏学研究》2,北京:中国藏学出版社 1994 年,164 – 180 页。

〔2〕Wang Ding, "Ch3586-ein Khitanisches Fragment mit uigurishen Glossen in der Berliner Turfansammlung", In: D. Durkin-Meisterernst et al. (eds.), *Turfan Revisited. The First Century of Research into the Arts and Cultures of the Silk Road*, 2004, 371 – 379.

叙利亚语

希伯来语

如果加上察合台语(在中古维吾尔语的两大分支高昌回鹘语和哈卡尼亚语的基础上演化而成)[1]、满语和锡伯语等,则现存有文献可征的近代以前在新疆使用过的语言当达 20 余种。

7.2.2　文字

上述语言使用的文字,分属汉字、阿拉美文字和希腊文系统。

汉字(中文)是世界上为数很少的独立发展出来的文字和书写系统。西夏文属汉字系统,契丹文也是汉字型音节文字。但契丹字分为契丹大字和契丹小字,两者文字学性质不同:大字是一种脱胎于汉字的表意文字,小字则是一套表音文字。

其他文字大部分是承袭或借鉴了某个已有书写系统中的文字,经过对文字和书写规律的改造来适应其对应语言的要求。

丝路沿线的文字大部分属阿拉美文字系统[2]。公元前 9 至前 8 世纪,安纳托里亚南部和美索不达米亚北部的阿拉美人用腓尼基字母发展出颇具特色的阿拉美文(约公元前 8 世纪中叶)。公元前 6 世纪阿赫美尼德帝国建立后,阿拉美语及其文字成为从埃及到中亚和印度的用于行政管理的官方工具,并在后世产生了重大影响。阿拉美文字及其各种变体广泛使用于中近东、南亚、中亚和北亚。

亚历山大东征后,希腊文也成为丝路沿线的媒介文字之一,其影响及于南亚和西域。

特别值得注意的是:一种文字在西域—新疆常用来记录不同的语言。如婆罗谜字母除用于拼写梵语、俗语外,也用于书写回鹘语、于阗

---

〔1〕阿布里米提·艾海提、赵建国:《维吾尔书面文学语言——察合台语》,《语言与翻译》2000 年第 3 期,22 - 24 页。

〔2〕Doug Hitch, "Aramaic Script Derivatives in Central Eurasia", *Sino-Platonic Papers*, 2010, 198, 1 - 18.

语、粟特语、吐火罗语,甚至汉语[1];藏文创制受到印度影响,也用以拼写梵语、突厥语、汉语等。受藏文影响创制的八思巴字,除记录蒙语外,也用来拼写汉语、突厥语、梵语。用回鹘文字拼写汉语的文献亦有发现,并经学者研究发表。使用景教文字书写的文献包括突厥语、粟特语、新波斯语、叙利亚语等。来自叙利亚文福音体(Syriac Estrangelo)的摩尼文行用甚广,主要用来书写中古波斯语、安息语、粟特语和突厥语的摩尼教文献。

西域—新疆发现的同类文书(包括写本和印本),如同为佛教、摩尼教文书,不仅使用的语言不同,文字也有差异。如婆罗谜字母有北道、南道之别(如 Early Turkistanese Brāhmī, North Turkistanese Brāhmī A, North Turkistanese Brāhmī B, South Turkistanese Brāhmī)[2]。据初步统计,如果考虑到各种不同字形字体,则西域—新疆发现的近代以前的文献所使用的文字当达 30 多种。

7.3 结语

西域—新疆发现的用各种不同语言文字书写的古代文献是极其宝贵的文化遗产。结合考古学、人类学研究,我们可以设想早期的新疆居民主要说印欧语系的语言,后来随着说汉藏语和阿尔泰语以及其他语言的族群相继进入,汉地文化、印度文化、伊朗文化、闪语族群文化、伊斯兰文化在这里相会交融。从语言上来说,这里是典型的多语言(multilingual)地区,陆续发现的多语言材料是研究语言接触的最好宝藏。

不仅语言,这一地区发现的各种文字也是一个重要的研究领域。

---

[1]以婆罗谜字记录突厥—回鹘语为例,现在发现的有梵语—回鹘语双语文献、回鹘语婆罗谜文文献、带有婆罗谜词语的突厥语文献、夹杂婆罗谜词语的回鹘语文献。参阅:迪特尔·毛艾(D. Maue)、牛汝极:《吐鲁番柏孜克里克出土一件梵文——回鹘文双语文献研究》,张定京等编:《突厥语文学研究——耿世民教授八十华诞纪念论文集》,北京:中央民族大学出版社 2009 年,98 – 126 页。

[2]F. W. Thomas, "Brāhmī Script in Central Asian Sanskrit Manuscripts", *Asiatica. Festschrift Fredrich Weller*, 1954, 667 – 700. 关于于阗语、吐火罗语、回鹘语、据史德语所用的婆罗谜字母, L. Sander、D. Hitch、D. Maue 等学者都有著述和讨论。

由于各种非汉语文献所用文字的源头主要是从叙利亚横跨欧亚大陆的阿拉美文,我们对阿拉美学和闪学(Semitics)的研究应该加强。

根据现代文字学理论,文字和书写系统有所不同。文字(script)指某种语言的书写符号集,书写系统(writing system)不仅指书写符号,还包括符号所用的构件(graphemes)、构件的组成方法和相互之间的关系[1]。为了更好地从事西域古文字的研究,也应该关注现代文字学的新进展。下面列出一些延伸阅读书籍,以便读者进一步研究:

(1)*A Study of Writing*, by I. J. Gelb, The University of Chicago Press, 1963.

(2)*Writing Systems*, by Geoffrey Simpson, Hutchinson & Co. Publishes Limited, 1985.

(3)*The Writing Systems of the World*, by Florian Coulmas, Basil Blackwell, 1989.

(4)*Visible Speech*:*The Diverse Oneness of Writing Systems*, by John DeFrancis, University of Hawai'i Press, 1989.

(5)*The World's Writing Systems*, by Peter Daniels and William Bright, Oxford University Press, 1996.

(6)*A Computational Theory of Writing Systems*, by Richard Sproat, Cambridge University Press, 2000.

(7)*Writing Systems—A Linguistic Approach*, by Henry Rogers, Blackwell Publishing, 2005.

---

[1]陆勤:《史伯乐(Richard Sproat)著〈文字书写系统的计算理论〉导言》,北京:北京大学出版社版 2010 年,F11 - F26 页。

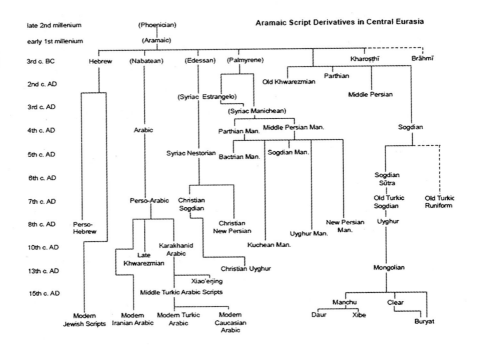

| late 2nd millenium | (Phoenician) | | Aramaic Script Derivatives in Central Eurasia |
| early 1st millenium | (Aramaic) | | |

(采自 Doug Hitch,参看前文所引)

8 吐火罗语文献释读

　　有关塔里木盆地存在后来被称为"吐火罗语"的印欧语的信息首次传到西方世界是在 1892 年。这一年俄国学者奥登堡在《俄国考古学会东方部会刊》(*Zapiski Vostochnago Otdyleniya Imperatorkago Russkago Archeologicheskago Obshchestva*, 7) 上刊布了一张用北印度婆罗谜字写成、来自俄国驻喀什领事彼得罗夫斯基 (Petrovsky) 收集品的未知语言写本的照片。次年即 1893 年,英国学者霍恩勒 (A. F. R. Hoernle) 在一篇谈"韦伯写本 (Weber Manuscripts)"的论文[1]末尾,对这同一页写本做了拉丁转写,并对其进行了分析,认出了其中的几个梵文词语。

　　在这前后,由于英、德、法、俄、日、瑞典等各国探险队在新疆、甘肃等地进行的考古探测,发现了大量多种语言文字的古代写本,其中最引人注目的是用以前未知的印欧语书写的残卷,[2]从而开始了欧洲学者对这些文献的研究热潮。德国学者劳于曼 (Ernst Leumann) 1900 年在《圣彼得堡帝国科学院纪录历史—语文学类》第 4 卷第 8 期上发表《中亚一种不知名的书面语》(*Über eine von den unbekannten Literatursprachen Mittelasiens*),刊布了上述第一张写本的照片,并从俄国收集品中找到了另一张写本照片,进行了讨论。劳氏的转写比较正确,比定了一些梵文词语,后来的研究表明该写本是一种佛赞 (Buddhaṣtōtra) 的译文残卷。

　　霍恩勒和劳于曼研究的印欧语以前不为人所知,所以劳氏称其为第一种不知名语言 (Unbekannte Sprache I),后又改称为喀什语 (Kas-

---

　　[1] A. F. R. Hoernle, "The Weber Manuscripts, Another Collection of Ancient Manuscripts from Central Asia", *JASB*, 1893, 62/1, 1–40.

　　[2] 贺昌群:《近年西北考古的成绩》,原载《燕京学报》第 12 期 (1932 年),收入《贺昌群文集》第 1 卷,北京:商务印书馆 2003 年, 54–97 页。

chgarische），但这些名称又都被放弃了。

继续研究这种语言的当时主要是柏林突厥学家缪勒和梵学家西格。缪勒在 1907 年发表了一篇不长的论文《对进一步确定中亚不知名语言的贡献》(*Beitrag zur genaueren Bestimmung der unbekannten Sprachen Mittelasiens*，载于 *SBAW*，958 – 960)，提出依据回鹘文《弥勒会见记》(*Maitrsimit*)的题记，把这种语言定名为"吐火罗语"。其他学者如爱沙尼亚的钢和泰（Baron Alexander von Staël-Holstein）和挪威的柯诺（S. Konow）则认为吐火罗这一名称应该用来称属东伊朗语的和阗塞语。

次年即 1908 年，西格和另一位学者西格林发表著名论文《吐火罗语考》，[1]赞同缪勒的命名。特别重要的是，两位学者清楚地证明了这种语言是印欧语系中独立的一支，分为两种方言即吐火罗语 A 和吐火罗语 B，并且发现此种地处东方的印欧语有西方印欧语特别是意大利语和凯尔特语的一些特点，例如，该语言保留了假设的印欧语硬软腭音如 $^*\check{K}$、$^*\hat{g}$，$*\hat{g}^h$ 的软腭音特征（吐火罗 A 的 känt、吐火罗 B 的 kante 近于希腊语的 hekaton、拉丁语的 centum）。这标志着"吐火罗学（Tocharology）"的诞生，2008 年正好是 100 周年。

吐火罗语的发现和译释是 20 世纪印欧语历史比较语言学的一件大事，其意义完全足以与赫梯语和安纳托里亚诸语的发现与释读相提并论。吐火罗语和赫梯语也有共同之处，如以"r"为标志的中被动态，这在若干年之后才被认识到。但从总体来说，赫梯学和安纳托里亚诸语的研究在近一个世纪的时间里较吐火罗学发展得更加成熟，而且由于有历史悠及的亚述学的成果作为铺垫，赫梯学研究更加受到印欧语学者的关注，吐火罗学的研究要迎头赶上，还必须做出更大的努力。

在吐火罗语文献的刊布和研究成果的出版方面，自 1908 年后也有相当进展。1921 年西格和西格林发表了《吐火罗语残卷》(*Tocharische Sprachreste*)，公布了柏林所藏吐火罗语 A 的写卷并附有许多图版。

---

〔1〕Emil Sieg，Wilhelm Siegling，"Tocharisch，die Sprache der indoskythen，vorläufige Bemerkungen über eine bisher unbekannte indogermanische Literatursprache"，*SPAW*，1908，915 – 932.

1931 年他们与语言学家舒尔慈(W. Schulz)合作,出版了 500 多页的《吐火罗语语法》(*Tocharische Grammatik*)。至于吐火罗语 B 文书的出版工作则延迟了,直到 1949 年(*Tocharische Sprachreste*)和 1953 年(*Sprache B*)才先后出版了两卷,其时西格林和西格已先后去世。他们的学生托玛士(Werner Thomas)在这方面也做出了重要的贡献。[1] 直到他去世前不久,还发表了有关吐火罗语 A《弥勒会见记》的论文。[2] 在法国,印度学家烈维(Sylvain Lévi)在著名语言学家梅耶(Antoine Meillet)的帮助下,早在 1911 年就刊布伯希和(Paul Pelliot)所获吐火罗语文书,至 1933 年出版了关于吐火罗语 B 即龟兹语的专集(*Fragments de textes koutchéens*)。1948 年印度学家费辽扎(Jean Filliozat)刊布了一些医学和巫术文书。但总的说来,自 1953 年以来,虽然在吐火罗语语文学和语言学的研究上都有相当进展,但直至 20 世纪 90 年代,没有大量刊行吐火罗语原典。吐火罗学前 50 年的情况,美国学者蓝恩(G. S. Lane)曾在 1958 年发表的文章里做了很好的概述。[3] 这一时期的主要研究者,除上面已经提到的外,还有丹麦的裴德生(H. Pedersen),英国的贝利(H. W. Bailey),德国的克劳泽(W. Krause),比利时的顾物勒(W. Couvreur)、温德肯(A. J. van Windekens),捷克的普哈(P. Poucha),苏联的伊凡诺夫(Vjaceslav V. Ivanov)等,日本学者如井之口泰淳等也陆续发表了一些日本收藏的吐火罗语文书。我国季羡林先生在 20 世纪 40 年代留德期间,曾在哥廷根大学跟随西格教授认真研究吐火罗语,取得显著成绩。

1975 年在我国新疆焉耆出土了 44 张 88 页吐火罗语 A《弥勒会见记剧本》残卷。季先生从 20 世纪 80 年代初开始,经过 10 多年的艰苦

〔1〕Werner Thomas, *Tocharische Sprachreste*. Sprache B. Teil I: Die Texte. Band 1. Fragmente Nr. 1 – 116 der Berliner Sammlung, by v. Emil Sieg und Wilhelm Siegling, neubearbeitet und mit einem Kommentar nebst Register versehen v. Werner Thomas, Göttingen, 1983.

〔2〕Werner Thomas, "Bemerkungen zu den Fragments of the Tocharian A Maitreyasamiti-Nāṭaka", Indogermanische Forschungen 108, 2003, 305 – 329.

〔3〕George Sherman Lane, "The present state of Tocharian research", *Proceedings of the 8th International Congress of Linguists* (*Oslo August* 1957), 1958, 252 – 261.

努力,对全部残卷进行释读,分别用中文和英文发表论文多篇,并在德国学者温特(Werner Winter)和法国学者皮诺(Georges-Jean Pinault)的帮助下,于 1998 年用英文出版了《吐火罗文〈弥勒会见记〉译释》。[1]同年出版的《季羡林文集》(南昌:江西教育出版社)第 11 卷收入此书,并加上了中文长篇导论。这是吐火罗学研究史上的空前之举,受到国际学术界的高度赞誉。

众所周知,依据回鹘文题记,回鹘文本的《弥勒会见记》是自吐火罗文译为回鹘文的,而吐火罗文则是据印度文原本"编译"的。印度文原本没有发现。因此,利用汉译平行异本和回鹘语本的《弥勒会见记》来解释吐火罗语本,是一种行之有效的方法。季先生在工作中就参考了中外学者关于回鹘文《弥勒会见记》的著作。还应该提及的是,我国著名突厥学家耿世民教授自 20 世纪 60 年代初开始研究新疆哈密发现的回鹘文《弥勒会见记》写本,1978 年后先后用汉文、维吾尔文、德文(与德国同行 H.-J. Klimkeit、J. P. Laut,法国学者皮诺合作)发表、出版了研究专著两部(三卷)和论文十余篇,最近又进行修订、补充,出版了完整的中文版本,[2]与季羡林先生的吐火罗文《弥勒会见记》译释堪称双璧。季先生曾一再指出,通过仔细分析,可以看出关于弥勒的著作有两大类:一类是《弥勒会见记》,另一类是《弥勒授记经》(Maitreyavyākraṇa)。属于《弥勒授记经》一类的汉译佛经为数不少,有存有佚,而《会见记》的标本,则是元魏慧觉等译《贤愚经》卷 12《波婆离(梨)品》第 50,这在汉译佛经中几乎是仅有的。这两类著作在吐火罗文写卷中都有,所以西方学者至今往往不加区别。但是,这两类文献毕竟关系密切,研究时可以相互参证。值得一提的是,近年留学慕尼黑大学的刘震博士在哈特曼(Jens-Uwe Hartmann)教授指导下,以 4 个梵文本与义净译《佛说弥勒下生成佛经》及波斯文译本对校,写成论文

---

〔1〕Ji Xianlin, *Fragments of the Tocharina A Maitreyasamiti-Nāṭaka of the Xinjiang Museum*, China. Transliterated, translated and annotated by Ji Xianlin in collaboration with Werner Winter and Georges-Jean Pinault, Berlin / New York: Mouton de Gruyter (Trends in Linguistics, Studies and Monographs 113), 1998.

〔2〕耿世民:《回鹘文哈密本〈弥勒会见记〉研究》,北京:中央民族大学出版社 2008 年。

《梵本〈弥勒下生成佛经〉及其译本对勘》,这是很有意义的。

现存吐火罗语文书据统计总数在 7600 件以上,其中包括为数不少的小残片。为数约 1500 件的吐火罗语 A 写本的主要部分已经发表,但至少还有 640 件残卷未经编辑,其中有的非常小。许多值得关注的吐火罗语 B 文书尚待译释发表。收藏地主要是柏林、伦敦、[1] 巴黎、圣彼得堡,还有日本大谷探险队所得,现藏于京都龙谷大学和东京国立博物馆等处。[2] 中国北京、乌鲁木齐和新疆各地文物机构也有一定数量的收藏品,除前述《弥勒会见记剧本》外,有的已见于公开出版物和图录中。此外还有壁上的粗刻(graffites)、铭文和木简(现藏龟兹石窟研究院)、钱币等。我国所藏各类吐火罗语文献已经引起国外学者如德国的瓦尔德施米特(S. Waldschmidt)、施米特(Klaus T. Schmidt)和法国的皮诺等的关注,先后撰文予以讨论和译释。最近奥地利学者 Melanie Malzahn 编辑出版了一部论文集,[3] 收入美、奥、法、荷兰等国学者撰写有关吐火罗语语文学的论文 10 篇,对我们全面了解吐火罗语文献的收藏、研究现状很有帮助,还可以参看她的巨著 *The Tocharian Verbal System*,此书在 2010 年出版(Leidem:Brill)。

吐火罗语文献的数字化工作近年已获得长足进展,特别是通过伦敦的"国际敦煌研究项目"和法兰克福的"TITUS 项目"及柏林德国科学院的"吐鲁番研究项目",大部分收藏于英、德等国的吐火罗语文书已经可以通过因特网获得,这将大大推动吐火罗学的进展。德国学者吉伯特(J. Gippert)、在德工作的日本学者玉井达士(Tatsushi Tamai)和乌普沙拉大学(Uppsala Universitet)的 Christiane Schaefer 博士等为此做出了极大的努力。在吐火罗语文献的断代方面,通过对婆罗谜字母的字象学和古文书学考察及 C^{14} 测定,现存吐火罗语 B 文书年代最早的

---

〔1〕英国所藏吐火罗语写卷,有不同编号系统,其中"霍恩勒"部分,列维、西格和西格林、蓝恩、顾物勒等都做过研究,但系统处理这批材料的是 J. W. Broomhead,其著作作为剑桥大学三一学院 1962 年学位论文(共 2 卷),至今尚未正式出版。

〔2〕荣新江,"Japanese Collections of Dunhuang and Silk Road Manuscripts", *IDP Newsletter*10,at:http://idp. bl. uk, 1998.

〔3〕M. Malzahn, *Instrumenta Tocharica*, Heidelberg:Winter, 2007.

在公元 400 年以前,年代最晚的在 1178 和 1255 年之间;吐火罗语 A 文书的年代约为公元 700 年至 1000 年。[1] 概括地说,约开始于公元 400 年,终止于公元 1200 年。

当今的吐火罗学研究,较之赫梯学研究虽有逊色,但并无"曲高和寡"之感。资深学者除上文已提及者外,如美国的 Eric P. Hamp、Douglas Q. Adams(亚当斯,吐火罗语专家,所编《吐火罗语 B 词典》于 1999 年出版)、J. H. Jasanoff,德国的 S. Zimmer、O. Hackstein,荷兰的孔甫烈(Frederik Kortlandt)、A. M. Lubotsky,比利时的 Lambert Isebaert,捷克的 V. Blažek,波兰的 K. T. Witczak 等都在近 20 年中有相关论著发表。美国的 Donald Ringe 等用计算语言学方法对吐火罗语在印欧语系中的地位进行探索。英年早逝的冰岛学者 J. Hilmarsson(1946—1992)1987 年在雷克雅未克创办了世界上唯一的吐火罗语专业刊物《吐火罗语和印欧语研究》(*Tocharian and Indo-European Studies*),现仍继续在哥本哈根出版。俄国的 Svetlana Burlak、Ilya Itkin,法国的 X. Tremblay(1971—2011),美籍韩国裔学者 Ronald Kim(现在波兰)等都在吐火罗语及相关研究中取得引人注目的成绩。[2] 进入 21 世纪,又有较年轻学者崭露头角,如自 2000 年起,瑞典的 Gerd Carling、日本的斋藤治之、俄国的 S. A. Burlak、荷兰的 M. Peyrot 都有专著问世[3]。G. Carling 正与皮诺和温特两位教授合作编纂吐火罗语 A 词典,现已进行 5 年,其第 1 卷已经出版。2008 年 8 月 25 日至 28 日在莫斯科—圣彼得堡召开了纪念吐火罗语文献译释百年的国际学术会议,我国台湾留法学人庆昭蓉和日本青年学者荻原裕敏出席会议并宣读了论文。自 2009 年起,荻原裕敏博士和庆昭蓉博士用中、日、英、法等文发表了许多重要论

---

〔1〕D. Adams, "Some implications of the Carbon-14 Dating of Tocharian Manuscripts", *Journal of Indo-European Studies*,2006, 34,381 – 389.

〔2〕Ronald Kim, "The Duke of York Comes to Xinjiang: Ablaut, Analogy, and Epenthesis in Tocharian Nasal Presents", *Historische Sprachforschung*, 2007, 120, 66 – 104.

〔3〕G. Carling, *Die Funktionen der lokalen Kasus im Tocharischen*, Berlin / New York: Mouton de Gruyter, 2000; H. Saito, *Das Partizipium Präteriti im Tocharischen*, Wiesbaden: Harrassowitz, 2006; M. Peyrot, *Variation and change in Tocharian B*, Amsterdam / New York: Rodopi, 2008.

著,对吐火罗学的进展做出了显著贡献。

对吐火罗语的定名问题的讨论始于 20 世纪初年,它牵涉到我国新疆等西北地区古代历史、地理、民族分布与迁徙、东西文化交流等一系列复杂问题,[1] 所以至今仍为学者所关注。"吐火罗"在汉语中亦作"兜佉勒""吐呼罗""覩货逻",原是民族名,后转为地名,指乌浒水(今阿姆河)上游即缚刍河流域,以今昆都士为中心的阿富汗北部地区。缪勒、西格为了证明回鹘文题识中的 twqry 就是吐火罗而连续撰文申述己见。[2] 后经伯希和、羽田亨、贝利、亨宁(W. B. Henning)等卓越学者和我国王静如教授的考证,[3] 说明缪勒当初的读法略有失误,并使许多相关问题得到了澄清。但是问题并没有彻底解决。

近半个世纪的争论围绕着藏于圣彼得堡的一件残损的梵语/龟兹语双语文书展开。[4] 这件文书里有一个梵语词 tokharika"一个吐火罗妇女"与龟兹语词 kucaññe iṣcake 对应。对第二个龟兹语词有各种不同解释,但把第一个词读成"龟兹"的对应词似乎是有把握的。这样,就龟兹语本身来说,可以在 tokharika 也就是"真正的"巴克特里亚的吐火罗人和龟兹人之间画上等号。我们既然已经在回鹘语《弥勒会见记》中找到了可以与焉耆等同的 twqry,又在此文书中发现把吐火罗人解释为龟兹人,这就提供了证据,表明焉耆和龟兹两方面都把自己看成吐火罗人。

上述看法遭到一些学者的反对。有人认为双语文书中龟兹的 kucaññe 指龟兹的读法可疑。更重要的是,梵语词清楚地指"吐火罗妇女",而对应的龟兹语词则是阳性或中性名词,这就使任何把这个词翻

〔1〕张广达、耿世民:《唆里迷考》,原载《历史研究》1980 年第 2 期,147 - 159 页;收入《张广达文集·文书典籍与西域史地》,桂林:广西师范大学出版社 2008 年,25 - 41 页。

〔2〕F. W. K. Müller mit E. Sieg, "Maitrisimit und Tocharisch", SPAW, 1916, 395 - 417; F. W. K. Müller, "Toxrï und Kuišan (Küšän)", SPAW, 1918, 566 - 586.

〔3〕王静如, "Arsi and Yen-ch'i, Tokhri and Yüeh-shih", Monumenta Serica, 1944, 9, 81 - 91; W. B. Henning, "The Name of the 'Tokharian' Language", Asia Major, 1949/1950, 158 - 162.

〔4〕V. S. Vorob'ev-Desjatovskij, "Pamjatniki central'no-aziatskoj pis'mennosti", UZLGU, 1958, 16, 280 - 308.

译作"妇女"的企图无法成立。[1] 因此,在回鹘文题记 twqry 与古典文献记载的 Tokharoi、Tochari 之间没有明确肯定的联系,这些名称相互之间的类同可能是偶然的。也有学者认为回鹘文题记所指 twqry 是某种伊朗语,也就是说《弥勒会见记》首先从印度文译成伊朗语,然后才译成吐火罗语 A 和突厥语。

与此有关的所谓"四 twgr"(见于古突厥语碑铭、回鹘语、中古波斯语和粟特语文献等),是指塔里木盆地一个带有"吐火罗化"名称的政治实体,有的学者认为这些地区说的语言可以论证是吐火罗语,但也有学者将此与唐代的"四镇"联系起来,其中包括疏勒和于阗,这二者说的都是伊朗语。

关于龟兹人和焉耆人的自称也引起了一些讨论。龟兹王室的汉姓是"白",有的语言学家认为 Kuci 与梵语、阿维斯塔语中表示"白""光辉的"等意义的词同源,但至今没有在龟兹语文献里得到充分证明,而且常见的龟兹王的名字里都有 Suvarṇa 这样一个成分(即龟兹语的 Ysāṣṣe),意为"金"(《大唐西域记·屈支国》:"近代有王,号曰金花。"金花即 suvarṇapuṣpa,《旧唐书·龟兹传》作"苏伐勃𫘝"),所以并不与"白"相联系。至于焉耆语的 Ārśi,有的学者认为与《阙特勤碑》《毗伽可汗碑》的 toquz ärsin 即"九 ärsin"有关。也有学者认为这个词来自佛教混合梵语的 ārya-,转为一种语言时指梵语而非焉耆语。按美国学者亚当斯的意见,焉耆人的自称更像是许多资料所称的类似 *ākñi(阿耆尼)的形式,来自印欧语的 āke,意为"边缘""边界"。也就是说,焉耆地区的人是"边地居民""终点之人",这一类名称在欧洲其他地区也可以找到,例如"乌克兰""莫西亚"(Mercia,原英格兰中部和南部的一个盎格鲁—撒克逊王国)的语源就是如此。

最后略谈一下吐火罗人的起源问题,这一问题是与印欧人的起源和迁徙问题紧密相关的。

对印欧语和印欧人的起源问题,各国学者已关注多年,但现在还远

---

[1]吐火罗语专家皮诺对此另有解释,请参阅:*Indo-Iranian Journal*, 2002, 45, 311–345.

未解决。著名考古学家伦福儒认为印欧人起源于中东,安纳托里亚是其故乡,早期农耕者在不断扩张中把古印欧语带到了欧洲。格鲁吉亚语言学家 Thomas V. Gamkrelidze 和俄国语言学家伊凡诺夫有类似看法。与此相对的是金布塔斯主张的"Kurgan 假说",认为印欧人起源于南俄黑海草原。[1] 如果印欧语的共同祖先不在欧洲,则欧洲语言的洪流中应该有反映基因变化的波浪。但是近年的 DNA 研究却表明此种"农业先导"对欧洲的基因库影响很小,似乎只限于临近中东的地区。另据一项新的基因研究成果,今天的欧洲人几乎没有遗留多少来自古代中东"肥沃新月地带"居民的基因,所以很可能当年的农耕迁徙者已被早先的狩猎采集居民所代替,狩猎人群学会了农耕者的农业技能,但没有把他们的基因流传下去。此前的研究也证明,从捷克到阿尔泰地区,一直向南贯穿中亚,R1a1 – M17 这个标记出现的频率都很高,"微卫星定位"多样性显示,它最早起源于俄罗斯南部和乌克兰。所有这些基因数据和种种考古发现,都证实印欧语最早起源于南俄的假说是可能成立的。现在也有学者把以上两种假说加以折中,认为欧洲的印欧语源于约 9000 年前的安纳托里亚农民,但由于环境与生态的变化,约始于 6000 年前的 Yamnaya 文化已由农耕转为游牧,并引起了早期游牧民族从乌拉尔以西地区向东方的迁徙和印欧语的向东扩张。

著名伊朗学家亨宁曾在其遗作《历史上最初的印欧人》[2]中将吐火罗人与楔形文字中经常出现的古提人(Guti)等同起来,假定 Tukri 和 Guti 是两个关系紧密的兄弟部族,他们在公元前 3 千纪之末离开波斯西部,经过长途跋涉到了中国,其中一部分定居下来,其他的仍过着游

〔1〕M. Gimbutas, "Primary and secondary homeland of the Indo-Europeans", *Journal of Indo-European Studies*, 1985, 13, 185 – 202. 美国学者 David W. Anthony 在其新著 *The Horse, the Wheel, and Language: How Bronze-Age Riders from the Eurasian Steppes Shaped the Modern World* (Princeton and Oxford: Princeton University Press, 2007)中从语言学、考古学、人类学等诸方面对相关问题进行了全面分析,请参看。

〔2〕W. B. Henning, "The First Indo-Europeans in History", in G. L. Ulmen, ed., *Society and History, Essays in Honor of Karl August Wittfogel*, The Hague-Paris-New York, 1978, 215 – 230. 印度学者 A. K. Narain 则认为吐火罗—月氏人起源于中国,见其所著: *The Tokharians: A History without Nation-State Boundaries*, Shillong: North-Eastern Hill University Publications, 2000.

牧生活,是即后来中国史书记载的"月氏"。Gamkrelidze 和伊凡诺夫发展了亨宁这一观点,波兰学者 K. Witczak 和美国学者 J. K. Choksy、俄国学者 A. A. Kovalev 表示赞同并予以讨论。我们认为此说虽富于启发性,但现在还难以证明。

新疆各处的墓葬遗址曾挖掘出许多保存完好的古代人类遗体,其中年代最早的可追溯至约公元前 2000 年,多数具有明显的高加索人种特征[1]。虽然还存在争议,但国内外不少学者都认为这些古尸与吐火罗人的祖先可能存在某种联系。可以设想,原始印欧人约在公元前 5 千纪发生分裂,说安纳托里亚语的部族首先脱离出去,八九百年后,说原始吐火罗语的部族约从多瑙河与第聂伯河之间地区逐渐东迁,与阿凡纳羡沃文化的居民融合,到达萨彦—阿尔泰地区,然后沿额尔齐斯河、阿勒泰进入准噶尔盆地。这条路线沿途河湖纵横、山川秀丽,切木尔切克古墓群表明这是吐火罗人进入新疆的主要通道[2] 语言学研究表明,原始吐火罗语与芬—乌戈尔语有长期接触,[3]这种接触应多半发生在中亚北部地区。

我国史籍所载的(大)月氏人与吐火罗人有渊源关系,目前多数学者都持肯定态度。最近澳大利亚学者本杰明出版了关于早期月氏史的专著,[4]可以参看。

总的说来,百年以来的吐火罗学研究取得了重大进展,我国学者也

---

[1]E. W. Barber, *The Mummies of Ürümchi*, New York – London:Norton, 1999; J. P. Mallory, V. H. Mair, *The Tarim Mummies*, London:Thames and Hudson, 2000. 对新疆古尸的 DNA 研究,参看:崔银秋:《新疆古代居民线粒体 DNA 研究》,长春:吉林大学出版社 2003 年。对现代维吾尔族的基因研究,见:Shuhua Xu, Wei Huang, Ji Qian, and Li Jin, "Analysis of Genomic Admixture in Uyghur and Its Implication in Mapping Strategy", *The American Journal of Human Genetics*, 2008, 82, 883 – 894.

[2]林梅村:《吐火罗人的起源与迁徙》,载于《丝绸之路考古十五讲》,北京:北京大学出版社 2006 年,12 – 34 页;陈致勇:《再论丝绸之路古代种族的起源与迁徙》,《现代人类学通讯》2007 年第 1 卷, 92 – 105 页。

[3]V. Napol'skikh, "Tocharisch-uralisch Berührungen:Sprache und Archäeologie", *MSFOU*, 2001, 242, 367 –383.

[4]Craig G. R. Benjamin, *The Yuezhi:Origins, Migration and the Conquest of Northern Bactria*, Turnhout:Brepols, 2007. 书评见:V. H. Mair, *The Journal of Asian Studies*, 2008, 1081 – 1084.

为此做出了艰苦努力,取得不少成绩。但遗留下来的许多问题有待解决。例如,吐火罗语中有不少来自中世伊朗语特别是大夏语(Bactrian)的借词,[1]其历史背景究竟是什么,我们感到疑惑,应深入研究。又如英国学者布罗(T. Burrow)早已指出楼兰、尼雅所出佉卢文文书的语言中有吐火罗语成分,[2]亚当斯等一些吐火罗语学者称之为吐火罗语C。这种说法能否成立,现在还没有把握,希望继续探讨。至于吐火罗语在印欧语系中的地位及与各种非印欧语(包括汉藏语)的语言接触,也是需要在前人基础上着力研究的。近年来一些学者采用和借鉴数理统计、计算机科学和与基因测定有关的生物计量学和分支分类学(cladistics)领域的新进展,从事印欧语系语言年代学和谱系学(phylogenesis)的研究,[3]也应该引起我们的关注。目前吐火罗语文书数字化的工作有较大进展,由于其主体部分数量有限(吐火罗语 A 约 500 件;吐火罗语 B 约 3200 件,包括洞壁题刻和木简等),如果能通过国际合作的方式,把各国所藏汇聚在一起,编辑和影印出版一部《吐火罗语文献集成》,那对未来的研究将是非常有益的。

吐火罗学研究应该包括与吐火罗语文献和吐火罗人相关的石窟艺术的研究,但由于笔者本人知识的局限,未能涉及,特此说明。

〔1〕Xavier Tremblay, "Irano-Tocharica et Tocharo-Iranica", *BSOAS*, 2005, 68(3), 421 – 449.

〔2〕Thomas Burrow, "Tokharian Elements in the Kharoṣṭhī Documents from Chinese Turkestan", *JRAS*, 1935, 667 – 675.

〔3〕R. D. Gray, Q. D. Atkinson, "Language-tree divergence times support the Anatolian theory of Indo-European origin", *Nature*, 2003, 426, 435 – 439; L. Nakhleh, Don Ringe, T. Warnow, "Perfect Phylogenetic Networks: A New Methodology for Reconstructing the Evolutionary History of Natural Languages", *Language*, 2005, 81(2), 382 – 420; D. Ringe, T. Warnow, "Linguistic History and Computational Cladistics", In: *Origin and Evolution of Languages: Approaches, Models, Paradigms*, Edited by Bernard Laks, Equinox Publishing, 2008, 257 – 271.

·欧·亚·历·史·文·化·文·库·

9　关于古代汉语外来词的词源考证

9.1　引言

　　自 20 世纪 80 年代以来,汉语外来词的研究取得了不少进展,并已先后出版了一些关于汉语外来词的专著和词典[1]。张永言先生的《汉语外来词杂谈》[2]一文,概述汉语外来词的各个方面,对不同历史时期和不同类型的外来词分别论列,重点举例讨论见于各类作品的语源不一而需要考订的外来名物词,还涉及流俗词源和贷词回归等问题,对今后的汉语外来词研究尤其具有指导意义。笔者认为:汉语外来词的研究和词典编纂虽然包括了很多方面的工作,但其重点和难点还是传统的考证源流;能否正确地考释语源,应该视为衡量一部汉语外来词词典质量高低的主要标准。现在结合一些具体例证,再对此略作说明,并就正于识者。

9.2　吸收已有的研究成果

　　探求追溯汉语外来词的语源,必须注意吸收中外学者的研究成果。现已出版的汉语外来词词典和其他辞书在这方面都做出了一定的努力,但显然还不够充分。现在先谈谈对两个专名的处理。

---

　　〔1〕参看史有为:《外来词——异文化的使者·增订自叙》,上海:上海辞书出版社 2004 年。

　　〔2〕张永言:《语文学论集》(增补本),北京:语文出版社 1999 年,290 – 305 页。此文补订稿载《汉语史学报》,上海:上海教育出版社 2008 年。

9.2.1 "印度"的古名

岑麒祥先生在《汉语外来词词典·序言》(北京:商务印书馆,1990年)中对此说道:"'身毒'、'信度'、'贤豆'、'痕都'、'天竺'、'天笃'、'天毒'、'捐毒'和'印度'等都是指的同一个地区或国家,可是'身毒'和'信度'来源于梵语的 Sindhu,'贤豆'和'痕都'源出于古波斯语的 Hendhu,'天竺'、'天督'、'天笃'和'天毒'来自古波斯土语的 Thendhu,而'捐毒'和'印度'却与拉丁语的 Indus 有关。"这段话问题颇多,不可不辩。

我国古代汉文史籍称呼印度的译名虽然很多,但在五代以前,主要有 3 种写法,即身毒、天竺和印度[1]。"身毒"见于《史记·大宛列传》及《西南夷列传》,并非直接来源于今天印度河的古代梵文名称 Sindhu,而是以伊朗语为中介的。"身毒"的"身"在古代是腭音送气音而不是齿音送气音,汉代发音近似 *hēn 或 hīn。"身毒"一名系公元前 2 世纪张骞在大夏时听说的印度名称,所以它的直接来源只可能是伊朗语 hiduka。至于天竺(天笃、天督),这里需要略加说明:早在 1954 年,包拟古(N. C. Bodman)在研究《释名》的专著中就已指出"天〉显 hen"的现象,所以其汉代读音有 hen 和 t'an 两种。读作 hen 时,"天竺"可以构拟为 *hen-tūk,也正好与伊朗语 hiduka 对应[2]。今天通行的"印度"一名,是由玄奘率先使用的。它决不是像岑先生所说的那样与拉丁语有关,而可能是玄奘入印前在突厥汗国里听到的,来源于当时役属于突厥的龟兹国人的语言。考龟兹语即吐火罗语 B 有 yenkeṃne 一名,其中 keṃ 的意思是"土地、国土",ne 是龟兹语单数依格之标志,《大慈恩寺三藏法师传》卷 2 和《宋高僧传》卷 3 译作"印特伽"(除龟

---

〔1〕钱文忠:《印度的古代汉语译名及其来源》,《中国文化》1990 年第 4 期。

〔2〕《释名·释天》:"天,豫、司、兖、冀以舌腹(指舌面音 x)言之,天,显也;在上高显也;青、徐以舌头(舌尖中音 t)言之,天,坦也,坦然高而远也。"见 N. C. Bodman, A Linguistic Study of the Shi Ming, Cambridge, 1954, 28 – 29. 参阅 E. G. Pulleyblank, "The Consonantal System of old Chinese", *Asia Major*, *New Series*, 1962, 9, 117. 又见同一作者的另一篇论文"Stages in the Transcription of Indian Words in Chinese from Han to Tang",刊于 *Sprachen des Buddhismus in Zentrallasien*, *herausgegeben von Klaus Röhrborn und Wolfgang Veenker*, Wiesbaden, 1983, 76 – 77.

兹语外,粟特语作'yntk'w 等,回鹘语作'n'tk'k 等,亦可比照),可能是"印度"一名之所本。不过,在对音方面还存在一些问题,还可以继续研究。

9.2.2 满洲(满珠、满住)

大家知道,清代满族自称为满洲。满族为女真人后裔,早期满人自称为"诸申"(亦作"珠申",满文为 jǔsen),天聪九年(1635)皇太极废旧有族名,确定新族名为"满洲"。但对"满洲"一词的来源,却众说纷纭,至今未能确定。

一些辞书和专著沿用旧说,把"满洲"释成来源于菩萨名文殊师利(曼殊师利 Mañjusśri),其实这是一种附会之说。"满洲"("满住")一名在努尔哈赤时已经使用,皇太极自己就说过:"我国建号满洲,统绪绵远,相传奕世。"(《清太宗实录》卷25)。据意大利满学家 Giovanni Stary 的研究[1],"满洲"(Manju)应来自通古斯—满语词根 man < *maŋ,表示"成长""壮大""强""有力"等意。后来满语中尚有 mangga(强、猛、才勇出群),mangalambi(做艰难逞强之事),mandumbi(长成)等词。又如通古斯语称大河、大江像黑龙江为 Maŋgu(但满语称黑龙江为 Sahaliyan ula)当亦来源于此。如再上溯,《北史》卷94《勿吉传》有"渠帅曰大莫弗瞒咄"的记载,此"瞒咄(mantu)"可以解释为"强有力之人"。这一新说显然优于旧说,可惜还没有引起我国辞书编纂者的注意。

9.3 凡解释一字即是作一部文化史

接下来笔者再举出几个其他外来词的例子,从中可以看出,诚如陈寅恪先生所说:"依照今日训诂学之标准,凡解释一字即是作一部文化

---

〔1〕Giovanni Stary, "The Meaning of the Word 'Manchu', A New Solution to an old Problem", *Central Asiatic Journal*, 1990,34,1-2. 该文的中文名为《满洲旧名新考》,《中央民族学院学报》1988年第6期。参阅日本学者对"满洲"词源的研究:Jirσ Ikegami(池上二良), "The Lower Amur and Sungari Basins — From the Viewpoint of Toponymy and Ethnonymy", *Proceedings of the XXVIII Permanent International Altaistic Conference*, Venice 8-14 July 1985,Wiesbaden, 1989.

史。"我们对汉语外来词的考释和探索,也应该体现这一精神。

9.3.1　苜蓿

据《史记·大宛列传》,苜蓿是汉武帝时张骞从大宛带回的,《汉书·西域传》作"目宿"。大宛即今中亚费尔干纳盆地,古代可能说伊朗语,劳佛(B. Laufer)在其名著《中国伊朗编》(*Sino-Iranica*, Chicago, 1919, 212)中构拟的大宛语原形是 *buksuk, *buxsux 或 *buxsak。但波兰汉学家 J. Chmielewki 在 1961 年发表的文章[1]提出新说,认为此词源于梵语 māksika 或其某种方俗形式,意为属于蜂或与蜜蜂有关的某种东西,因为苜蓿也是一种产蜜植物;也可能来自假设的梵语 *mrgasāka-,意为"家畜饲料"。蒲立本对此表示怀疑,他主张大宛与后之"粟特"有关,"苜蓿"一词应来自吐火罗语或伊朗语,但其原形究竟是什么,则不得而知。在词典里解释这个条目的语源时,似宜数说并存。

9.3.2　狮子(师子)

狮子一名最初见于《汉书·西域传》,原作"师子",魏晋南北朝时才写作"狮子"。刘正琰等编《汉语外来词词典》(上海:上海辞书出版社,1984 年)曾列举几种可能的语源。按,"狮"梵语为 simha-,花剌子模语为 saryγ,粟特语为 šryw,比较起来,以来源于粟特语之说为长。但是,早期汉语文献都写作双音节词"师子"(古音 sɹi-tsɹə,子不是名词词尾),所以也可能来自吐火罗语 A 的 ṣecake 或吐火罗 B 的 śiśäk。狮子的另一译名"狻猊",并不像有些人所说的那样源于梵语 simha[2],而同样是一个伊朗语词的对音,著名伊朗学家亨宁(W. B. Henning, 1908—1967)早已指出(来源于伊朗语 saryē 或 sarge)。郭沫若先生在《甲骨文研究》里主张"狻猊"来自巴比伦语的说法,也是缺乏根据的。

9.3.3　氍毹

这是一种毛织物的名称,通常织着图案花纹,华丽美观。对其语

---

〔1〕J. Chmielewski, "Two Early Loan-wrods in Chinese", *Rocznik Orientalistyczny*, 1961, 24, (2), 69 – 83.

〔2〕潘允中:《汉语词汇史概要》,上海:上海古籍出版社 1989 年,125 页。

·欧·亚·历·史·文·化·文·库·

源,日本藤田丰八认为是阿拉伯语 gäshiya、gháshiyat 的对音[1]。但此名始见于东汉,如张衡《四愁诗》:"美人赠我毡氍毹。"把这个阿拉伯语词传入中国的年代提前到汉,显然缺乏根据。据马雍先生研究[2],新疆发现的佉卢文文书中有 kóśava 一词,源于梵文 kośa,意义为"茧"。玄奘《大唐西域记》卷 2 有"憍奢耶衣","憍奢耶"是梵文 kauśeya 音译,意为野蚕丝,憍奢耶衣即野蚕丝织成的绢衣。此词原指野蚕丝织物,后来传到游牧地区,改用兽毛纺织,才转而用以指毛织物。我国古籍中的氍毹可能即 kośava(转为 *kūśau)的对音。马先生还认为,《逸周书·王会篇》的"渠叟"和《尚书·禹贡》的"渠搜"(先秦时代一个西北部族的名称)亦来源于此,可能因这个部族擅长织毛织物而得名。此非定论,但亦可备一说。

9.3.4 託铎

《晋书·乞伏国仁载记》:"四部服其雄武,推为统主,号之曰乞伏可汗託铎莫何。託铎者,言非神非人之称也。"刘正琰等编《汉语外来词词典》收录此条,释为"非神非人",注明源于鲜卑语。

此词至今尚无令人满意的、公认的解释。就笔者所知,日本白鸟库吉[3]首先将它与蒙古语 žik-tei 比对(此蒙古语词见《四体合璧清文鉴》卷 19)。žik 为词根,奇异之意;tei 为词尾,约相当于汉语的"的"。方壮猷先生同意他的看法[4],谓"託铎"乃鲜卑语神怪灵异或黠慧之意。这是用蒙古语词解释鲜卑语,但从对音看不很切合。出生于俄国的美国汉学家卜弼德(P. A. Boodberg)的看法与此不同,他用突厥语词

---

〔1〕藤田丰八:《塌及氍毹考》,载于何健民译:《中国南海古代交通丛考》,上海:上海商务印书馆 1936 年,521 页。

〔2〕马雍:《新疆佉卢文文书中的 kośava 即"氍毹"考——兼论"渠搜"古地名》,载于《中国民族古文字研究》,中国社会科学出版社 1984 年。请参看林梅村:《沙海古卷——中国所出佉卢文书(初集)》,北京:文物出版社 1988 年。

〔3〕百鸟库吉:《乞伏氏考》,《史学杂志》第 22 编第 5 号。汉译文见方壮猷译:《东胡氏族考》,北京:商务印书馆 1934 年,111 – 112 页。

〔4〕方壮猷:《鲜卑语言考》,《燕京学报》1930 年第 8 期,1442 页。

＊taɣdaqï来解释"託铎"的语源,意为"山居者"[1]。早期突厥人中盛行山居崇拜,故汉文史籍的"非神非人"实即"半神半人",体现了对山上居民的尊崇。鲜卑语究竟属突厥语族还是蒙古语族,学者间分歧很大,下面我们还将略作讨论。

9.3.5 迦沙

《新唐书·回鹘传下》:"[黠戛斯]有金、铁、锡,每雨,俗必得铁,号迦沙,为兵绝犀利,常以输突厥。"其中提到的"迦沙"一词至今未见任何辞书收录。著名匈牙利学者李盖提(L. Ligeti)将这个词的原形构拟为＊qaša或＊qaš,意为铁,起源于萨莫耶德语。蒲立本对此做了更深入的研究[2],他一方面肯定李盖提的构拟,另一方面又指出李盖提只引《新唐书》,而忽略了《通典·边防十六》的更清楚明确的记载:"天每雨铁,收而用之,号曰迦沙,以为刀剑,甚铦利。"(《唐会要》卷100同)所以,"迦沙"应指陨石或陨铁。此词其实也出自突厥语,葛玛丽(A. von Grabain)的《古突厥语法》中正有qaš一词(宝石),意义相近,可以视为"迦沙"的语源。

9.3.6 破罗(叵罗、颇罗)

《隋书·西域传·曹国》:"国中有得悉神,自西海以来诸国并敬事之。其神有金人焉,金破罗阔丈有五尺,高下相称,每日以驼五头、马十匹、羊一百口祭之,常有千人食之不尽。"这里的"破罗"亦作"叵罗""颇罗"等,始见于《北齐书·祖珽传》:"神武宴僚属,于坐失金叵罗,窦泰令饮酒者皆脱帽,于珽髻上得之。"《汉语大词典》第1卷收"叵罗"条,释为"西域语音译,当地的一种饮酒器"。但对它的语源,尚待再做探索。

卜弼德在20世纪30年代对此做过研究[3]。他将汉语"叵罗"的

---

〔1〕P. A. Boodberg, *Selections from Hu T'ien Han yüeh Fang Chu*(胡天汉月方诸), Berkeley and Los Angeles: *Selected Works of Peter A. Boodberg*, 1979, 103.

〔2〕E. G. Pulleyblank, "The Name of the Kirghiz", *Central Asiatic Journal*, 1990, 34, 1 - 2, 104 - 105.

〔3〕P. A. Boodberg, 前引书, 131 - 135.

原形构拟为 *bala～*pala,意为饮器,并进而将它与突厥文《阙特勒碑》东十七行的 balbal(意为"石像",即"杀人石"。古代突厥习俗,死者生前曾杀一人,即于其墓立石志之,见《周书·突厥传》)和《通典·边防十三》的突厥称号"大罗便"[1]联系起来,其说颇迂曲。但他又指出,酒杯(还有短剑)是说伊朗语的斯基泰武士的最具代表性的器物,*bala 可能来源于此。这种看法很有道理。至 20 世纪 80 年代初,苏联伊朗学家 B. A.里夫希茨再做研究后确定此词源出伊朗语,似指"碗"。有一杯状银碗,上镌粟特文 patrōδ,可资参证。

此词屡见于唐及唐以后诗文。如唐李白《对酒》诗:"蒲萄酒,金叵罗,吴姬十五细马驮。"明唐寅《进酒歌》:"吾生莫放金叵罗,请君听我进酒歌。"直到清末的黄遵宪,在其《樱花歌》中尚有"螺钿漆盒携叵罗"之句。现代作家笔下也出现这个词的,如鲁迅先生《朝花夕拾·从百草园到三味书屋》文中引的"金叵罗"[2]。可见胡语入汉文,真可谓源远流长。

9.3.7　质孙(只孙)

蒙元制度,宫廷及宗王斡耳朵设宴,与宴者着同样颜色的服饰,称质孙服(亦作"只孙服"),宴称质孙(只孙)宴[3]。"质孙"("只孙")即蒙古语 jisun,意为"颜色"。此说早已成为定论。

但是,对"质孙"一词的语源也有另一种解释。叶奕良先生提出[4],此词来自波斯语 jashn,意为"礼仪",亦有"节日""庆典"和"御赐服饰"之意。按质孙宴又名"诈马宴","诈马"一词韩儒林先生已考

〔1〕《通典》卷 197:"其勇健者谓之始波罗,亦呼为英贺弗。肥羸者谓之大罗便。大罗便,酒器也,似角而羸短,体貌似之,故以为号。此官特贵,惟其子弟为之。"酒器"大罗便"与"叵罗"之间可能有一定关系,尚待详考。

〔2〕鲁迅所引的是王先谦编《清嘉集初稿》卷 5 载刘翰《李克用置酒三垂岗赋》中的句子:"玉如意指挥倜傥,一座皆惊;金叵罗倾倒淋漓,千杯未醉。"

〔3〕箭内亘:《蒙古之诈马宴与只孙宴》,原收入《蒙古史研究》,陈捷等译文在《元朝制度考》中,北京:商务印书馆 1934 年版;韩儒林:《元代诈马宴新探》,《历史研究》1981 年第 1 期;方龄贵:《元明戏曲中的蒙古语》,上海:汉语大词典出版社 1991 年版,131－133 页。

〔4〕叶奕良:《关于〈元史〉中"质孙服"等的探讨》,《东方研究论文集》总第 5 期,北京:北京大学出版社 1985 年版。

证为源于波斯语 jāmah—衣,则"质孙"之名亦源出波斯语自然有其可能。我们知道,从公元 10 世纪起波斯语就已逐渐确立了作为东部伊斯兰世界文学语言的地位,到蒙古兴起时期,中亚地区已普遍使用波斯语。当时有不少中亚回回商人投到蒙古统治者帐下,为蒙古贵族效力。有元一代,中亚回回人在政治、经济、文化上都占有相当突出的地位,回回文字即波斯文的重要性仅次于蒙古文和汉文。所以,元代汉语文献中有一些波斯语词汇,从历史背景看,是并不令人感到奇怪的。

9.3.8 亦思替非文字

《通制条格》卷 5 有"亦思替非文书",《元史·选举志》及《百官志》提到"亦思替非文字"。此"亦思替非"究何所指,一直是元史学界的难题。

陈垣先生曾疑"亦思替非"为粟特之异译,"亦思替非文字"或与波斯文字有关,实具卓识(见《元西域人华化考》,上海古籍出版社,2000年,第 96 页)。内蒙古达尔罕旗阿伦苏木曾陆续发现汪古部旧地墓群的景教徒墓碑,是用古叙利亚文字母拼写的突厥语言。呼和浩特市附近的丰州城址内辽代"万部华严经塔"的游人题记中也发现了这种文字。李逸友先生认为即亦思替非文字。考古学家夏鼐先生曾就此请教韩儒林先生。韩先生研究后,认为亦思替非文字可能就是波斯文[1]而非上述叙利亚字母的突厥语。此说受到史学界的重视,《中国历史大辞典·辽夏金元史卷》(上海:上海辞书出版社,1986 年版)"亦思替非文字"条就采用了这种说法。

在此之前,日本学者岩村忍曾写过一篇短文[2],认为"亦思替非文字"指当时拜占庭(东罗马)使用的希腊文,这种解释是不能成立的。其实,我国学者邵循正先生多年前就已明确指出[3]"亦思替非"的对音

---

〔1〕韩儒林:《所谓"亦思替非文字"是什么文字》,《文物》1981 年第 1 期。又见韩儒林:《蒙元史与内陆亚洲史研究》,兰州:兰州大学出版社 2012 年版,76—77 页。

〔2〕岩村忍:《亦思替非文书考》,载于《岩井博士古稀纪念论文集》,1963 年版。

〔3〕邵循正:《剌失德丁〈集史·蒙哥汗记〉译释》,载于《邵循正历史论文集》,北京:北京大学出版社 1985 年版,12 页。

应是 istafā,训"选择";质言之,即"被选择者(Mustafā,指穆罕默德)之文字。"刘迎胜先生重新研究这个问题,肯定了邵先生的假设。

我国学者对亦思替非文字的讨论引起伊朗学者的注意。1993 年在北京任教的伊朗专家巴赫蒂亚尔(Mozafar Bakhtyar)撰文指出,"亦思替非"的本意是"获取应有之权利",或"向某人取得应得之物"。而作为专有名词,其意为"财产税务的核算与管理"。所以,它是指一种特殊的文字符号,用于国家文书之中,有特定的写法与规则。国王及政府有关税收的诏书清算单据、税务文书等都用这种文字书写,它类似缩写符号或数字,只表意而不标音。此说提出后受到我国学者的赞同。但最近又有学者引用俄国汉学家龙果夫(A. A. Dragunov)介绍的现存土耳其的《脉诀》的波斯语译文和以阿拉伯字母拼写的汉语原文,认为汉语文本的发音反映了元代的大都方言,而且不使用在波斯语里补充的字母,而包括几个特殊的符号,这可能就是元代教习的亦思替非书写法。总之,对这个术语的源流还可以继续研究。

9.4　古代汉语外来词语源考释的复杂性

上面所举的例证说明了汉语外来词语源考释的复杂性和艰巨性。从事这项工作,不但需要广博的语言知识和汉语音韵学的修养,而且必须进行历史语言学、社会语言学、历史学、考古学、民族学、人类学、地理学等的跨学科研究。语源考释工作做好了,才能编出理想的汉语外来词词典。

汉语外来词涉及的范围又十分广泛,现代的姑且不论,古代汉语外来词就已来自汉藏、阿尔泰、印欧、闪含、南岛、南亚各个语系的语言和日语、古亚细亚语、泰米尔语以至东非的语言等。特别是古代居住在我国境内边疆地区和与我国邻近地区的许多部族,往往没有本族的文字记载留传下来,但在汉文史籍中却记录了大量的族称、专名和各类词汇,这在世界上是独一无二的。如果能把这些资料系统地予以搜集和整理,综合国内外各方面的成果,以词典形式将它们有序地编排起来,那对民族史、语言史的研究和历史语言学、普通语言学的理论研究都将是重大的贡献。为了说明这一点,试以阿尔泰语系为例稍做探考。

使用阿尔泰语系各语言的人民在历史早期都起源于中国北方和与其相邻近的地区。如戎,是我国古代北方和西北各族的通称,支系众多,其主要部分当属汉藏语系,但也有一部分可能属阿尔泰语系;狄,主要居住在北方,应与阿尔泰语系有一定关系。又如丁零,一般认为是高车、回纥、回鹘的先民,其语言属一种原始的突厥语。在我国和亚欧历史上都很重要的匈奴,其语言系属不明,有突厥、蒙古(两者都属阿尔泰语系)和古亚细亚语诸说;蒲立本认为匈奴的语言类似古代克特语(亦称叶尼塞—奥斯恰克语),近来英国著名伊朗学家 Bailey 又将一些匈奴语词与伊朗语比对。其他如乌桓、鲜卑、柔然、室韦、坚昆、突厥、回纥、鞑靼、契丹、女真、蒙古、满等各个在这一地区建立过幅员辽阔的国家的民族都说阿尔泰语系的语言,在汉文史籍中有着丰富的记载。因此,只有充分利用汉文史料,才能复原阿尔泰语系各族的早期语言状况。

阿尔泰语系包括突厥、蒙古、满—通古斯 3 个语族。这 3 个语族之间是否有亲缘关系,语言学家认识不同。一派认为有亲缘关系,也就是在 3 个语族各自的共同语之上还有一个原始阿尔泰语。另一派认为 3 个语族之间没有亲缘关系,彼此在类型上的一致性和词汇上的共同性是语言相互影响的结果。因而,研究阿尔泰系语言中什么是同源关系,什么是互相影响的关系,往往很难做出准确判断。我们在确定一个汉语外来词的语源时,对其究竟来自突厥语,还是来自蒙古语,可否一步步追溯到原始阿尔泰语,自然是很费斟酌的。反过来说,如果这方面的研究有大的进展,则对于解决阿尔泰语系的起源和各语族之间的相互关系问题也是很有帮助的。

20 世纪以来,各国学者对鲜卑语的研究是比较典型的例子。

东胡大约与匈奴同时见于我国史乘,其语言是一种古老的阿尔泰系语言。东胡的后裔乌桓和鲜卑究竟说突厥语还是蒙古语,一直存在争论。白鸟库吉的著作《东胡民族考》把东胡、乌桓、鲜卑、宇文、吐谷浑、乞伏、拓跋等衔接起来,当作前后继承的古蒙古人来考察。我国著名蒙古族学者亦邻真先生也认为东胡后裔的语言属蒙古语的说法有其合理性[1]。他说《南齐书魏虏传》记下的 13 个鲜卑语官职名称一律带有蒙古语式的后缀"真",这对判别鲜卑语词有决定意义,因为它代表一种语言的词法(形态)特征;至于鲜卑语中有很多突厥成分,是拓跋鲜卑吸收了大量突厥语族人口的结果。但是,也有学者坚决主张乌桓—鲜卑人说突厥语,如英国的克劳森(G. Clauson,1890—1974,《十三世纪前突厥语语源词典》的编著者)[2]。我国翁独健先生也认为将元魏拓跋氏归属为突厥语族人是有历史根据的[3]。自 20 世纪 30 年代以来,对鲜卑语(特别是拓跋鲜卑语)发表过专文的有卜弼德[4]、巴赞(L. Bazin)[5]、李盖提[6]、陈三平等。他们的论著是我们在考释鲜卑语时应该参考的。

《晋书·吐谷浑传》:"鲜卑谓兄为阿干。"《宋书·鲜卑吐谷浑传》:"鲜卑呼兄为阿干。"阿干即蒙古语 aqa,意为"兄"。这一点从伯希和以来,一直被视作鲜卑人说蒙古语的重要依据之一(突厥语表示"兄长"的词通常是 eči)。胡双宝先生认为汉语中称"父""兄"的"哥"是鲜卑外来词"(阿)干"的音变[7],"阿干"在当时的鲜卑语中兼有兄、父辈等长者的意思。但是"阿干"带尾音 n,这种不稳定的 n 在古代没有什么意义,仅在近代才多见,所以"阿干"也可能出自原始通古斯语 *akūn,其尾音-n 与"阿干"相合(参阅 Benzing, *Die Tungusischen Sprache*,

〔1〕亦邻真:《中国北方民族与蒙古族族源》,收入《元史论集》,北京:人民出版社 1984 年版。

〔2〕G. Clauson:《突厥、蒙古、通古斯》,原载 *Asia Major*, *New Series*, 1960, 8, 1. 牛汝极等汉译文载《西北民族研究》1991 年第 2 期。

〔3〕参看雷纳·格鲁塞(Rene Grousset)著、龚钺译:《蒙古帝国史》(商务印书馆 1989 年版)第 324 页按语。

〔4〕P. A. Boodberg, "The Language of the T'o-Pa Wei", *Harvard Journal of Asiatic Studies*, 1936, 1.

〔5〕L. Bazin, "Recherches sur les parles t'o-pa", *T'oungPao*, 1949, 39.

〔6〕L. Ligeti, "Le Tabghatch un dialekte de la langue Sien-pi", *Mongolian Studies*, Ed. by L. Ligeti, Budapest, 1970.

〔7〕胡双宝:《说"哥"》,收入《北京大学哲学社会科学优秀论文选》第 3 辑,北京:北京大学出版社 1988 年版。

1956）。德国学者多尔弗（G. Doerfer）又指出[1]，蒙古语 aqa 乃一个咿呀作语造成的语词，与"爸爸（papa）""妈妈（mama）"等词一样，在许多不同的语言中都相同［如斯瓦希利语的 mama = 德语的 mama，近代蒙古语的 axa（兄）= 阿拉伯语的 ahâ（兄弟）］，因此，"阿干"根本不是阿尔泰语词。我们在考释鲜卑语词源时，应该注意到以上这些情况。

汉语中来自我国南方边疆及其邻近地区的外来词的情况也十分复杂，以往的研究还比较薄弱，今后应该予以加强。限于篇幅，这里不再做具体说明。

9.5　结语
——《汉语外来语大词典》的编纂

近数十年的研究表明，语言接触（language contact）在语言发展中起着多方面、多层次，有时甚至决定性的作用[2]。汉语是世界上词汇非常丰富的语言之一。自远古以来，华夏族和汉族人民就与北方、南方各少数民族及毗邻地区以至遥远地区的各个民族、各个国家发生接触，有着紧密和频繁的联系。在这个过程中，汉语吸收了其他语言的成分，并加以消化，使之成为汉语词汇的组成部分。编纂一部比较详尽的、源流并重的《汉语外来语大词典》，是汉语词典学发展到今天应该完成的一项重要任务。这不仅对语言研究，而且对文化史的研究也是有益的贡献。

我们设想，在新世纪里，集合各方面力量，开展国际合作，用 20 年左右时间编一部这样的词典，收录见于汉语文献的自先秦至 20 世纪末的外来词语。该词典的重点可以放在外来词语的源流考证方面。对每个词条，要尽可能博采中外学者的研究成果，特别是当代的最新成果，

---

〔1〕G. 多尔弗撰、黄振华译：《评 Herbert Frank 著〈契丹语考〉》，《民族语文研究情报资料集》1985 年第 6 集。

〔2〕朱庆之：《论佛教对古代汉语词汇发展演变的影响》，载于《21 世纪的中国语言学（二）》，北京：商务印书馆 2006 年，232 页。

以详细说明这个词源于哪一种外族语的哪一个词,并理清该词在汉语中词义和词形的流变。除语源考释和说明演变外,还要适当引用书证,并尽可能引用汉语文献中最早的例证。在词条末则用"参阅"形式列出参考文献,以便于读者进一步查考。在编写工作正式开始之前,还要借助种种现代化手段,广泛搜集各类信息,系统做好资料工作。

相信这项基础工作的开展和完成,将大大促进汉语外来语的研究,并使之提升到一个新的水平。

附：

关于对"印度"等译名的考辨和研究
——纪念师觉月教授

在长达数千年的中印交往史中,中国学者(这里主要指汉族学者)曾经使用过许多名称来称呼印度。从唐代沿用至今的"印度"一词是最为人们所熟知的,也是高僧玄奘认为正确的一个译名。对于此词的来源,前哲和时贤做过许多有意义的探索,但还不能说已经彻底解决。近80年来,中国学者吴其昌[1]、钱文忠[2]、徐时仪[3]先后发表过3篇专文进行讨论,使我们对这一问题的认识逐步深入,也澄清了不少因时代的局限而形成的误解,这是十分令人高兴的。

值得注意的是,中国人民的老朋友、著名印度学者师觉月(Prabodh Chandra Bagchi,1898—1956)用英文写过一篇重要论文《中文古籍中印度古名考》,于1948年发表在当时由辅仁大学出版的著名外文汉学学报《华裔学志》第13卷上[4]。此文曾经钱文忠先生在其论文《印度的古代汉语译名及其来源》中征引[5],但因刊登该文的《华裔学志》印数不多,国内学者往往难以读到全文,故尚有译介的必要。

在详细介绍该文之前,应该先谈谈师觉月教授的生平和他在学术上的贡献[6]。

---

〔1〕吴其昌:《印度释名》,《燕京学报》1928年第4期。

〔2〕钱文忠:《印度的古代汉语译名及其来源》,《中国文化》1990年第4期。又载《十世纪前的丝绸之路和东西文化交流》,北京:北京新世界出版社1996年。

〔3〕徐时仪:《印度的译名管窥》,《华林》第3卷,北京中华书局2003年。又见作者的专著《玄应〈众经音义〉研究》,北京:北京中华书局2005年,576-592页。

〔4〕P．C．Bagchi, "Ancient Chinese Name of India", *Mo numenta Serica*, 1948, 13, 366-375.

〔5〕此前季羡林等《大唐西域记校注》亦已引及,见该书(北京中华书局,1985年)162-163页。

〔6〕本文参考了加拿大马克马斯特大学名誉教授冉云华先生《胡适与印度友人师觉月》(台北《中华佛学学报》第6期,1993年,263-278页)和日本佛教学者汤山明(Akira Yuyama)教授"Prabodh Chandra Bagchi(1898—1956), A Model in the Beginnings of Indo-Sinic Buddhist Philology" (*ARIRIAB*,2002,5, 135-146)二文,谨致谢忱。

师觉月的印度原名是 Prabodh Chandra Bagchi。因为他属婆罗门种姓,有教化人民之职责,故自定其汉姓为"师","觉月"则是梵文 Prabodh Chandra 的意译,这就是他汉文姓名的来历。

他生于孟加拉国,1921 年从加尔各答大学获硕士学位。当时印度大诗人泰戈尔(Rabindranath Tagore,1861—1941)父子在寂乡(Santiniketan)创办的国际大学邀请法国印度学大师烈维(Sylvain Lévi,1863—1935)前往讲学,加尔各答大学选派师觉月去国际大学从烈维学习,不久又随烈维去尼泊尔搜寻和校读佛经。1922 年师氏得到加尔各答大学的游学研究奖学金,随烈维到巴黎深造,又得乃师推荐,由河内的法国远东学院资助,到日本访问研究。1923 至 1926 年间,他在法国攻读博士学位,期间曾从梅耶(Antoine Meillet,1866—1936)学习古波斯诗颂,从伯希和(Paul Pelliot,1878—1945)学习中亚文化,从马伯乐(Henri Maspero,1883—1945)学习汉学,从布洛(Jules Bloch,1880—1953)学习巴利文。此外,他还深受法国东方学家如高第(Henri Cordier,1849—1925)、格鲁塞(René Grousset,1885—1952)的影响。诚如汤山明教授所指出,师氏一生的学术活动与法国东方学密不可分。1926 年获巴黎大学博士学位后,师氏回到加尔各答大学研究院,复任讲师职务。1929 年又第二次到尼泊尔,搜集佛教梵文典籍。

从 1927 年起[1],师觉月发表了大量学术著作。他的学术研究主要集中在 3 个方面:一是佛教典籍和历史,特别是对汉文佛典和中印佛教交流史以及密教的探究;二是古代印度文化,包括雅利安语传入之前的印度传统;三是孟加拉国语言与文学,例如从藏文文献中找到古孟加拉文佚经等。此外, 烈维还曾鼓励他研究汉文和藏文典籍中的耆那教

---

〔1〕师氏的第一部书就是题为《印度与中国》的小册子:*India and China*, Greater India Society Bulletin 2, Calcutta, 1927, 42.

资料[1]。

　　师觉月的汉学著作主要有以下 4 种：（1）《中国佛教经典考》（1927—1938）[2]，上下两巨册。此书是他的博士论文，用法文写成，书中将中国历代佛经目录，按照译者时代逐项列出，加以综合研究，颇为精审，至今仍有其学术价值。（2）《梵汉词典两种》（1929—1937）[3]，此书也用法文写作，整理、研究保存在日本的利言作《梵语杂名》和题名义净作《梵语千字文》。（3）《印度和中国——千年文化交流史》（1945 年初版，1950 年第 2 版）[4]，此书对中印友好交往的悠久历史进行回顾，虽然篇幅不大，但极受中印两国和国际学术界的重视。（4）《印度和中亚》（1955）[5]，此书着重探讨中国新疆、敦煌一带的重要考古发现和出土文献，充分吸收各国学者的最新研究成果，并附作者的相关论文和演讲，写得深入浅出、平实稳妥，今天看来，虽因出版逾 50 年稍显不足，但也并未过时。除以上 4 种著述外，作者还撰写了大量关于中印文化交往的论文，特别是主持国际大学出版的学刊《中印研究》（*Sino-Indian Studies*），蜚声学界。例如他曾和留学印度的中国学者周达甫博士合作写成《菩提伽耶宋代中文碑铭考》[6]，是研究中印文化交流史的重要论文，即发表于该学刊。

　　国际大学中国学院是泰戈尔在谭云山（1890—1983）教授协助下成立的。1945 年由中国学院延聘的教授，有师觉月、巴伯特（P. V.

---

　　〔1〕见烈维致一位耆那教学者的信：*Letters to Vajayendra Suri*，Published with an introduction by Raghu Vira，Bombay-London，1960，151.

　　〔2〕P. C. Bagchi, *Le canon bouddhique en Chine*：*Les traducteurs et les traductions*，I－II（ = *Sino-Indica*：*Publications de l' Université de Calcutta*，I et IV），Paris，Paul Geuthner，1927—1938. (iii)，L11，436p.；(V)，437－744.

　　〔3〕P. C. Bagchi, *Deux lexiques Sanskrit-chinois*，I－II（ = *Sino-Indica*：*Publications de l'* Université de Calcutta，II－III），Paris：Librairie Orientaliste Paul Guethner，1929－1937. (iii)，336 p.；(V)，ii，337－544.

　　〔4〕P. C. Bagchi, *India and China. A Thousand years of Cultural Relations*. 2nd ed.，revised and enlarged. Bombay：Hind Kitabs，1950，234.

　　〔5〕P. C. Bagchi, *India and Central Asia*，Calcutta：National Council of Education，Bengal，1955，185.

　　〔6〕"New Lights on the Chinese Inscriptions of Bodhgaya"（Jointly with Chou Ta-fu），*Sino-Indian Studies*，Vol. I，Part II.

·欧·亚·历·史·文·化·文·库·

Bapat)、高克力（V. V. Gokhale）等，其中师觉月主持研究工作。抗战以后，在当时国民政府与印度国大党的合作项目中，有一项是两国交换教授和留学生。中国政府决定任命谭云山先生为第一任讲座教授，在国际大学中国学院讲授中国文化；师觉月则于1947年由印度政府派遣，在北京大学出任印度文化讲座教授，一直工作到1948年底，任满回国。

师觉月在北大一年多，与其往来密切的中国友人主要有周一良、王森、周达甫诸先生，特别是吴晓铃、石素贞夫妇，早年留印时就与师氏相熟，对他在北京的研究和教学工作颇有帮助。

师氏任满返印时，当时的北大校长胡适赠以北宋开宝八年（975）吴越王钱俶所刻唐不空三藏译《宝箧印陁罗尼经》印本，并亲笔题跋，与佛经印本合裱成一个卷子。胡氏的跋文如下：

> 印度政府为了增进中印两个民族之间的了解与合作，特在北京大学设立一个印度学术的讲座，第一任教授就是师觉月博士，他在北大的工作是给中印友谊与学术合作建立了一个有力量的基础。现在他要回国了，我们都很惜别。我把这一卷可以纪念中、印文化关系的中国早期刻经送给他，祝他一路平安。

胡适（印章）
一九四八年十一月二十五日

师氏回国，任国际大学研究院院长。中国解放后，他于1952年作为印度文化代表团团员又到北京访问。在京时遇到那时仍在中国的旧识、德籍佛学家李华德（Walter Liebenthal，1886—1982）先生，于是邀请李氏到国际大学任研究教授。李氏抗战前即在北京教授梵文，抗战期间曾随校南迁云南。他撰有佛学论文多篇，还曾把汉文佛籍名著《肇论》译为英文，作为《华裔学志》专刊第13种于北京出版。[1] 在印度时，曾于日本上智大学出版的 *Monumenta Nipponica* 上发表论文，如对

---

[1] *The Book of Chao*. A Translation from the Original Chinese with Introduction, Notes and Appendices, by W. Liebenthal, 1948.

竺道生的研究等,又写长文讨论《大乘起信论》,刊于《通报》[1],为国际学术界所重视。这位被吴晓铃先生称为"世界级"的学者,晚年由印度返回德国颐养天年,以96岁高龄逝世于当时的联邦德国。

1956年,师觉月教授以心脏病猝逝,得年仅58。当时的中国刊物如《现代佛学》曾发表文章表示悼念。

下面是笔者译述的师氏关于汉籍印度古名源流的论文全文。

India 在当今汉语中被称为"印度",但这并不是一个现代的译名,此名至少可以追溯到唐代,伟大的中国旅行家玄奘正是以此命名印度的。在其《西域记》里[2],他讨论了关于印度的各种不同的中文名称:

> 详夫天竺之称,异议纠纷,旧云身毒,或曰贤豆,今从正音,宜云印度。印度之人,随地称国,殊方异俗,遥举总名,语其所美,谓之印度。印度者,唐言月。

从上面的引文可以清楚地看出,印度人自己并没有对其国家总体的统称[3],而"印度"则是中国人使用的此国的名称。玄奘作为一个伟大的梵学家,他对"印度"(*ien-duo > indu)这个名称的语源的解释是很敏锐的,他把它说成来自"月亮"。而实际上,作为一个梵语词(*indu),它只有月亮的含义。玄奘也用一种天真的方式为自己的解释辩护[4]:

> 言诸群生轮回不息,无明长夜,莫有司晨,其犹白日既隐,宵月斯继,虽有星光之照,岂如朗月之明! 苟缘斯致,因而譬月。良以

〔1〕Walter Liebenthal, "New light on the Mahāyāna-Śraddhopāda-Śāstra", *T'oung Pao*, 1958, Vol. XLVI, 3 - 5, 155 - 216.

〔2〕Watters 译本,I, 131 页。

〔3〕但这并不意味着印度不存在对本土的总称。玄奘本人曾说印度"总谓婆罗门国",这是由于"印度种姓,族类群分,而婆罗门特为清贵,从其雅称,传以成俗,无云经界之别"。参阅上引 Watters 译本,140 页。在佛典中,印度被称为"赡部洲(Jambudvīpa)",此名亦见于阿育王石刻。在《往世书》里,赡部洲所指区域更为广泛。印度本土则被称为 Bhāratavarṣa,即"婆罗多王统治的区域",此名一直沿用至今。在高种姓印度人中,北印度被称为 Āryadeśa 即"圣方""圣域",海外印度人亦以 Āryadeśa 称印度。参阅 Cœdès, *Histoire ancienne des états hindouisés d' Extréme Orient*, 274 页。

〔4〕Watters 译本,I, 138 页。

其土圣贤继轨,导凡御物,如月照临。由是义故,谓之印度。

由于对这种基于信仰的解释不很满意,这位旅行家渴望找到一种支持其论点的客观可靠的确证。通过向当地人的调查询问,他得知"五印度之境,周九万余里,三垂大海,北背雪山。北广南狭,形如半月"[1]。

因为玄奘做了这样的解释,所以后来的作者[2]开始认为汉语中印度的旧译名如"身毒""天竺"等是错误的,而"印度"则是此名的正确形式。即使是最常见的译名天竺,虽然在佛典中一直存在,但在历史记载里也被新译名印度所取代。

中国与印度接触始于前汉时期。从那时到唐代,有各种不同名称用以指称印度。下面我们将按年代顺序考察一些最重要的译名[3]。

最古老的译名是"身毒",众所周知,见于《史记·西南夷列传》,这是张骞出使西域于大夏所听到的国名。张骞在公元前 122 年向皇帝报告说:"居大夏时见蜀布、邛竹杖,使问所从来,曰:'从东南身毒国,可数千里,得蜀人市。'或闻邛西可二千里有身毒国。"根据张骞的报告,《史记·大宛列传》说:"身毒在大夏东南可数千里。其俗土著,大与大夏同,而卑湿暑热云。其人民乘象以战。其国临大水焉。"

《后汉书·西域传》首次用"天竺"称印度,从此这个名称在中国差不多被普遍接受。来中国的印度人也被取名为"竺",即国名"天竺"的第二个字。《后汉书》本文的记载如下:"天竺国一名身毒,在月氏之东南数千里……至桓帝延熹二年、四年,频从日南徼外来献。世传明帝梦见金人,长大,项有光明。以问群臣。或曰:'西方有神,名曰佛,其形长丈六尺而黄金色。'帝于是遣使天竺问佛道法。"

《后汉书·文苑传上·杜笃传》可能记录了印度名称的另一种形式即"天督",其文曰:"都尉东南,兼有黄支。连缓耳,琐雕题,摧天

---

〔1〕Watters 译本,Ⅰ,140 页;《西域记》卷 2。

〔2〕道宣:《释迦方志》Ⅳ(i);慧琳:《一切经音义》卷 26、卷 58:"身毒即天竺之讹语也。"道宣也提到"印度"是此名的正确形式。

〔3〕吴其昌教授在《印度释名》一文中征引详备,刊于《燕京学报》Ⅳ,717 页及以下。笔者从这篇论文中受益良多。

督。"颜师古(567—645)在其注中说:"天督即天竺国也。"

"贤豆"一名的纪录见于唐代,首次使用的是玄奘,后来有道宣。我们已经在上文引用了《西域记》中提及此名的段落,道宣则在各处都提到此名。《续高僧传》(卷2)[1]关于印度和尚达摩笈多的传记说他是南贤豆(南印度)罗啰(Lāṭa)国人,同传中又说到中贤豆(中印度)界鞬挐究拨阇(Kaňoj)城。唐代佛典目录《开元释教录》(卷7)重复了上述传记的材料,但把"贤豆"这个名称改成了"印度"。值得注意的是,《续高僧传》在别处凡提到印度国名时,道宣都用"天竺"这个名称而不用"贤豆"。在《达摩笈多传》中,道宣明显使用了一些旧的材料。我们知道,达摩笈多在隋末来到中国,他曾旅行了很多地方,除把梵文佛典翻译成中文外,还写了一本名叫《大隋西域传》的书,但这本书后来遗失了。道宣在写《达摩笈多传》时很像是使用了此书。实际上,这篇传记基本上是达摩笈多从印度到中国对行经各国的描述的节要。所以,"贤豆"可能是达摩笈多本人用以称呼他自己国家的名称。[2]

早期中文文献中还有两个与印度有关的其他名称,即"捐毒"和"悬度"。"捐毒"见于《汉书·西域传上》,与塞人(Śaka)的移动有关:"北与捐毒,西与大月氏接。"《汉书》还记述说:"塞种分散,往往为数国。自疏勒以西北,休循、捐毒之属,皆故塞种也。""捐毒国,王治衍敦谷,去长安九千八百六十里……本塞种也。"颜师古注:"捐毒即身毒、天笃也。"这是很有可能的。"罽宾"在汉代指克什米尔,当塞人被月氏人从大夏逐出后,他们在公元前2世纪占据了该地。在《汉书》编者的心目中,指的可能是印度的这一部分。罽宾与疏勒接界。[3]

"悬度"的原意是"悬挂的吊桥",中国旅行家在其行记中提及从葱

---

[1]《达摩笈多传》,请阅《续高僧传》卷2;《开元释教录》卷7;沙畹(Chavannes)—B. E. F. E. O, 1903, 439 - 440页;师觉月—Le Canon Bouddhique en China, II, 464页。

[2]这说明早在公元6世纪,印度人就已经使用伊朗语名称"Hindu"向外国人介绍他们自己及其国家。

[3]师觉月, "Ki-pin and Kashmir", *Sino-Indian Studies* II, 42页及以下。

191

·欧·亚·历·史·文·化·文·库·

岭(帕米尔)地区至印度河上游时曾在这个意义上使用该词语。[1] 有的作者或者是出于混淆,或者是因为名称的类似而把这个词当作国名用。郦道元在《水经注》卷1引郭义恭说,对此有充分的解释:“乌秅之西有悬度之国,山溪不通,引绳而度,故国得其名也。”郦道元则明确指出这个地区是罽宾(克什米尔):“余证诸史传,即所谓罽宾之境。”这由法显的记述得到证实。

因此,中国作者从张骞时代以来使用的印度名称的最重要的形式是:身毒,天竺,天督,贤豆,捐毒和悬度。唐代开始使用印度这一译名,并且沿用至今。

这些对印度的汉语译名远未得到清楚的解释。Watters[2] 可能是第一个对这些名称做批判性观察的人,但由于那时的汉语音韵学研究尚不发达,他的论点尚不足以解决与名称相关的诸种问题。

吴其昌教授的论文已经参考和考虑到了高本汉(Karlgren)对汉语古音的构拟,但在 Watters 看法的影响下,要达至一个令人满意的结论,需要做的工作实在太多。因此,笔者将从一个新的角度重新考察有关古音的问题。[3]

“身毒”的古音是 *siěn-d'uok,可以复原为 Śindhuk 或 Śinduk。所有先前的学者都认为这是印度极西部的王国(现代信德)和印度河流域的名称 Sindhu 的转写。事实上,在没有一个总的一般称呼的情况下,从西面看印度的外国人自然用这个名称来称呼这个国家。张骞显然也是这样。

然而,这种看法忘记了张骞并没有直接与印度或印度人接触的事实。他是从大夏人那里得知印度名称的,大夏是纯粹的伊朗语区域,其时处于月氏的统治之下。这样,他听到的印度名称的发音,应该是来自伊朗语,或者是来自月氏语。月氏语的形式没有留下记录。但伊朗语

---

〔1〕Legge, Travels of Fa-hien, 26 页。《法显传》:“昔人有凿石通路施傍梯者,凡度七百,度梯已,蹑悬絚过河。”

〔2〕Watters 译本,I , 132 – 138 页。

〔3〕对汉语古音,依据高本汉的《分析字典》(*Analytical Dictionary*)。

的形式是众所周知的。伊朗语的 Sindhu 名称的形式是 Hindava，Hind-，这个名称在古代希腊语变为‘Indoi，‘Indos。所以张骞在大夏听到的印度名称应该近于 Hind-。

如果接受对张骞提到的印度名称至今所做的解释，还存在另一个更严重的困难。要说明他直接从印度人那里听到这个名称是不可能的。倘若是这样，其原形应是 Sindhu，Sindhu(ka)，带有一个明显的齿咝音。汉语中并不缺乏齿咝音。到过印度或对这个国家有直接知识的古代作家在转写印度河(Sindhu)之名时都使用这个音。如《水经注》的"新头"、《水经注》引郭义恭的"新陶"、智猛的"辛头"、义净的"信度"。所有这 3 个字"新""辛""信"在古汉语中都是 siěn，带有齿咝音。但"身"的古音是 siěn，以腭音开头。因此，我们必须假设身字有另一个方言读音。实际上，Watters 已经对此有所察觉。[1]

古代中国作者也认为"身毒"的"身"有不同的发音。颜师古在其对《汉书·西域传上》的注释中说："捐毒，即身毒、天笃，本皆一名，语有轻重耳。"徐广(352—425)在其对《史记·西南夷列传》的注释中指出："《汉书》直云身毒，《史记》一本作乾毒。"然后他又说："身或作乾，又作讫。"(《史记·大宛传》)

按照徐广的说法，"身"在此处的发音与 3 个字即"干(乾)""乾""讫"相似。"乾"的古音是 γuət，"讫"则是 kiət，但是也可以代之以 χi̯ət。在这两个例子里，"身毒"的发音是 γuət-d'uok 和 χi̯ət-d'uok，则其原形应该像是 Hinduk(a)。至于"乾"，在《史记》相关的另一处有不同的读音，这可能出于书写或刻印之误，由"乾"和"韩"二字的简化形式"乹"所引起。"乾"的发音是 g'i̯än，而"韩"则音 γân。如果是后者，"身毒"的原形可以是 Händuk(a)或 Hinduk(a)。

颜师古认为"捐"和"身"发音相同。如果这样，"身毒"可以拟为 i̯²än-d'uok，其原形应该像 Induk(a)。张骞涉及的印度名称"身毒"的这两个读音里，究竟哪个是正确的呢？

---

〔1〕Watters 译本，I, 133 页。

看来颜师古对印度一名读音的看法是更可信的。Watters 可能也有类似意见,他写道:"如果承认张骞报告原文里现在读'身'的字,那时的读音像是 in 或 yin,这并不是完全不可能的。"[1]因此,我们可以假定张骞在大夏听到的"身毒"一名的原形是 Induk(a)。他并没有采用伊朗语形式 Hinduka,而非常可能用了月氏语的形式。

到了后汉时,中国人通过来华的佛教传教士对其国家有了更直接的接触,开始称印度为"天竺"。对此,应该注意首批来华的佛教僧侣都是伊朗人或粟特人(例如安世高之名为安玄,康孟详之名为康巨等,见《高僧传》卷 1)。粟特人属于伊朗语族群,他们以其商业能力成为这个时期不同族群之间的中介。所以,印度名称的伊朗语形式看来是由粟特人带入中国的。但这个伊朗语名称何以以"天"字打头呢?

关于"天竺"一词中"天"字的读音,Watters 有如下的说明:"这个名称的首字看来有一个古老的或者方言的读音,有如 Hien 或 Hin。这个读音见于今天福建省邵武府的方言,那里把天竺读如 Hien-tu。"[2]这一看法得到古代权威如刘熙(卒于 126 年)的充分支持,他在《释名》中说:"以舌腹言之,天,显也。"[3]因此,汉代"天竺"的发音有如"显竺"——$^*\chi$ien-t'ịuk > Hinduk(a)。很清楚,这是印度名称的正确的伊朗语读音。所有附庸的形式如"天笃"$^*\chi$ien-tuok,"天督"$^*\chi$ien-tuok,"天毒"$^*\chi$ien-d'uok,"贤豆"$^*\gamma$ien-d'əu 以及"悬度"γien-d'ak(d'uo'),都应追溯到同一伊朗语形式,或者是 Hindu,或者是加上一个后缀的 Hinduka。

至今我们还没有讨论"印度"这种形式的起源,其古音是 in-d'ak 或 ind'uo,来自 Indak 或 Indu(末尾的辅音可能在唐代的某些方言中弱化了);此外,这个词不可能解释为"月"。像 Induk-Indu 这样的形式不可能来自"天竺"。至于张骞所说的"身毒"和这些形式之间的中间环节非常不确定,所以也不能断定它们彼此之间存在任何联系。那么,究

---

〔1〕Watters 译本,I, 134 页。
〔2〕Watters 译本,I, 135 页。
〔3〕感谢我的朋友吴晓铃教授使我注意到这一文献,见《释名·释天第一》。

竟这些形式的来源是什么呢？

在慧立的《玄奘传》里，我们发现突厥人使用的印度名称的另一种形式。玄奘曾在突厥汗国（今塔什干附近）谒见可汗并与之谈话。可汗告诉他："师不须往印特伽国，彼地多暑。"[1]玄奘明显是从可汗本人那里听到这个国名的。我们知道，突厥人曾侵扰具有高度文明的国家，而他们自身的文化和宗教来自新疆北部如龟兹、焉耆等地。他们关于印度以及印度名称的信息都出于同一来源。

在与唐代来到中国的印度和尚满月（Purnacandra）有关的地方，《宋高僧传》（卷3）的作者说："龟兹不解天竺语，呼天竺为印特伽国。"《宋高僧传》由赞宁于988年编集。龟兹那时已经失去了在弘扬佛法方面的任何作用。作者显然使用了一些旧的资料，其来源现在已不可知。因此，我们可以认为以上信息是正确的，并且推测龟兹吐火罗语称印度的形式是"印特伽"*in-d'ək-ka > Indäk(a)。龟兹吐火罗语没有 h 或送气音，这正是龟兹语在辅音方面的特征。突厥语的Indäk(a)完全借自同一龟兹语词，后来出于同一来源的借词亦见于回鹘语，回鹘语的印度名称作 Änätgäk（蒙古语也作 Änädgäk）。

在笔者看来，龟兹语的 Indäk(a) 正是汉语 Induk-Indu 的来源[2]。龟兹语的 Indäk(a)可否追溯到张骞所记述的月氏语的 Induk？虽然两者之间可能存在联系，但现在还需要进一步的事实和论据。有一点是清楚的，月氏语像龟兹吐火罗语一样，缺乏送气音，所以不能表示原来

---

〔1〕Watters 译本，I，75 页。《大唐大慈恩寺三藏法师传》（东方文化学院京都研究所出版，卷2）。慧琳《一切经音义》的续编《续一切经音义》造出了一个非常古怪的译名。这书说所有的旧译名如天竺、天笁、身毒、贤豆、印度都不正确，正确的名称应该是"印特伽罗"，意为"月"。它还引《西域记》作为"月亮"含义的依据。然而作者忘记了玄奘指出"印度"是好的译名，意思是"月"。他显然试图改进"印特伽"这个译名，所以加上了"罗"。印特伽罗可以对应于梵语的 Indukalā，然而此词并不是月亮的意思，而是指月亮的一部分，也指新月。

〔2〕有大量证据可以说明龟兹在印度词语进入汉语上起了中介作用。烈维首先指出这一点。按他的研究，汉语佛教词汇如"沙门""沙弥""波逸提"并不是印度词语的转译，而是来自龟兹语 ṣamāne，ṣanmir，payti。——J. As. 1913，379 页。近来季羡林博士试图证明汉语"佛"也来自吐火罗语，"Origin of the Chinese words for Buddha"，*Sino-Indian Studies*，Ⅲ，第1页及以下。

伊朗语印度名称 Hind 中的 h。[1]

因此,汉语中关于印度的各种译名的相互关系可以图示如下:

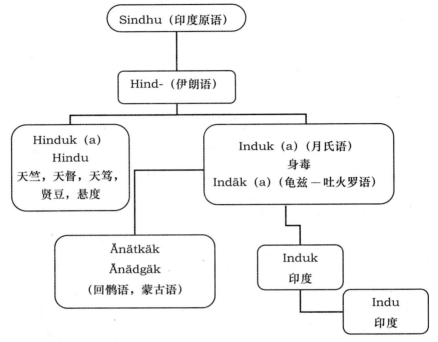

译述师氏论文既竟,笔者还有三点感想,简述如下,以代结语。

一、"身毒""天竺""印度"是中国古代称印度的主要名称,其中"印度"一名沿用至今[2]。一般以为"身毒"源于梵语 Sindhu,两者声音接近,其实不然。此名系公元前 2 世纪张骞在大夏时听说的印度名称,而大夏当时流行一种伊朗语,所以其来源可能是伊朗语。而"天竺"的读音在汉代与"身毒"很接近,也与伊朗语对应。加拿大的蒲立本教授曾再三指出这一点[3]。至于"印度"一名的语源,则可能以吐火

〔1〕至少有一个例子说明"身毒(Induk)"这个名称很早就被龟兹语采用。约公元 1 世纪中叶,匈奴立龟兹贵人身毒为龟兹王,先于汉人指派的龟兹王,见《后汉书·西域传》;沙畹(Cha-vannes),*T'oung Pao*,1907, 198 页。这个名字与月氏语的印度之名相合,这当然不是偶然的。身毒(Induk)可能是个印度裔的龟兹贵人。

〔2〕徐文堪:《关于"身毒"、"天竺"、"印度"等词的语源》,《词库建设通讯》(香港)1996 年总第 10 期。

〔3〕蒲立本:《上古汉语的辅音系统》(潘悟云、徐文堪译),北京:中华书局 1999 年,77 - 78 页。

罗语(龟兹语)作为中印之间的中介来解释。这些当代学者认可的观点,在师觉月教授发表于 20 世纪 40 年代的论文中都已指出方向,所以这确是一篇十分重要的著述。还应该说明的是,师氏在确定"天竺"的汉代读音时,注意到《释名》一书,这是出于吴晓铃先生的启发。

二、师氏认为"身毒"一名的原形也可能是 Induk(a),来自月氏语,而龟兹语的 Indäk(a)可否追溯到张骞所记述的月氏语,还需要进一步研究,但两者之间可能存在联系(《后汉书·西域传》曾提到一个龟兹贵人名"身毒",被匈奴立为王)。师氏看来倾向于月氏人说吐火罗语的看法[1]。这个看法倘若成立,则似可进一步推测月氏 = 贵霜 = 吐火罗[2]。这是中亚和南亚史上百年来聚讼纷纭的大问题,其解决尚有待于未来的发现和探索。

三、师氏还认为"天竺"一类的印度名称的伊朗语形式是由说东伊朗语的粟特人带入中国的。近年来关于来华粟特人的研究有很大进展[3],所以这个问题也应该再做研究。

补记:

师觉月教授关于古代中印关系研究的论著,已由中国的王邦维和印度的沈丹森(Tansen Sen)两位教授编集成书,书名为 *India and China: Interactions through Buddhism and Diplomacy*,2011 年由 Anthem Press (London, New York, Delhi)出版。正如邦维先生在《纪念师觉月教授》一文中所说:"我们要把包括师觉月在内的所有前辈学者开创的工作进一步发展下去,让中印两国人民、两国学者之间有更多的了解、更多的交流,相互学习,永远友好。"

---

〔1〕师氏对月氏人所说语言的看法,与 Berthold Laufer (1874—1934)不同。

〔2〕耿世民:《新疆历史与文化概论》,北京:中央民族大学出版社 2006 年,408 页。

〔3〕荣新江、张志清编:《从撒马尔罕到长安》,北京:图书馆出版社,2004 年;〔法〕魏易天著、王睿译:《粟特商人史》,桂林广西师范大学出版社 2012 年;Judith A. Lerner, *Aspects of Assimilation: The Funerary Practices and Furnishings of Central Asians in China*, Sino-Platonic Papers 168 (Philadelphia, 2005); Mariko Namba Walter, *Sogdians and Buddhism*, Sino-Platonic Papers 174 (Philadelphia, 2006).

10　语言与基因

当代历史语言学是传统历史语言学的继承和发展。在新的学术背景下,一些悬而未决的老问题又受到人们的关注,使原来的认识产生变化或者得以不断深化。特别是近20年来,关于人类群体中的基因出现率与该群体使用的语言系属具有相关性的研究,在分子生物学家、人类学家、考古学家和语言学家中引起热烈的讨论,并已取得一定进展。将语言和基因联系起来的研究方向是正确的,但当前还存在一些困难和不足之处,相信通过坚持不懈的努力,这些问题将逐步得到解决。因为遗传学的发展,结合语言学和考古学的新进展,使现代人类及其语言的进化历程更加清楚;同时,拥有了大规模的语言资源和强大的计算能力,我们已经能够模拟较长时间的语言演化过程。这种跨学科的整合性研究对于弄清全世界各族包括中华民族及其语言的源和流具有重要意义。

10.1　引言

语言是人类特有的一种表情达意的交际符号系统。按乔姆斯基(N. Chomsky)的说法,人的语言能力中有一部分是先天具有的,是全人类共同的,它是生物遗传与进化的结果。关于语言的起源与发展,数千年来人们一直感到迷惑不解,也曾被视为科学的"禁区"。但早在数百年前,学者们就把世界上形形色色的语言分成各种"语系",企图追寻它们的共同来源[1],19 世纪历史比较语言学的建立及其巨大成就,就是这种持续不断的努力的结果。进入 20 世纪,历史语言学在一段时间里似乎显得比较沉寂,但随着新的语言材料的发现、新的研究方法和研究手段的进步以及各门学科的相互渗透,一些悬而未决的"老问题",如印欧语的起源和分布、原始印欧语的"故乡"等又重新引起人们的关注[2]。特别是近 20 年来,关于人类群体中的基因出现率与该群体所使用的语言的系属具有相关性的研究,在分子生物学家、人类学家、考古学家和语言学家中引起热烈的讨论,并且已经取得一定进展,这是与对现代人起源问题的探索紧密相连的。

10.2 关于现代人起源问题的争论

1987 年加州大学伯克莱分校的已故科学家艾伦·威尔逊(A. C. Wilson)及其同事比较了世界各地女性的线粒体 DNA,发现非裔女性的多样性比其他族裔的女性高出一倍,由此提出现代人出自非洲的假说。这就是著名的"夏娃假说",从而揭开了运用遗传学方法探索史前人类历史的序幕。用遗传学方法和技术研究人类群体的进化,就是利用一些遗传标记来追溯人类群体起源迁徙发生的大致时间及路线[3]。目前研究早期人类进化和迁徙的最理想的遗传标记,公认是 Y 染色体拟常染色体非重组区段的 SNP 标记。通过对 Y 染色体的研究,又提出了与上述"夏娃假说"相印证的"亚当假说"。这些假说是目前在科学界占主导地位的关于现代人"出自非洲"(the recent out of African mod-

〔1〕George van Driem, "Sino-Austronesian vs Sino-Caucasian, Sino-Bodic vs. Sino-Tibetan, and Tibets-Burman as default theory", in Yogendra Prasada Yadava, Govinda Bhattarai, Ram Raj Lohani, Balaram Prasain and Krishna Parajuli, eds. , *Contemporary Issues in Nepalese Linguistics*, Kathmandu: Linguistic Society of Nepal, 2005,285 – 338.

〔2〕Colin Renfrew, *Archaeology and Language: The Puzzle of Indo-European Origins*, London: Pimlico, 1998; J. Mallory, *In Search of the Indo-Europeans: Language, Archaeology, and Myth*, London: Thames and Hudson, 1989; Katherin Krell, *Modern Indo-European Homeland Hypotheses: A Critical Examination of Linguistic Argument*, Ottawa: National Library of Canada, 1995.

〔3〕李辉、宋秀峰、金力:《人类谱系的基因解读》,《二十一世纪》网络版 2002 年 7 月号(总第 4 期),1 – 14 页。

·欧·亚·历·史·文·化·文·库·

el,可以简称为 ROA)学说的基础。这种学说认为约 20 万年前在非洲完成了由直立人至现代人的进化,源于非洲的现代人群走出非洲,并且完全取代了欧亚大陆和其他地区的古代人群。

大多数古人类学家和遗传学家都认为现代人开始出现于非洲,最早的现代人化石是在埃塞俄比亚的奥默基比希(Omo Kibish)出土的,距今约 195000 年。基因证据显示有一群现代人在 7 万年至 5 万年前离开非洲,最终取代了所有更早期的人类,如尼安德特人。这群人可能沿着红海北边迁徙,也可能取道南端狭窄的海口。约 4 万年前,现代人向中亚推进,来到喜马拉雅山北边的草原,甚至到达西伯利亚南部。同一时间,人们到达东南亚和中国,又北上抵达朝鲜和日本。至于今天美洲原住民的祖先,是在 15000 至 20000 年前由亚洲迁移过来的。由于资料显示欧亚大陆西部的居民的 DNA 结构与印度人很相似,所以现代人可能是在 4 万至 3 万年前从亚洲经由内陆散播到欧洲的。来自澳洲两个古代遗址的发现——马拉库纳恩加(Malakunanja)的出土遗物和蒙戈湖(Lake Mungo)的化石——显示现代人在将近 5 万年前抵达澳洲。几乎所有澳洲原住民,以及安达曼群岛、马来西亚和巴布亚新几内亚的一些原住民,都带有一种古代线粒体特征,这正是来自非洲的现代人在其一万多千米的旅程中所留下的基因痕迹。

一系列新的研究和发现可以作为"出自非洲说"的佐证。如进入欧洲的现代人与原来的居民尼安德特人之间存在怎样的交流互动,这是一个尚未解决的难题,还要继续进行深入的研究。2004 年报道在印度尼西亚的佛罗勒斯岛发现了 18000 年前的一种矮人化石(Homo floresiensis)[1],身高约 1 米,脑量 380 毫升;该岛还发现过 80 万年前的石器,故推测这些小矮人可能是该岛直立人的后裔,而非这一地区现代人的祖先。

在一个较长的时期里,"出自非洲说"在中国没有得到显著响应。

---

[1]P. Brown, et al., "A new small-bodied hominin from the Late Pleistocene of Flores, Indonesia", *Nature*, 431, 2004, 1055 – 1061; M. J. Morwood, et al., "Archaeology and age of a new hominin from Flores in eastern Indonesia", *Nature*, 2004, 431, 1087 – 1091.

早在 1959 年,吴汝康曾与苏联学者切博克萨罗夫合作发表论文[1],在魏登瑞(Weidenreich)论著和 20 世纪 50 年代新发现化石的基础上,论证中国古人类的连续性。1984 年,美国学者 M. H. Wolpoff 与中国学者吴新智提出了现代人起源的多地区进化假说;20 世纪末,吴新智发表了关于中国人类进化的"连续进化附带杂交"的假说。"多地区进化说"的主要依据是人类化石在形态上的连续性和旧石器传统的延续性,认为现有证据不支持中国古人类在数万年前被非洲移民完全取代的推论。

与此相对,从 1998 年起,褚嘉佑、宿兵、金力、柯越海、肖春杰等在国内外学术刊物上连续发表了一系列分子生物学论文,通过线粒体、常染色体和 Y 染色体、微卫星标记等多种遗传标记对东亚群体进行了广泛研究,证明东亚现代人具有共同的非洲起源。上述研究者认为:大致在距今 18000 ~ 60000 年前,最早的一批走出非洲的现代人进入东亚南部,然后随着东亚冰川期的结束,逐渐北进,进入东亚大陆。另一支则从东南亚大陆开始迁徙,逐渐进入太平洋群岛。

总的来说,现代人源于非洲的学说已经建立起来,并且日益得到遗传学和分子生物学证据的支持,但这并不意味着这一学说与"多地区进化说"的争论已经终结,这是因为现代人类的起源和迁徙是个十分复杂的过程,解决这个难题不仅需要确凿可靠的古人类化石和考古学证据的支持,而且遗传学和分子生物学本身对"出自非洲说"仍有许多不同的观点和彼此差异很大的研究模式。如美国学者 Templeton 认为[2],各大洲之间持续不断地进行着人群的往复交流,过去 170 万年中有过几次大的洲际人群扩张;人群一次又一次扩张和走出非洲,但这些扩张的结果是杂交而不是简单替代,从而加强了世界人群之间的遗传联系。还有人研究了非洲、欧洲和亚洲人的与 X 染色体联系的非编码区的 10364 碱基对,发现非洲以外的现代人导源于非洲人谱系中很

---

〔1〕《中国旧石器时代人类体质类型、经济活动和文化的连续性》,《苏联民族学》1959 年第 4 期,3 – 25 页(俄文)。

〔2〕A. R. Templeton, "Out of Africa again and again", *Nature*, 2002, 416, 45 – 51.

小数量的人群的可能性很小。他们在非洲以外的人群中发现了出现率高达 35% 的、在非洲人中看不到的基因变异,后来又检查了另外 80 个非洲以外的和 106 个非洲人的 X 染色体,得到的结果也支持这个估计。这个变异在欧亚大陆出现的时间早于 14 万年前,比一些分子人类学家主张的现代人在非洲出现的时间要早,因此这个基因区域在欧亚大陆可以有相当长久的历史。美国学者 H. Harpending 和印度学者 V. Eswaran 等在 2005 年回顾近年从核染色体得出的分子生物学研究记录时指出,不能支持认为智人作为一个新的物种起源于非洲,后来散布到非洲之外并完全取代古老人群的观点;也不能支持人类分子历史的任何单纯的模式[1]。在他们主张的模式里,没有人类群体的长距离运动,变化完全是人群之间的局部基因交换和自然选择所驱动的。所以,要真正揭示现代人类起源历史之谜,还有很长的路要走。

与现代人类起源单源说("出自非洲"假说)相呼应,近年来在语言学界兴起了"语言起源一源论"[2]。其实,这种理论早在 20 世纪初就由意大利语言学家 A. Trombetti 提出。类似的设想无疑是很有价值的,也是值得深入研究的。但是由于我们现今对数万年前人类语言的追溯和重构尚存在许多困难,还不能有把握地对这个问题做出肯定的答复。但根据近年来对非洲南部的桑人和一些东非部族使用的、包含独特的吸气音的语言的新的探索,结合对这些人群的 DNA 标记的研究,或许可以证实这些语言保存着现代人类的非洲祖先所说的语言遗留下来的痕迹。

对于我国学者关心的汉藏语群体的起源问题,钱亚屏等[3]和宿兵[4]等在 2000 年分别报道了对汉藏语系不同群体的遗传学研究,表

〔1〕H. Harpending, et al., "Tracing modern human origins", *Science*, 2005, 309, 1995 - 1997. 参阅吴新智:《与中国现代人起源问题有联系的分子生物学研究成果的讨论》,《人类学学报》2005 年 24 卷 4 期,259 - 269 页。

〔2〕王钢:《语言起源的一元论》,《外语教学与研究》1994 年第 2 期,34 - 42 页。

〔3〕Yaping Qian, et al., "Multiple Origins of Tibetan Y Chromosomes", *Human Genetics*, 2000, 106, 453 - 454.

〔4〕Bing Su, et al., "Y Chromosome Haplotypes Reveal Prehistorical Migrations to the Himalayas", *Human Genetics*, 2000, 107, 582 - 590.

明汉藏语群体的祖先最初来源于东亚南部,在 2 万年到 4 万年前,一个携带 Y 染色体 M122 突变的群体到达了黄河中上游,然后在约 1 万年前由于粟谷农业的出现、新石器文化的发展,导致人口的增长,使这个群体在 5000~6000 年前分化为两个语族的亚群。其中一个亚群即藏缅语族群体离开黄河流域,沿着"藏缅走廊"向西及向南迁徙,最后在喜马拉雅山脉南北居住下来。这个亚群说景颇语的一支又向南穿过喜马拉雅山脉到达今天的缅甸、不丹、尼泊尔、印度东北部及中国云南省的北部。而说原始藏语的一支,与来自中亚或南西伯利亚带有 YAP 突变的群体发生大范围混合,向喜马拉雅进发并扩散到整个西藏地区。说缅彝语及克伦语的一支向南到达云南西北部,最后到达今越南、老挝及泰国。另一个亚群即汉语族群体主要向东向南扩散,最后在中国大陆各个地区居住下来。

说南岛语系语言的各族的起源问题也是世界各国学者多年来十分关注的问题。南岛语系的分布地区东至太平洋东部的复活节岛,西跨印度洋的马尔加什,北到中国台湾,南到新西兰,包括中国台湾、菲律宾、马来西亚、印度尼西亚、密克罗尼西亚、玻利尼西亚等地,共有 1000 至 1200 多种语言。宿兵等[1]于 2000 年利用 Y 染色体研究结果,认为东南亚的现代人类有部分迁徙到台湾,另有部分进入太平洋群岛,到达玻利尼西亚,这可能是史前人类最远的一次迁徙。这种说法否认了以前认为玻利尼西亚人起源于台湾的结论,但对于南岛语族人群的渊源,学术界仍然存在较大的分歧。

10.3　语言和基因

10.3.1　概述

早在 1871 年,查尔斯·达尔文就指出:"不同语言的形成与不同物种的形成,以及它们两者逐渐发展的证据,都有惊人的相似之处。"自

---

〔1〕Bing Su., et al., "Polynesian Origins: Insights from the Y Chromosome", *PNAS*, 2000, 97 (15), 8225 – 8228.

20 世纪斯坦福大学的卡瓦利－斯福尔沙（L. Luca Cavalli-Sforza）教授及其同事进行的开创性工作引起广泛的关注以来，对语言与基因的关系的研究已经取得了长足的进展。

20 世纪 90 年代时，英国科学家曾对一个患有罕见遗传病、被称作"KE 家族"的三代人进行研究，该家族的 24 名成员中约有半数无法自主控制嘴唇和舌头的动作，在阅读上也存在障碍。对于这种语言缺陷，研究者相信是他们身体中的某个基因出了问题。遗传学家 Anthony Monaco 和他的研究小组经过几年努力，把这个"语法基因"的范围缩小到 7 号染色体区域内，并与一个患有类似疾病的男孩进行对比，终于在 2001 年发现一个被称为 FOXP2 的基因在这个男孩和"KE 家族"成员的身上遭到了破坏。FOXP2 属一组基因中的一个，该组基因通过制造出一种可以粘贴到 DNA 其他区域的蛋白质来控制其他基因的活动，如果构成 FOXP2 基因的 2500 个 DNA 单位中的一个产生了变异，致使它无法形成大脑发育早期所需要的正常基因顺序，患病者脑皮层中与语言相关的区域就不能正常工作。此后，科学家们对 FOXP2 做了进一步的研究。德国莱比锡马普进化人类学研究所的遗传学家 Svante Pääbo 率领的小组与英国同行合作，测定了一些灵长类和小鼠的 FOXP2，证实这个基因存在于所有哺乳动物，而该基因的变异使人类区别于黑猩猩和小鼠，这种变异恰好发生在 15 万至 20 万年前解剖学意义上的现代人出现之时。最早的现代人出现后，向全球扩散，成为人类的共同祖先。

FOXP2 与语言有关，但不宜简单地称它为"语言基因"。正如王士元所指出[1]，像我们的语言那样复杂的事物，其产生必然是多因素的，而且至今没有证据说明在人类的基因组演化中，有任何东西是绝对地、独特地为语言的诞生而产生的。但最近新的发现说明基因学上的一些事件（ASPM 基因与 Microcephalin 基因）与脑功能的成长和演化密切相连，因而与语言的产生高度相关，而这两个事件可以追溯到距今 37000

---

〔1〕王士元：《演化语言学中的电脑建模》，《北京大学学报》2006 年 43 卷 2 期，17－22 页。

年和 5800 年,这是非常令人鼓舞的。

遗传学和分子生物学的发展使人类进化的历程更加清楚,遗传学的证据又往往与语言变化的证据相吻合,这就促使人们进而研究语言的起源和演化过程。在这方面,计算机建模是日益引起重视的一个研究方向,并且已经取得了相当丰硕的成果[1]。无论是运用哪门学科的方法来研究语言演化的过程,我们都不应该忘记我们的祖先和现在刚生下的婴儿都不是"无中生有"地孕育出语言来的。在这个演化历程中,人类一定大量利用了祖先包括动物祖先已经具备的很多能力,包括记忆、感知、计量和模式识别等来促成语言的产生。近年来 M. D. Hauser、乔姆斯基和 W. T. Fitch 提出"句法递归(syntactic recursion)"是人类语言的极其重要的方面。一项最新研究表明[2],一种紫翅椋鸟也能学会按特殊规则编制的具有递归性质的"语法",这项研究或许对探讨人类语法的产生过程不无启发。

一些原始部落的语言也很值得关注。如巴西亚马孙河丛林中的毗拉哈(Pirahā)语,这种语言中没有数字和计算概念,没有表示颜色的词汇,关于过去和未来的词汇也很少。这些奇特的语言现象使我们思考语言产生和演化过程中文化和社会因素的作用。

10.3.2　语言与基因关系的若干例证

分布在西班牙西北部和法国西南部的巴斯克人使用的语言与现存的任何其他语言没有发生学关系,20 世纪 40 年代时 Bosch-Gimpera 就已认为他们是西欧旧石器时代从事狩猎和采集的居民的后代。在对Rh 血型的地理分布的研究中,证实巴斯克人的 Rh 阴性频率非常高,由此可以推测巴斯克人源于欧洲最早居民,而欧洲其他地区的人群则是土著和较晚移民的混合群体。近年对其线粒体和 Y 染色体 DNA 多态性的研究,也支持这一结论。有些语言学家认为巴斯克语与北高加

---

〔1〕王士元、柯津云、James W. Minett:《语言演化的计算研究》,俞士汶等主编:《计算语言学前瞻》,北京:商务印书馆 2005 年,75–123 页。

〔2〕Timothy Q. Gentner, "Recursive syntactic pattern learning by songbirds", *Nature*, 2006, 440, 1204–1207.

索的一些语言有亲缘关系,并与高加索语言共同组成 Dene-Caucasian 超级语系。而事实上,巴斯克人的 Y 染色体序列与说凯尔特语的人群十分相似。对此种现象如何解释,现在还有争议。有关巴斯克人的研究,对于弄清欧洲史前人群的遗传状况,无疑是十分重要的。

对印欧语和印欧人的起源和迁徙问题,各国学者已关注多年,但现在还远未解决。著名考古学家伦福儒认为印欧人起源于中东,安纳托里亚是其故乡,早期农耕者在不断扩张中把古印欧语带到了欧洲。格鲁吉亚语言学家 Thomas V. Gamkrelidze 和俄国语言学家 V. V. Ivanov 有类似看法。与此相对的是金布塔斯主张的"Kurgan 假说",认为印欧人起源于南俄黑海草原德涅伯河至伏尔加河地区[1]。如果印欧语的共同祖先不在欧洲,则欧洲语言的洪流中应该有反映基因变化的波浪。但是,近年的 DNA 研究却表明此种"农业先导"对欧洲的基因库影响很小,似乎只限于临近中东的地区,比如希腊人的 DNA 中有新石器时代的成分,而爱尔兰人则完全没有新石器时代 Y 染色体的标记。另据一项最新的基因研究成果,今天的欧洲人几乎没有遗留多少来自古代中东"肥沃新月地带"居民的基因,所以很可能当年的农耕迁徙者已被先前的狩猎采集居民所代替,狩猎人群学会了农耕者的农业技能,但没有把他们的基因流传下去。此前的研究也证明,从捷克到阿尔泰地区,一直向南贯穿中亚,R1a1 - M17 这个标记出现的频率都很高,"微卫星定位"多样性显示,它最早起源于俄罗斯南部和乌克兰。所有这些基因数据和种种考古发现,都证实印欧语最早起源于俄罗斯南部的假说是可能成立的。现在也有学者把以上两种假说加以折中,认为欧洲的印欧语源于约 9000 年前的安纳托里亚农民,但由于环境与生态的变化,约始于 6000 年前的 Yamnaya 文化已由农耕转为游牧,并引起了早期游牧民族从乌拉尔以西地区向东方的迁徙和印欧语的向东扩张。

2002 年时,芬兰学者 Leena Peltonen 及其同事对"耐乳基因"进行

[1]M. Gimbutas, "Primary and secondary homeland of the Indo-Europeans", *Journal of Indo-European Studies*, 1985, 13,185 - 202.

研究测定,该研究组采集了 4 大洲 37 个族群的 1611 份 DNA 样本,得出结论认为对牛奶具有适应性的基因来自乌拉尔地区(乌拉尔山与伏尔加河流域之间),产生于 4800 至 6600 年以前,然后传播到欧洲、中东和印度次大陆。该研究引起卡瓦利－斯福尔沙的兴趣,他认为印欧语和印欧人进入欧洲可能有两波:较早的一波来自土耳其的安纳托里亚地区,第二波来自乌拉尔和亚洲草原[1]。

近年来对印欧语系的语言年代学和谱系研究也有进展。较为引人注目的论著可以举出如新西兰学者 Russell D. Gray 和美国学者、吐火罗语专家 D. Ringe 等人的工作。在材料方面,较之 I. Dyen 等的语料库[2]有所扩充,增加了赫梯语、甲乙吐火罗语的新资料;在方法方面,多采用和借鉴数理统计、计算机科学和与基因测定有关的生物计量学领域的新进展[3]。这种新方法也用于印欧语之外语言的历时计量研究,特别是南岛语系诸语。除词汇比较外,也注重结构和类型的比较,如 Michael Dunn 和他的同事建立了一个包括 125 个语言结构特征(如短句中动词的位置)的数据库[4],他们用来自进化生物学的方法对这些数据进行分析处理。数据库覆盖了两个语言集合:第一个集合包括 16 种南岛语系的语言,通过词汇比较已经建立了这些语言之间的关系,新的方法给出了这些语言间同样的历史关系;第二个集合包括 15 种巴布亚语,词汇比较方法不能在这些语言间建立历史联系,而新的结构方法提示,这些语言间存在一个与该地区地理距离等一致的关系。

在迄今近 20 年时间里,西方学者提出了"农作—语言扩散假说",指出农业人口的不断扩张和迁徙,是造成当今世界上各大语系分布状况的主要原因之一。如澳大利亚学者贝尔伍德(Peter Bellwood)认为

〔1〕Leena Peltonen, "Ural Farmers Got Milk Gene First", *Science*, 2004, 306, 1284 – 1285.

〔2〕I. Dyen, et al., "An Indoeuropean classification: a lexicostatistical experiment", *Transactions of the American Philosophical Society* 82, Part 5, Philadelphia: American Philosophical Society, 1992.

〔3〕Tamanjeet Singh Dhesi, Mario Cortina Borja, "Representations of Indo-European lexical dissimilarities", *Oxford University Papers in Linguistics*, *Philology & Phonetics*, 2002, 7, 243 – 265.

〔4〕Michael Dunn, et al., "Structural Phylogenetics and the Reconstruction of Ancient Language History", *Science*, 2005, 309, 205, 2072 – 2075.

正是由于稻作农业由中国长江流域向东南沿海的传播,造成了东南沿海地区人口的膨胀,并最终促使说南岛语系语言的居民在距今 6000 年左右从大陆向太平洋岛屿迁徙[1]。这一假设涉及世界各地考古学、历史语言学、分子生物学和生态学的重要进展,值得我们密切关注。

10.4 结语

——开展跨学科研究,逐步解决中华民族及其语言的起源与演化问题

从上面的例证可以看出,古代语言的构拟方法可能与分子生物学家寻求对生命演变的了解所使用的方法相似。在语言学家葛林堡(Joseph Greenberg)的工作基础上,Ruhlen 对世界各地的语言做了最详备的分类[2],提出了 12 个语系的分类方案,即:(1)Khoisan,(2)Niger-Kordofanian,(3)Nilo-Saharian,(4)Afro-Asiatic,(5)Dravidian,(6)Kartvelian,(7)Euroasiatic,(8)Dene-Caucasian,(9)Austric,(10)Indo-Pacific,(11)Australian,(12)Amerind。其中有些语系是所谓"超级语系",据称近来的遗传学成果与某些"超级语系"的假设是一致的。

在各国学者提出的各种超级语系的假设中,影响最大的是主要由俄罗斯学者主张的"诺斯特拉(Nostratic)"假说和美国学者主张的"欧亚超级语系(Eurasiatic)"假说。前者在进行远程比较时坚持传统的历史比较语言学方法,寻找严格的系统对应;后者则主要采用多边比较法(multilateral comparisons)。这两种假说之间存在相当复杂的交错关系,目前还没有得到证实,并且受到一些语言学家如 L. Campbell 等的批评。但正如论者所指出[3],这些假说即使本身不断修改甚至最终被

---

[1]Peter Bellwood, "The Dispersal of Neolithic Cultures from China into Island Southeast Asia: Stand Stills, Slow Moves, and Fast Spreads",载中国社会科学院考古研究所编《华南及东南亚地区史前考古》,北京:文物出版社 2006 年,223 – 234;C. F. W. Higham, "Southern China and Southeast Asia during the Neolithic",载同上书,235 – 249。

[2]M. Ruhlen, *On the Origin of Languages: Studies in Linguistic Taxonomy*, Stanford: Stanford University Press, 1994.

[3]朱琳:《Nostratic 和 Eurasiatic》,《当代语言学》2005 年 7 卷 4 期,316 – 326 页。

否定,但在引出大量的有趣问题和对语言的新的认识方面仍是极具价值的。

　　关于汉语的史前系属,George van Driem 曾列出 5 种主要理论:藏缅说、汉藏说、汉—高加索说、汉—南岛说和东亚语群说。汉藏说和藏缅说起源于 19 世纪,已经获得大多数学者的赞同,但还存在不少争议。龚煌城曾指出,今后要做的工作主要是:(1) 正确了解历史比较语言学的理论与方法;(2) 深入研究汉藏语的构词法,发掘个别语言内部的同源词;(3) 研究原始汉藏语到个别语言的语义变化;(4) 研究汉藏民族的原乡、文化状况,以及汉藏语的分化年代;(5) 深入研究藏缅语族各语支语言,个别研究它们从原始藏缅语发展的历史[1]。这几个方面,应该说都是相当重要的。汉—高加索说和汉—南岛说主要产生于 20世纪下半叶,代表人物分别是俄罗斯学者斯塔罗斯金[2]和法国学者沙加尔[3],也已引起国内学者的关注。值得在这里稍做介绍的是美国已故学者帅德乐(Stanley Starosta)在 2001 年提出的"东亚语群说"。

　　原始东亚语群实际上是个"超级语系",涵盖了"汉藏—长江"和南岛两大系。所谓"原始长江语",包含苗瑶语和南亚语。侗台语被归入南岛语。这一学说在理论上受到上述"农业—语言扩散假说"的影响,它把南岛语系、南亚语系、汉语、藏缅语、苗瑶语、侗台语都联系了起来。

　　自李方桂先生以来,中国学者多主张汉、藏缅、侗台、苗瑶四语族组成汉藏语系,至今仍有较大影响。白保罗则提出侗台、苗瑶、加岱语与南岛语组成澳泰语系,与汉藏无关,国内有些学者也有条件地表示可以接受。至 20 世纪 80—90 年代,郑张尚芳和潘悟云两位先生认为应该把汉语、藏缅语、侗台语、苗瑶语、南亚语和南岛语组成一个大语系——华澳语系(Pan-Sino-Austric Family),并进行了一系列论证,以说明汉藏

　　〔1〕龚煌城、梅祖麟:《汉藏语比较语言学的回顾与前瞻》,《语言暨语言学》(Language and Linguistics) 2006 年 7 卷 1 期,225－258 页。

　　〔2〕斯塔罗斯金:《上古汉语词汇:历史的透视》,载于王士元主编、李葆嘉主译:《汉语的祖先》,北京:中华书局 2005 年,372－418 页。2005 年在斯塔罗斯金的网页(ehl. santafe. edu)上已有一个列出 1358 组词的汉—高加索语同源词表。

　　〔3〕沙尔加著、龚群虎译:《上古汉语词根》,上海:上海教育出版社 2004 年。

语与侗台语、苗瑶语、南亚语、南岛语具有共同起源,其中侗台语、苗瑶语跟汉语的关系又特别密切。近年来,他们努力把这一语言学的研究结论与对汉藏族群、澳泰族群的基因研究成果相结合,探索东亚人群及其语言的起源和分化。

很明显,帅德乐教授的工作与郑张和潘的研究是独立进行的,在语言的聚类分析上存在差异,所用的材料和方法也往往不同,但在最终结论上是很相似的,可谓"殊途同归"。这应该引起语言学、考古学、人类学和分子生物学各方面研究者的重视。

此外,汉学家蒲立本曾一再提出"汉藏—印欧语联系说"[1]。根据最近的研究,汉藏语与印欧语(如吐火罗语)在远古时期确实存在相当密切的语言接触。考古发掘也证实了这一点。如 2003—2005 年,中国社会科学院考古研究所新疆队连续三次系统发掘了于田县流水墓地的 51 座墓葬,距今约 3000 年,出土随葬物中有斯基泰(Scythian)式样的金属装饰物,所发现的人骨混杂程度很高,蒙古人种、欧罗巴人种均占一定比例,蒙古人亚种(西藏人)的发现则说明青藏高原南北的文化交流已明显存在。但若依此断言汉藏语与印欧语两者存在发生学关系,则是十分可疑的;即使将其推到 6000 年之前,似乎亦不甚可能。

最近文波等人的一项遗传学研究表明[2],Y 染色体和线粒体 DNA 数据都支持汉文化的传播与人群扩散密不可分。陈保亚据此认为南方汉语的形成在一定程度上是北方汉族南下以后和南方少数民族接触的结果[3]。南下的主要是男性,他们中有一批人与南方少数民族女性通婚,其后代产生了从民族语言到汉语的转换。李葆嘉认为汉语和周边语言的关系是同源异流,汉语在同化周边接触语言的过程中异化着自己,提出了"南耕北牧,冲突交融,混成发生,推移发展"的中国语言文

〔1〕E. G. Pulleyblank, "Chinese and Indo-Europeans", *Journal of the Royal Asiatic Society*, 1966, 9 – 39.

〔2〕Bo Wen, et. al. , "Genetic evidence supports demic diffusion of Han culture", *Nature*, 2004, 431, 302 – 305.

〔3〕陈保亚:《语言接触导致汉语方言分化的两种模式》,《北京大学学报》2005 年 42 卷 2 期, 43 – 50 页。

化史研究模式[1]。

实际上,一些前辈学者对东亚各族及其语言的源流也做过探索。徐松石(1900—1999)的《粤江流域人民史》《泰族壮族粤族考》等书[2],在族源辨识、族属分布和语言考源方面颇多创获,虽因历史条件的限制,书中记录的语言材料不够准确,但也不乏可取之处,如罗常培教授在其名著《语言与文化》中,采用《粤江流域人民史》对"那""都""古""六"等壮语地名的考证,探寻民族迁徙的踪迹,得出可信的结论。考古学家张光直的老师凌纯声教授曾一再强调南岛语与汉藏语关系密切,二者同源[3]。对于这些本国学者的学术遗产,我们也应该回顾和研究,吸取和传承其中合理的、有价值的部分。

相信在新世纪里,通过跨学科的努力(语言学、人类学、民族学、遗传学、人口学、社会学、心理学、认知科学、生态学、地球科学等的整合),能对解决中华文明和东亚语言的起源与演化问题做出新的贡献。

---

[1]李葆嘉:《中国语言文化史》,南京:江苏教育出版社 2003 年。

[2]徐氏的著作已在最近汇集为两大册出版:《壮学丛书》编委会编《徐松石民族学文集》,桂林:广西师范大学出版社 2005 年。

[3]凌纯声 1958 年 7 月 12 日致张光直信说:"南岛语与汉藏语是同源,弟之假设,方向是正确的,如能'小心地求证',必有所得。"见李卉、陈星灿编:《传薪有斯人:李济、凌纯声、高去寻、夏鼐与张光直通信集》,北京:三联书店 2005 年,68 页。参看张光直:《华南史前民族文化史纲》,《"中央研究院"民族学研究所集刊》1959 年 7 期,43 - 73 页。

附　记

一、由设在莱比锡的马普学会进化人类学研究所语言学部主任、加州大学圣巴巴拉分校语言学系杰出教授 Bernard Comrie 主持的"语言与基因(Languages and Genes)"国际学术研讨会于 2006 年 9 月 8 日—10 日举行。参加这次跨学科会议的有来自世界各国的语言学家、遗传学家、人类学家和考古学家。会议的主要目的是考查与人类史前史密切相关的这些领域的研究现状,特别关注由人群移动所导致的人口分布和族群分化与认同,并对未来进一步的研究和发展做出预测。请参阅:"Language and prehistory: how linguists can cooperate with other sciences in uncovering prehistoric human population movements", *Humanities: Essential Research for Europe*, Copenhagen: Danish Research Council for the Humanities, 2003, 19 – 32. 一部分会议论文已在会后发表。

二、根据近来印尼、中、美、澳等国学者的研究,发现于印尼佛罗勒斯岛的矮人化石应属现代人,类似 Australomelanesian 人群,其矮小特征属病态现象。请参阅:T. Jacob, et al., "Pygmoid Australomelanesian Homo Sapiens skeletal remains from Liang Bua, Flores: Population affinities and pathological abnormalities", *PNAS*, 2006,103, 13421 – 13426. 但对这一结论仍存在很大争议,不少学者表示无法接受,这种说法不能成立。

三、2008 年,科学家在阿尔泰山脉的丹尼索瓦洞穴发现了人类遗骸,证实丹尼索瓦人(Denisova hominin)的存在。遗骸中包括一个手指指骨碎片和两颗牙齿碎片。根据基因组测序,其生活的年代至少在 30000 多年以前。这是以前未知的现代人的已灭绝的古老近亲。澳大利亚、菲律宾及其附近岛屿上的土著居民的基因组中有一部分与丹尼索瓦人的基因相似。请参阅最近发表在《科学》上的论文:Matthias

Meyer, Martin Kircher, Svante Pääbo, et al. , "A High-Coverage Genome Sequence from an Archaic Denisovan Individual", *Science*, 2012,30.

参考文献

（正文注释中已提及者不列入）

Adcock G J. Response to "Human origins and ancient human DNA". Science, 2001, 292, 1655 – 1656.

Adcock G J. Mitochondrial DNA sequences in ancient Australians: implications for modern human origins. PNAS, 2001, 98, 537 – 542.

Ahern J C M. Neandertal taxonomy reconsidered... again: a response to Harvati et al. Journal of Human Evolution, 2005, 48, 647 – 652.

Ammerman A J, Cavalli-Sforza L L. Neolithic Transition and the Genetics of Populations in Europe. Princeton, NJ: Princeton University Press, 1984.

Anthony D W. Horse, wagon & chariot: Indo-European language and archaeology. Antiquity, 1995, 69, 554 – 565.

Bamshad M J. Human population genetic structure and inference of group membership. American Journal of Human Genetics , 2003, 72, 578 – 589.

Barbujani G, Sokal R R. Zones of sharp genetic change in Europe are also linguistic boundaries. PNAS ,1990, 87, 1816 – 1819.

Belle, Elise M S. Serial coalescent simulations suggest a weak genealogical relationship between Etruscans and modern Tuscans. PNAS, 2006, 103, 8012 – 8017.

Bellugi U. Williams syndrome: an exploration of neurocognitive and genetic features. Clinical Neuroscience Research, 2001, 1, 217 – 229

Bellwood P, Renfrew C. Examining the Farming/Language Dispersal Hypothesis, Cambridge: McDonald Institute for Archaeological Research, 2003.

Bogin B, Rios L. Rapid morphological change in living humans: implications for modern human origins. Comparative Biochemistry and Physiology, 2003, 136, 71 – 84.

Bowler J M. New ages for human occupation and climatic change at Lake Mungo, Australia. Nature, 2003, 421, 837 – 840.

Cangelosi A, Parisi D. Simulating the Evolution of Language. London: Springer, 2002.

Cavalli-Sforza L L. Genes, Peoples, and Languages. New York: North Point Press, 2000.

Cavalli-Sforza L L, Menozzi P, Piazza A. The History and Geography of Human Genes. Princeton, NJ: Princeton University Press, 1994.

Cavalli-Sforza. Reconstruction of human evolution: Bringing together genetic, archaeological, and linguistic data. PNAS, 1988, 85, 6002 – 6005.

Cooper A. Human origins and ancient human DNA. Science, 2001, 292, 1655 – 1656.

Demeter F. Late Upper Pleistocene human peopling of the Far East: multivariate analysis and geographic patterns of variation. Comptes Rendus Palevol, 2003, 2, 625 – 638.

Diamond, Jared M Bellwood, Peter. Farmers and their languages: The first expansions. Science, 2003, 300, 597 – 603.

Duarte C. The early Upper Paleolithic human skeleton from the Abrigo do Lagar Velho (Portugal) and modern human emergence in Iberia. PNAS, 1999, 96, 7604 – 7609.

Edwards A W F. Human genetic diversity: Lewontin's fallacy. BioEssays, 2003, 25, 798 – 801.

Enard W. Molecular evolution of FOXP2, a gene involved in speech and language. Nature, 2002, 418, 869 – 872.

Eswaran V. A diffusion wave out of Africa: The mechanism of the modern human revolution? Current Anthropology, 2002, 43, 749 – 774.

Eswaran V, Harpending H, Rogers A R. Genomics refutes an exclusively African origin of humans. J Hum Evol, 2005, 49:1 – 18.

Everett Daniel L. Cultural Constraints on Grammar and Cognition in Pirahã. Current Anthropology, 2005, 46, 621 – 646.

Farris J S. Phylogenetic analysis under Dollo's Law. Systematic Zoology, 1997, 26, 77 – 88.

Gamkrelidze T V, Ivanov V V. Indo-European and the Indo-Europeans: A Reconstruction and Historical Analysis of a Proto-Language and Proto-Culture. Berlin: Mouton de Gruyter, 1995.

Garrigan D. Deep haplotype devergence and long-range linkage diseguilibrium at Xp21.1 provide evidence that humans descend from a structured ancestral population. Genetics, 2005, 170, 1849 – 1856.

Gray R D, Atkinson Q D. Language-tree divergence times support the Anatolian theory of Indo-European origin. Nature, 2003, 426, 435 – 439.

Greenberg, Joseph H. The methods and purposes of linguistic genetic classification. Language and Linguistics, 2001, 2(2), 111 – 135.

Haak W, Forster P. Ancient DNA from the First European Farmers in 7500-Year-Old Neolithic Sites. Science, 2005, 310, 1016 – 1018.

Hammer Michael F. Dual origins of the Japanese: common ground for hunter-gatherer and farmer Y chromosomes. J Hum Genet, 2006, 51, 47 – 58.

Hauser, Marc D, Chomsky, Noam, Fitch W T. The Faculty of language: what is it, who has it, and how did it evolve. Science, 2002, 298, 1569 – 1579.

Hurles M E. Y chromosomal evidence for the origins of oceanic-speaking peoples. Genetics, 2002, 160, 289 – 303.

Iwasaki M. Polymorphism of the ABO blood group genes in Han, Kazak and Uygur populations in the Silk Route of northwestern China. Tissue

Antigens, 2000, 56, 136 – 142.

Jin H J. Y-chromosomal DNA haplogroups and their implications for the dual origins of the Koreas. Hum Genet, 2003, 114, 27 – 35.

Jin L, Seielstad M, Xiao Chunjie. Genetic, Linguistic and Archaeological Perspectives on Human Diversity in Southeast Asia. River Edge (New Jersey): World Scientific, 2001.

Jin L, Su B. Natives or immigrants: modern human origin in East Asia. Nat Rev Genet, 2000, 1, 126 – 133.

Jobling M A, Tyler-Smith C. The human Y chromosome: an evolutionary marker comes of age. Nat Rev Genet, 2003, 4, 598 – 612.

Karafet T M. Paternal population history of East Asia: sources, patterns, and microevolutionary processes. American Journal of Human Genetics, 2001, 69, 615 – 628.

Karafet T M. A Balinese Y chromosome perspective on the peopling of Indonesia: genetic contributions from pre-Neolithic hunter-gatherers, Austronesian farmers, and Indian traders. Hum Biol, 2005, 77, 93 – 114.

Ke, Yuehai. African Origin of Modern Human in East Asia: A Tale of 12,000 Y Chromosomes. Science, 2001, 292, 1151 – 1153.

Keyser-Tracqui, Christine. Nuclear and Mitochondrial DNA Analysis of a 2,000-Year-Old necropolis in the Egyin Gol Valley of Mongolia. American Journal of Human Genetics, 2003, 73, 247 – 260.

Khaitovich, Philipp, Pääbo Svante. Parallel Patterns of Evolution in the Genomes and Transcriptiomes of Human and Chimpanzees. Science, 2005, 309, 1850 – 1854.

Khitrinskaya I Yu. Genetic Differentiation of the Population of Central Asia Inferred from Autosomal Markers. Human Genetics, 2003, 39, 1175 – 1183.

Kivisild, Toomans. The Emerging Limbs and Twigs of the East Asian mtDNA Tree. Molecular Biology and Evolution, 2002, 19, 1737 – 1751.

欧·亚·历·史·文·化·文·库·

Kivisild, Toomas. The Genetic Heritage of the Earliest Settlers Persists Both in Indian Tribal and Caste Populations. American Journal of Human Genetics, 2003, 72, 313 – 332.

Koivulehto J. Finno-Ugric reflexes of North-West Indo-European and early stages of Indo-Iranian. Proceedings of the Eleventh Annual UCLA Indo-European Conference, Los Angeles June 4 – 5, 1999, eds. K. Hones-Bley, M. E. Huld and A. D. Volpe, 2000, 21 – 44.

Lalueza-Fox C. Unravelling migrations in the steppe: mitochondrial DNA sequences form ancient Central Asians. Proceedings of the Royal Society of London B, 2004, 271, 941 – 947.

Loogväli U R. Disuniting Uniformity: A Pied Cladistic Canvas of mtDNA Haplogroup H in Eurasia. Molecular Biology and Evolution, 2004, 21, 2012 – 2021.

Lubotsky, Alexander, Starostin, Sergei. Turkic and Chinese loan words in Tocharian. Language in Time and Space. A Festschrift for Werner Winter on the Occasion of the 80th Birthday. B. Bauer and Georges-Jean Pinault(eds). Berlin: Mouton de Gruyter, 2003, 257 – 269.

Mair, Victor H. The Horse in Late Prehistoric China, Prehistoric steppe adaptation and the horse. M Levine, Colin Renfrew, K Boyle (eds.). Cambridge: McDonald Institute for Archaeological Research, 2003, 163 – 187.

Mair, Victor H. The Beginnings of Sino-Indian Cultural Contact. Journal of Asian History, 2004, 38, 81 – 96.

Mair, Victor H. Genes, Geography, and Glottochronology: The Tarim Basin during Late Prehistory and History. Proceedings of the Sixteenth Annual UCLA Indo-European Conference, Los Angeles November 5 – 6, 2004, eds. K. Jones-Bley, M. E. Huld, A. D. Volpe and M. R. Dexter, 2005, 1 – 46.

Marcus G F, Simon E F. FOXP2 in focus: what can genes tell us about speech and language? Trends in Cognitive, 2003, 7, 257 – 262.

McMahon R. Genes and Languages. Community Genetics, 2004, 7, 2 – 13.

Meid, Wolfgang. Probleme der räumlichen und zeitichen Gliederung des Indo-Germanischen, Flexion und Wortbildung. Wiesbaden: Reichert, 1975.

Mellars, Paul. Why did modern human populations disperse from Africa 60,000 years ago? PNAS, 2006, 103, 9381 – 9386.

Michalove, Peter A, Georg S, Manaster Ramer, Alexis. Current issues in linguistic taxonomy. Annual Review of Anthropology, 1998, 27, 451 – 472.

Mulcahy N J, Call J. Apes Save Tools for Future Use. Science, 2006, 312, 1038 – 1040.

Nakhleh L, Ringe Don, Warnow T. Perfect Phylogenetic Networks: A New Methodology for Reconstructing the Evolutionary History of Natural Languages. Language, 2005, 81(2), 382 – 420.

Nei M. The origins of human populations: genetic, linguistic, and archeological data. The original past of modern humans as viewed from DNA, ed. by S Brenner, K Hanihara. Singapore: World Scientific, 1995, 71 – 91.

Nichols, Johanna. Modeling ancient population structures and movement in linguistics. Annual Review of Anthropology, 1997, 26, 359 – 384.

Nordborg M. On the probability of Neanderthal ancestry. American Journal of Human Genetics, 1998, 63, 1237 – 1240.

Nowak M A, Komarova N L. Towards an evolutionary theory of language. Trends in Cognitive Sciences, 2001, 5, 288 – 295.

Omoto K, Saitou N. Genetic origins of the Japanese: a partial support for the dual structure hypothesis. American Journal of Physical Anthropolo-

欧
·
亚
·
历
·
史
·
文
·
化
·
文
·
库
·

gy, 1997, 102, 437 – 446.

Ovchinnikov I V. Molecular analysis of Neanderthal DAN from northern Caucasus. Nature, 2000, 404, 490 – 493.

Pääbo, Svante. X-chromosome as a marker for population history: linkage disequilibrium and haplotype study in Eurasian populations. European Journal of human Genetics, 2005, 13, 452 – 462.

Piazza A. Towards a genetic history of China. Nature, 1998, 395, 636 – 639.

Piazza A, Minch E, Cavalli-Sforza L L. The Indo-Europeans: Linguistic tree and genetic relationships. Manuscript.

Pinault, Georges-Jean. Tocharian and Indo-Iranian: relations between two linguistic areas, Indo-Iranian Languages and Peoples. Nicholas Sims-Williams. Proceedings of the British Academy 116. Oxford: Oxford University Press, 2002, 243 – 284.

Pinker, Steven. The Language Instinct: the new science of language and mind. London: Penguin Books, 1995.

Pinker, Steven. Language as an Adaptation to the Cognitive Niche. Morten H Christiansen, Simon Kirby. Language Evolution. Oxford: Oxford University Press, 2003, 16 – 37.

Pinker S, Bloom P. Natural language and natural selection. Behavioral and Brain Sciences, 1990, 13, 707 – 784.

Pringle H. The Mummy Congress: Science, Obsession, and the Everlasting Dead. New York: Hyperion, 2001.

Quintana-Murci L. Where West Meets East: The Complex mtDNA Landscape of the Southwest and Central Asian Corridor. American Journal of Human Genetics, 2004, 74, 827 – 845.

Relethford J H. Ancient DNA and the origins of modern humans. PNAS, 2001, 98, 390 – 391.

Renfrew, Colin. Reflections on the archaeology of linguistic diversity.

Bryan Sykes. The Human Inheritance, Genes, Language, and Evolution. Oxford: Oxford University Press, 1999, 1 – 32.

Ruhlen, Merritt. A Guide to the World's Languages, Vol. 1: Classification. Stanford, CA: Stanford University Press, 1991.

Sagart, Laurent. The Higher Phylogeny of Austronesian and the Position of Tai-Kadai. Oceanic Linguists , 2004, 43, 411 – 444.

Sagart, Laurent, Blench R, Sanchez-Mazas A. The Peopling of East Asia: Putting togethers archaeology, linguistics and genetics. London: Routledge Curzon, 2005.

Salmons, Joseph C, Joseph B D. Nostratic: Sifting the Evidence, Amsterdam: John Benjamins, 1998.

Sheldon J. The Ethnic Identity of the Mummies Found in the Tarim Basin. Asian Ethnicity, 2004, 5, 121 – 127.

Shevoroshkin, Vitaly. Dene-Sino-Caucasian Languages: Materials from the First International Interdisciplinary Symposium on Language and Prehistory. Bochum: N. Brockmeyer, 1991.

Shi, Hong. Y-Chromosome Evidence of Southern Origin of the East A-sian-Specific haplogroup 03 – M122. American Journal of Human Genetics, 2005, 77, 408 – 419.

Shukla M. Language from a biological perspective. J. Biosci, 2005, 30, 119 – 127.

Sinor, Denis. The problem of the Ural-Altaic relationship. The Uralic Languages. Denis Sinor. Description, History and Foreign Influences. Leiden: Brill, 1998, 706 – 741.

Swadesh, Morris. Linguistic relations across the Bering Strait. American Anthropologist, 1962, 64, 1262 – 1291.

Sokal R R, Oden N L, Wilson C. New genetic evidence supports the origin of agriculture by demic diffusion. Nature, 1991, 351, 143 – 144.

Szathmáry E, Smith J. The major evolutionary transitions. Nature,

1995, 374, 227 – 232.

Takahata N. Testing multiregional of modern human origins. Molecular Biology and Evolution, 2001, 18, 172 – 183.

Tattersall I, Schwartz J H. Hominids and hybrids: the place of Neanderthals in human evolution. PNAS, 1999, 96, 7117 – 7119.

Torroni A. mtDNA analysis reveals a major late Paleolithic population expansion from southwestern to northeastern Europe. American Journal of Human Genetics, 1998, 62, 1137 – 1152.

Trejaut J A. Traces of Archaic Mitochondrial Lineages Persist in Austronesian-Speaking Formosan Populations. PLoS Biology, 2005, 3 (8), 1362 – 1372.

Trinkaus E. An early modern human from the Pestera cu Oase, Romania. PNAS, 2003, 100, 11231 – 11236.

Underhill P A. Y chromosome sequence variation and the history of human populations. Nat Genet, 2000, 26, 358 – 361.

Underhill P A. The phylogeography of Y chromosome binary haplotypes and the origins of modern human populations. Annals of Human Genetics, 2001, 65, 43 – 62.

Voight B F. A Map of Recent Positive Selection in the Human Genome. PLoS Biology, 2006, 4(3), 446 – 458.

Vovin, Alexander. The End of the Altaic Controversy. Central Asiatic Journal, 2005, 49(1), 72 – 132.

Wang, William S-Y, Minett, James W. Vertical and Horizontal Transmission in Language Evolution. Transactions of the Philological Society, 2005, 103, 121 – 146.

Wells, Spencer. The Journey of Man: A Genetic Odyssey. Princeton and Oxford: Princeton University Press, 2002.

Wells R Spencer. The Eurasian Heartland A continental perspective on Y-chromosome diversity. PNAS, 2001, 98, 10244 – 10249.

Wen B. Analyses of genetic structure of Tibeto-Burman populations reveals sex-biased admixture in southern Tibeto-Burmans. American Journal of Human Genetics, 2004, 74, 856 – 865.

Wen B. Genetic structure of Hmong-Mien speaking populations in East Asia as revealed by mtDNA lineages. Molecular Biology and Evolution, 2005, 22, 725 – 734.

White T D. Asa Issie, Aramis and the origin of Australopithecus. Nature, 2006, 440, 883 – 889.

Winter, Werner. Tocharians and Turcs. Uralic and Altaic Studies, 1963, 23, 239 – 251.

Wood, Bernard. Human evolution: a very short introduction. Oxford: Oxford University, 2005.

Wray, Alison. The Transition to Language. Oxford: Oxford University Press, 2002.

Xiao F. Reconstruction of the Evolution of Chinese Populations by the Study of Human Genome Diversity, Acta Biomedica Lovaniensia, 241. Leuven: Leuven University Press, 2001.

Xue Y. Recent Spread of a Y-Chromosomal Lineage in Northern China and Mongolia. American Journal of Human Genetics, 2005, 77, 1112 – 1116.

Yao, Yong-Gang. Gene admixture in the Silk Road region of China: Evidence from mtDNA and melanocortin 1 receptor polymorphism. Genes and Genetic Systems, 2000, 75, 173 – 178.

Yao, Yong-Gang. Phylogeographic Differentiation of Mitochondrial DNA in Han Chinese. American Journal of Human Genetics, 2002, 70, 635 – 651.

Yao, Yong-Gang. Genetic Relationship of Chinese Ethnic Populations Revealed by mtDNA Sequence Diversity. American Journal of Physical Anthropology, 2002, 118, 63 – 76.

Yao, Yong-Gang. Different Matrilineal Contributions to Genetic Structure of Ethnic Groups in the Silk Road Region in China. Molecular Biology and Evolution, 2004, 21,2265 – 2280.

Zegura S L. High-resolution SNPs and microsatellite haplotypes point to a single, recent entry of Native American Y chromosomes into the America. Molecular Biology and Evlution, 2004, 21, 164 – 175.

Zerjal T R. A Genetic Landscape Reshaped by Recent Events: Y-Chromosomal Insights into Central Asia. American Journal of Human Genetics, 2002, 71, 466 – 482.

Zerjal T R. The genetic legacy of the Mongols. American Journal of Human Genetics, 2003, 72, 717 – 721.

Zhivotovsky L A. Estimating divergence time with the use of microsatellite genetic distances: impacts of population growth and gene flow. Molecular Biology and Evolution, 2001, 18, 700 – 709.

Zhivotovsky L A. The effective mutation rate at Y chromosome short tandem repeats, with application to human population-divergence time. American Journal of Human Genetics, 2004, 74, 50 – 61.

主要参考书目录

陈伟. 阿尔泰语言学译文集. 北京:社会科学文献出版社,2011.

戴庆厦. 中国少数民族语言研究六十年. 北京:中央民族大学出版社,2009.

董羽,于知. 亚洲各民族的语言和文字概况. 上. 中国语文,1962: 211 – 241.

董羽,于知. 亚洲各民族的语言和文字概况. 下. 中国语文,1962: 285 – 299,271.

戴维·克里斯特尔. 剑桥语言百科全书. 方晶,译. 北京:中国社会科学出版社,1995.

邓章应. 西南少数民族原始文字的产生和发展. 北京:人民出版社,2012.

高凯军. 通古斯族系的兴起. 北京:中华书局,2006.

耿世民. 西域文史论稿. 兰州:兰州大学出版社,2012.

郭物. 新疆史前晚期社会的考古学研究. 上海:上海古籍出版社,2012.

李艳. 超级语系:历史比较语言学的新理论. 北京:中国社会科学出版社,2012.

李增祥. 突厥语言学基础. 北京:中央民族大学出版社,2011.

马学良. 汉藏语概论. 北京:北京大学出版社,1991.

尼古拉斯·奥斯特勒. 语言帝国——世界语言史. 章璐等,译. 上海:上海人民出版社,2009.

裴特生. 十九世纪欧洲语言学史. 钱晋华,译. 北京:世界图书出版公司,2010.

乔吉. 古代北亚游牧民族——语言文字、文献及其宗教. 呼和浩特:内蒙古大学出版社,2010.

孙宏开,胡增益,黄行. 中国的语言. 北京:商务印书馆,2007.

唐均. 苏美尔语格范畴的普遍语法研究. 成都:四川文艺出版社,2010.

王士元. 汉语的祖先. 李葆嘉,译. 北京:中华书局,2005.

王尧. 藏学概论. 太原:山西教育出版社,2004.

王远新. 中国民族语言学史. 北京:中央民族学院出版社,1993.

徐文堪,许全胜. 中国的内陆欧亚历史语言学研究. 余太山. 二十世纪中国人文学科学术研究史丛书·内陆欧亚古代史研究. 福州:福建人民出版社,2006.

杨福泉. 东巴教通论. 北京:中华书局,2012.

周有光. 世界文字发展史. 第三版. 上海:上海教育出版社,2011.

卓鸿译. 历史语文学论丛初编. 上海:上海古籍出版社,2012.

Anthony D. The Horse, The Wheel, and Language. Princeton: Princeton University Press, 2007.

William H Baxter. A handbook of Old Chinese phonology (Trends in linguistics: studies and monograph, 64). Berlin: Mouton de Gruyter, 1992.

Paul K Benedict. Sino-Tibetan: A Conspectus. Cambridge: Cambridge University Press.

Clauson G. An etymological dictionary of the pre-thirtheenth century Turkish. Oxford: Clarendon Press, 1972.

G van Driem. Languages of the Himalayas: An Ethnolinguistic Handbook of the Greater Himalayan Region. Leiden: Brill, 2001.

Marcel Erdal. A Grammar of Old Turkic. Leiden: Brill, 2004.

Giraud R. L'inscription de Bain Tsokto, Edition critique. Paris: Librairie d'Amerique et d'Orient, 1961.

Golden P B. An Introduction to the History of the Turkic Peoples. Ethnogenesis and State-Formation in Medieval and Early Modern Eurasia and the Middle East. Wiesbaden: Harrassowitz, 1992.

Juha Janhunen. The Mongolic Languages. London: Routledge, 2003.

Kohl P. The Making of Bronze Age Eurasia. Cambridge: Cambridge University Press, 2007.

Johanson L, Castö É A. The Turkic Languages. London: Routledge, 1998.

Kuiper F B J. Aryans in the Rigveda. Amsterdam: Atlanta, 1991.

Lamberg-Karlovsky C C. Archaeology and Language. Current Anthropology 2002, 43(1): 63 – 98.

Malov S E. Pamyatniki drevnetyurkskoy pis'mennosti. Moskva-Leningrad, Uzdatelstvo Akademii Nauk SSSR, 1951.

Malzahn M. Instrumenta Tocharica. Heidelberg: Winter, 2007.

James A Matisoff. Handbook of Proto-Tibeto-Burman. Berkeley, Los Angeles, London: University of California Press, 2003.

F W K Müller mit E Sieg. Maitrisimit und Tocharisch. SPAW, 1916, 395 – 417.

B Ögel. Über die alttürkische Schad (Sü-baschi)-Würde. CAJ 8, 1963, 27 – 42.

Nicholas Poppe. Introduction to Altaic Linguistics. Wiesbaden: Harrassowitz, 1955.

Igor de Rachewiltz, Volker Rybatzki. Introduction to Altaic Philology: Turkic, Mongolian, Manchu. Leiden: Brill, 2010.

Nicholas Sims-Williams. Indo-Iranian Languages and Peoples. Oxford: Oxford University Press, 2002.

Edward J Vajda. Lanugae and Prehistory of Central Siberia. Amsterdam: John Benjamins, 2004.

Hatmut Walravens. Bibliographies of Mongolian, Manchu-Tungus, and Tibetan Dictionaries. Wiesbaden: Harrassowitz, 2006.

Encyclopedia of Language and Linguistics [(《语言和语言学百科全书》,第二版),共 14 卷,上海外语教育出版社从 Elsevier 出版社引进,原书出版于 2006 年]

《民族语文》杂志(双月刊,中国社会科学院民族学与人类学研究所主办,商务印书馆出版)

《民族语文研究情报资料集》1 ~ 14(中国社会科学院民族研究所语言室编,1983—1992)

《语言与翻译》杂志(季刊,新疆民族语言工作委员会主办)

《中国语言学集刊》杂志(香港科技大学中国语言学研究中心,2006 年创刊)

《汉藏语学报》杂志(戴庆厦主编,第 1 ~ 6 期,北京商务印书馆出版,2007—2012)

《中国史研究动态》杂志(双月刊,中国社会科学院历史研究所主办,中国史研究杂志社出版)

《中国语文》杂志(双月刊,中国社会科学院语言研究所主办,北京

商务印书馆出版）

《欧亚学刊》杂志（余太山等主编,第 1 ～ 10 辑,北京中华书局出版,2000—2012）

《内陆アジア言语の研究》(*Studies on the Inner Asian Languages*,大阪大学文学部・中央ユーラシア学研究会,2012 年出版至 27 期）

Archivum Eurasiae Medii Aevi（德国 Wiesbaden 的 Harrassowitz 出版社出版,2012 年出至第 18 卷）

Central Asiatic Journal（关于中亚语言、历史、文学、考古等的学术刊物,1955 年创刊,现由 Harrassowitz 出版社出版,G. Stary 主编）

Linguistics of the Tibeto-Burman Area（《藏缅语区语言学》,1974 年创刊,现任主编 Alexander R. Coupe,新加坡南洋理工大学出版）

Journal of the Southeast Asian Linguistic Society（《东南亚语言学会会刊》,2009 年创刊,泰国曼谷出版）

Himalayan Linguistics（《喜马拉雅语言学》,美国圣巴巴拉加州大学出版,2013 年出至第 12 卷）

Journal of Chinese Linguistics（《中国语言学报》,1973 年创刊,有国际影响的重要语言学刊物,内容注重普通语言学与中国语言学相结合）

Turkic Languages（关于突厥语言的专业学术刊物,1997 年创刊,Lars Johanson 主编）

Acta Orientalia Academiae Scientarum Hungaricae（《匈牙利东方学报》,尤其着重于突厥、蒙古、满—通古斯、汉藏、印度—伊朗、闪语语文学和历史方面的研究,匈牙利科学院出版）

Journal of Indo-European Studies（研究印欧语族群的人类学、考古学、神话学、语言学及文化史的学术刊物,1973 年创刊,现任主编 J. P. Mallory）

Historische Sprachforschung（本刊历史悠久,1852 年即已创刊,名称为《比较语言学杂志》,1988 年改称现名《历史语言学》,主要研究印欧语系语言,德国 Vandenhaeck & Ruprecht 出版社出版）

Tocharian and Indo-European Studies（世界上唯一的吐火罗语专业研究刊物，1987 年创刊于冰岛，现在丹麦哥本哈根出版）

后　记

"欧亚主义"和"新欧亚主义"

　　本书简略介绍了欧亚大陆语言及其研究概况,完成后,令笔者深感遗憾的是,由于个人学力的限制,只能根据语言的谱系分类,对分布于欧亚大陆的各个语系的语言分别进行论述,而不能进一步讨论这个广大区域内诸语言之间错综复杂的相互关系。由此,不由想到英年早逝的俄罗斯卓越的语言学家特鲁别茨可伊(Nikolai Sergevich Trubetzkoy,1890—1938)和苏联著名历史学家、民族学家、人类学家古米廖夫(Lev Nikolayevich Gumilev, 1912—1992)。两位学者在不同的历史时期先后倡导"欧亚主义(Eurasianism)"和"新欧亚主义(Neo-Eurasianism)",至今还引起世界各国和各民族的关注,并在当代的地缘政治和发展模式上发挥着影响作用。在此略作介绍,算是后记。

　　我国学术界在近十多年来对"欧亚主义"思潮开展了研究,发表了一些相关论著。对特鲁别茨可伊的语言学成就和古米廖夫的史学著作,国内也有所了解。但对于他们的学术研究与"欧亚主义"之间的关系,却少有人进行探讨,其实,这是一个值得在今后深入研究的问题。

　　特鲁别茨可伊出身于俄罗斯一个古老的贵族世家,1913 年毕业于莫斯科大学。1920 年流亡保加利亚。1921 年 8 月,他和萨维茨基、苏甫钦斯基、弗罗洛夫斯基等 4 人合著的《回归东方·预言与现实·欧亚主义者的主张》在索菲亚出版,标志着欧亚主义的诞生。1925 年,他的匿名作品《成吉思汗的遗产——非西方角度看东方》出版。从 1922 年至 1938 年逝世,他一直担任奥地利维也纳大学的斯拉夫语文学教授。他重要的学术贡献是在语言学特别是音位学方面。特鲁别茨可伊学习和研究过芬—乌戈尔语系、高加索语系和印欧语系诸语言,还曾在高加索做过田野调查工作。"语言联盟(Sprachbund)"这一概念就是由他提出的,他关于印欧语具备 6 个特征的论述[1],对语言亲属关系和语言类型学的研究有重要影响。作为结构主义布拉格学派的主要代表人物,特鲁别茨可伊在语言学史上占有堪称不朽的崇高地位。其代表作《音位学原理》(*Grundzüge der Phonologie*)是一部未完成的大著,由他的好友、20 世纪最重要的语言学大师之一罗曼·雅科布森(Roman Jakobson, 1896—1982)整理后发表在《布拉格语言学会论丛》第 7 卷上。此书已有英[2]、法、俄等语言的译本出版,可惜至今尚无中译本。

特鲁别茨可伊和雅科布森认为语言联盟在语音学上的类似是扩散或结构趋同的结果。雅科布森在 1931 年用俄语发表了一篇长文《欧亚语言联盟的特点》[3],目的是要说明欧亚语言构成了一个没有间断的语音统一体,因为这些语言都利用腭音化的特征,把音高排除在外。雅科布森指出腭音化和音高这两个特征同时出现,只存在于欧亚的边缘群体,如西部的卡舒布语和立陶宛语、东部的吉尔雅克语和日语。雅科布森的论文为突厥语族和乌拉尔语族的一大群语言提供了语音类型学。但正如语言学家斯坦科雅茨(Edward Stankiewicz)指出[4],文章在主要论点和事实的涵盖方面存在缺陷:只有不考虑东南部和西部的斯拉夫语有一系列的腭化辅音却没有音高,同时忽略有的欧亚语言只有几个腭化辅音;而有的欧亚语言根本没有腭化辅音这一事实,才有可能确定"欧亚语言联盟"的语音统一体。雅科布森的长文很可能不是追求纯粹的学术目标,而是向宣传欧亚政治和文化统一体思想的特鲁别

〔1〕N. S. Trubetzkoy, "Gedanken über das indogermanenproblem", *Acta Linguistica*, 1939, 1, 81 – 89.

〔2〕*Principles of Phonology*, by N. S. Trubetzkoy, Translated by Christiane A. M. Baltaxe, Berkeley: University of California Press, 1969. 参阅:刘相国,《特鲁别茨可伊的音位学理论》,《吉林大学社会科学学报》1964 年第 1 期,59 – 78 页。

〔3〕Roman Jakobson, "K xarakteristike evrazijskogo jazykovogo sojuza", 见 SW(《雅科布森选集》第 1 卷),144 – 201。

〔4〕斯坦科维茨,《雅科布森文集·导论》(钱军译),见《雅科布森文集》,北京:商务印书馆,2012 年,XIV 页。

茨可伊等欧亚主义者致意而作。在以后的语言共性研究中,特别是在近数十年对"超级语系"的探索中,是否也会存在类似超越学术目的的追求?这是可以探讨的。

古米廖夫是著名诗人尼古拉·古米廖夫和白银时代女诗人阿赫马托娃之子。他一生经历坎坷,备尝艰辛。从 1931 年起,曾 4 次被捕,在监狱和苦役中度过了 14 年;但又曾意外地获准加入苏联红军,亲历解放波兰西部和攻克柏林的战役。他在极其恶劣的环境之下,不顾一切地发奋苦读、悉心钻研,终于成为内陆欧亚历史研究的大家。斯大林死后,古米廖夫参加了辽宁格勒艾尔米塔什博物馆的工作,博物馆馆长米哈伊·阿尔塔莫诺夫(Mikhail Artamonov)派他率队前往伏尔加河流域考察可萨国的考古遗址。1960 年,他出版了《匈奴》一书;两年后,古米廖夫因对古突厥人的研究获得博士学位。此后,他就在地理研究所从事研究工作。除了上述《匈奴》外,他的主要著作有《古代突厥人》(1964)、《寻找虚构的王国:约翰长老王国的传说》(1970,此书有英文译本)、《中国的匈奴》(1974)、《民族起源与地球生物圈》(1978)、《古代罗斯与大草原》(1989)、《从罗斯到俄罗斯》(1992)等。他生前曾任列宁格勒大学教授、俄罗斯自然科学院院士,不少论文在英国、美国、意大利、波兰和匈牙利等国发表(在我国也有零星译介),产生了世界性的影响,并且引出了许多激烈的争论和不同的评价。就欧亚史研究而言,他有关匈奴、古突厥、可萨的著述是值得进一步关注和研究的。

古米廖夫早年在研究匈奴、突厥等族历史时,对"欧亚主义"并无了解,但他偶然获知了流亡国外的萨维茨基的地址,遂与其长期通信并曾设法见面,所以成了苏联时期俄罗斯本土唯一的欧亚主义者。到了20 世纪 80 年代和 90 年代初,特别是苏联解体之后,他以其著述及在学术界的巨大声望刺激了俄罗斯新欧亚主义的产生和发展[1]。

作为"古典欧亚主义"奠基人之一的特鲁别茨可伊和"新欧亚主

---

[1]请参阅陈训明发表在《东欧中亚研究》2002 年第 3 期上的论文《古米廖夫及其欧亚主义评述》。

义"理论先驱古米廖夫,他们都非政治人物。古米廖夫曾一再说明他关心和研究的时间范围不超过18世纪。但他们所代表的欧亚主义思潮,却说明了学术与政治虽然绝对不能混为一谈,但两者往往相互关涉。例如特鲁别茨可伊曾这样写道:"在欧亚的博爱共处中,各民族之间的相互联系并非基于某种片面的特征,而是他们历史命运共同性的要求。欧亚既是地理的,也是经济和历史的整体。欧亚各民族的命运是交织在一起的。这些遭遇已经紧紧地编织成一个巨大的线团,谁也无法再把它拆开。"数十年之后,古米廖夫认为:"我告诉你们一个秘密,假如俄罗斯能够得到拯救,那就只能作为一个欧亚大国并且只能通过欧亚主义的理念得到拯救。"

苏联解体以后,对俄罗斯的发展道路有过许多争论,这种争论一直延续到今天。对欧亚主义的评价,也与此争论有关。有些学者对欧亚主义持正面看法,如俄罗斯远东研究所的著名汉学家季塔连科院士表示:[1]"欧亚主义"构想是消除欧洲中心主义和全盘西化影响的正确抉择,它不仅将在精神上,也将在国际舞台上形成俄罗斯的内在精神统一。它将有效地反击对民族文化的抹杀,促进保护多极世界的稳定,保障世界文明的繁盛,以形成文化多样性的和谐交响。

是耶非耶,只有历史才能做出回答。

徐文堪

2012 年 10 月 6 日于上海

---

〔1〕M. Л. 季塔连科:《欧亚主义与俄罗斯文化和文明》,《西伯利亚研究》第36卷第5期(2009 年 10 月),75 – 78 页。

索　引

A

B

·欧·亚·历·史·文·化·文·库·

·欧·亚·历·史·文·化·文·库·

·欧·亚·历·史·文·化·文库·

欧亚历史文化文库

已经出版

247

·欧·亚·历·史·文·化·文·库·

梁俊艳著:《英国与中国西藏(1774—1904)》　　　　　定价:88.00 元

〔乌兹别克斯坦〕艾哈迈多夫著,陈远光译:

　《16—18 世纪中亚历史地理文献》(修订版)　　　　定价:85.00 元

成一农著:《空间与形态——三至七世纪中国历史城市地理研究》

　　　　　　　　　　　　　　　　　　　　　　　　定价:76.00 元

杨铭著:《唐代吐蕃与西北民族关系史研究》　　　　　定价:86.00 元

殷小平著:《元代也里可温考述》　　　　　　　　　　定价:50.00 元

耿世民著:《西域文史论稿》　　　　　　　　　　　　定价:100.00 元

殷晴著:《丝绸之路经济史研究》　　　　定价:135.00 元(上、下册)

余大钧译:《北方民族史与蒙古史译文集》　定价:160.00 元(上、下册)

韩儒林著:《蒙元史与内陆亚洲史研究》　　　　　　　定价:58.00 元

〔美〕查尔斯·林霍尔姆著,张士东、杨军译:

　《伊斯兰中东——传统与变迁》　　　　　　　　　　定价:88.00 元

〔美〕J.G.马勒著,王欣译:《唐代塑像中的西域人》　定价:58.00 元

顾世宝著:《蒙元时代的蒙古族文学家》　　　　　　　定价:42.00 元

杨铭编:《国外敦煌学、藏学研究——翻译与评述》　　定价:78.00 元

牛汝极等著:《新疆文化的现代化转向》　　　　　　　定价:76.00 元

周伟洲著:《西域史地论集》　　　　　　　　　　　　定价:82.00 元

周晶著:《纷扰的雪山——20 世纪前半叶西藏社会生活研究》

　　　　　　　　　　　　　　　　　　　　　　　　定价:75.00 元

蓝琪著:《16—19 世纪中亚各国与俄国关系论述》　　定价:58.00 元

许序雅著:《唐朝与中亚九姓胡关系史研究》　　　　　定价:65.00 元

汪受宽著:《骊靬梦断——古罗马军团东归伪史辨识》　定价:96.00 元

刘雪飞著:《上古欧洲斯基泰文化巡礼》　　　　　　　定价:32.00 元

〔俄〕Т.Б.巴尔采娃著,张良仁、李明华译:

　《斯基泰时期的有色金属加工业——第聂伯河左岸森林草原带》

　　　　　　　　　　　　　　　　　　　　　　　　定价:44.00 元

叶德荣著:《汉晋胡汉佛教论稿》　　　　　　　　　　定价:60.00 元

王颋著:《内陆亚洲史地求索(续)》　　　　　　　　定价:86.00 元

尚永琪著:

　《胡僧东来——汉唐时期的佛经翻译家和传播人》　　定价:52.00 元

桂宝丽著:《可萨突厥》　　　　　　　　　　　　　　定价:30.00 元

篠原典生著:《西天伽蓝记》 定价:48.00 元

〔德〕施林洛甫著,刘震、孟瑜译:

《叙事和图画——欧洲和印度艺术中的情节展现》 定价:35.00 元

马小鹤著:《光明的使者——摩尼和摩尼教》 定价:120.00 元

李鸣飞著:《蒙元时期的宗教变迁》 定价:54.00 元

〔苏联〕伊·亚·兹拉特金著,马曼丽译:

《准噶尔汗国史》(修订版) 定价:86.00 元

〔苏联〕巴托尔德著,张丽译:《中亚历史——巴托尔德文集

第 2 卷第 1 册第 1 部分》 定价:200.00 元(上、下册)

〔俄〕格·尼·波塔宁著,〔苏联〕B.B.奥布鲁切夫编,吴吉康、吴立珺译:

《蒙古纪行》 定价:96.00 元

张文德著:《朝贡与入附——明代西域人来华研究》 定价:52.00 元

张小贵著:《祆教史考论与述评》 定价:55.00 元

〔苏联〕K.A.阿奇舍夫、Г.A.库沙耶夫著,孙危译:

《伊犁河流域塞人和乌孙的古代文明》 定价:60.00 元

陈明著:《文本与语言——出土文献与早期佛经词汇研究》

定价:78.00 元

李映洲著:《敦煌壁画艺术论》 定价:148.00 元(上、下册)

杜斗城著:《杜撰集》 定价:108.00 元

芮传明著:《内陆欧亚风云录》 定价:48.00 元

徐文堪著:《欧亚大陆语言及其研究说略》 定价:54.00 元

敬请期待

许全胜著:《黑鞑事略校注》

贾丛江著:《汉代西域汉人和汉文化》

王永兴著:《敦煌吐鲁番出土唐代军事文书考释》

薛宗正著:《西域史地研究》

徐文堪编:《梅维恒内陆欧亚研究文选》

刘迎胜著:《小儿锦研究》(一、二、三)

李锦绣编:《20 世纪内陆欧亚历史文化研究论文选粹》

李锦绣、余太山编:《古代内陆欧亚史纲》

郑炳林著:《敦煌占卜文献叙录》

李锦绣著:《裴矩〈西域图记〉辑考》

欧·亚·历·史·文·化·文·库·

李艳玲著:《公元前 2 世纪至公元 7 世纪前期西域绿洲农业研究》

许全胜、刘震编:《内陆欧亚历史语言论集——徐文堪先生古稀纪念》

张小贵编:《三夷教论集——林悟殊先生古稀纪念》

李鸣飞著:《横跨欧亚——中世纪旅行者眼中的世界》

杨林坤著:《西风万里交河道——明代西域丝路上的使者与商旅》

林悟殊著:《华化摩尼教补说》

王媛媛著:《摩尼教艺术及其华化考述》

李花子著:《长白山踏查记》

芮传明著:《摩尼教敦煌吐鲁番文书校注与译释研究》

马小鹤著:《霞浦文书研究》

段海蓉著:《萨都剌传》

〔德〕梅塔著,刘震译:《从弃绝到解脱》

郭物著:《欧亚游牧社会的重器——鍑》

王邦维著:《玄奘》

李锦绣著:《北阿富汗的巴克特里亚文献》

孙昊著:《辽代女真社会研究》

赵现海著:《长城时代的开启
　　——长城社会史视野下明中期榆林长城修筑研究》

华喆著:《帝国的背影——公元 14 世纪以后的蒙古》

杨建新著:《民族边疆论集》

王永兴著:《唐代土地制度研究——以敦煌吐鲁番田制文书为中心》

〔苏联〕伊·亚·兹拉特金等著,马曼丽、胡尚哲译:
　　《俄蒙关系档案文献集(1607—1654)》

〔俄〕柯兹洛夫著,丁淑琴译:《蒙古与喀木》

马曼丽著:《马曼丽内陆欧亚自选集》

韩中义著:《欧亚与西北研究辑》

刘迎胜著:《蒙元史考论》

尚永琪著:《古代欧亚草原上的马——在汉唐帝国视域内的考察》

石云涛著:《丝绸与汗血马——早期中西交通与外来文明》

青格力等著《内蒙古土默特金氏蒙古家族契约文书整理研究》

尚永琪著:《鸠摩罗什及其时代》

石云涛著:《魏晋南北朝时期的外来文明》

淘宝网邮购地址:http://lzup.taobao.com